Stephanie Faber

Natürlich schön

300 neue Rezepte für selbstgemachte Kosmetik

WILHELM HEYNE VERLAG
MÜNCHEN

HEYNE RATGEBER
08 / 4709

14. Auflage
1. Auflage dieser Ausgabe

Genehmigte, ungekürzte Taschenbuchausgabe
Printed in Germany 1991
Umschlagfoto: Elmar Kohn
Umschlaggestaltung: Atelier Adolf Bachmann, Reischach
Gesamtherstellung: Ebner Ulm

ISBN 3-453-41370-9

INHALT

VORWORT

Mit den vorliegenden Rezepten für Naturkosmetik möchte ich Ihnen eine bessere Schönheitspflege zeigen, als sie mit handelsüblichen Fertigprodukten möglich ist. Sie können damit jene Kosmetika ersetzen, die im Handel entweder zu teuer angeboten werden oder qualitativ minderwertig sind, die mystifiziert sind, was ihre Inhaltsstoffe und deren Wirkung betrifft, und solche Mittel, deren haut- und haarpflegende Eigenschaften zweifelhaft sind, weshalb sie unter anderem in Tierversuchen getestet werden. Sie müßten jedoch nicht getestet werden, wären ihre Ingredienzen über alle Zweifel erhaben.

Die Entwicklung der Rezepturen für Naturkosmetika geht andere Wege als die Industriekosmetik; Naturkosmetika sind kein chemischer Nachbau der angebotenen Fertigprodukte, obwohl dies durchaus machbar wäre. So liegen mir mehrere Formelbücher großer chemischer Fabriken vor, die Zulieferer der Kosmetikindustrie sind. Diese Formelsammlungen enthalten die Rezepturen mit Anleitung zur Herstellung der am Markt befindlichen kosmetischen Produkte. Aus der Analyse dieser Rezepturen lassen sich die Schwächen der industriell gefertigten Produkte ablesen. Sie dokumentieren deutlich den Gesichtspunkt rationeller Fertigung, preiswerter Rohstoffzusammensetzung, leichter Haltbarmachung und Kriterien wie Stabilität und Verstreichbarkeit. Was ich beim Studium der Formelbücher vermißt habe, ist der die Verbraucherin einzig interessierende Gesichtspunkt, warum nämlich diese oder jene Substanz einen kosmetischen, das heißt pflegenden Effekt haben soll. Diesen Nachweis überläßt man bei den industriell gefertigten Kosmetikprodukten einzig und allein den phantasiebegabten Werbefachleuten.

Was dem Verbraucher wohl immer unverständlich sein wird, ist die Tatsache, daß trotz verhältnismäßig billiger Rohstoffe das industriell gefertigte Endprodukt im Handel so teuer ist.

Die Gesetze von Herstellung und Vertrieb bedingen eine Art Vervielfältigung des Preises der verwendeten Grundstoffe. Die Herstellungs- und Vertriebskosten sind – bezogen auf das Produkt – bei den einzelnen Kosmetikherstellern verschieden hoch, so daß nie der Schluß zulässig ist, eine Creme, die DM 100,– kostet, sei aufgrund ihrer Inhaltsstoffe zehnmal so wertvoll wie eine Creme, die nur DM 10,– kostet. Der Preis von Kosmetikprodukten sagt über ihre Qualität und über den Wert der verwendeten Grundstoffe nichts aus. Er ist allenfalls ein Indiz dafür, daß ein Kosmetikprodukt „exklusiv" ist, das heißt also wenige Käufer hat, oder eine sehr große Käuferschicht findet und damit nicht so teuer ist.

Die für Kosmetikhersteller entscheidenden Faktoren, wie teurer Vertriebsweg und damit Vervielfachung der Produktkosten, Werbung, Haltbarmachung der Produkte über einen langen Zeitraum hinweg, entfallen für die Zubereitung hausgemachter Kosmetika, die ganz anderen Gesetzmäßigkeiten folgt. Einmal verwendet man für Naturkosmetik nur hochwertige Rohstoffe in ihrer natürlichen biologischen Einheit, während sich das Industrieprodukt entweder mit chemischen Abwandlungen aus dem Naturprodukt oder mit minimalen Mengen des natürlichen Rohstoffs begnügt. Daneben verwendet man bei der industriellen Fertigung auch solche Rohstoffe, die dem Laien als Wundermittel erscheinen mögen, wie zum Beispiel das Kollagen. Diese Stoffe sind billig und jedem zugänglich, und man könnte sie durchaus auch in hausgemachte Kosmetika einarbeiten, wenn man wollte. So wäre es auch sehr einfach, Haarshampoos, wie sie die Industrie anbietet, nämlich sogenannte Detergentienshampoos, selbst herzustellen; man könnte auch Kollagenmilch und sogenannte Feuchtigkeitsspender am häuslichen Herd produzieren, wenn man nicht wüßte, daß diese Mittel der Haut- und Haarpflege nicht nur nicht dienlich, sondern zum Teil sogar abträglich sind.

Naturkosmetik ist die große Mode. Auch die Kosmetikindustrie hat sich dieses Trends bemächtigt, vor allem in ihrer Werbung. Mit den herkömmlichen Herstellungs- und Vertriebswegen ist die Industrie aber nicht in der Lage, eine echte Naturkosmetik anzubieten. Der Naturlook wird sich also auf die Verpackung, die Farbe und den Geruch der Produkte beschränken müssen. „Aufgebaut auf der Basis von Pflanzenölen", „mit natürlichen Feuchtigkeitsspendern", all diese wundervollen Inhaltsstoffe werden in blumenreicher Sprache auf der Verpackung pseudonatürlicher Kosmetika angeführt. Als Verbraucherin würde ich erst dann an das ausreichend wirksame Vorhandensein vollkommen reiner, unverfälschter natürlicher Rohstoffe glauben, wenn auf der Verpackung die Inhaltsstoffe genau aufgezeigt und deren Mengen angegeben sind. Zwei Tropfen Weizenkeimöl in einem Tiegel Hautcreme geben noch keine Weizenkeimcreme, auch Auszüge aus Weizenkeimöl, billigen Mineralfetten zugesetzt, können qualitativ an eine mit echtem Weizenkeimöl gefertigte Creme nicht heranreichen. Ich denke hierüber ähnlich wie eine Köchin, die niemals auf die Idee käme, einen Kuchen „auf der Basis von Eiern" zu backen. Entweder es wird der Kuchen mit Eiern gemacht, oder ohne Eier, „Basiseier" geben keinen Eierkuchen. Ebensowenig würde ich mir eine fertige Creme „auf der Basis" von Heilkräutern und pflanzlichen Ölen kaufen, für die man etwa DM 70,– bezahlt, wenn man beim Apotheker um die Ecke naturreine Pflanzenöle und Heilkräuter für wenig Geld kaufen und selbst zu einer erstklassigen Hautcreme verarbeiten kann.

Der Trend „Zurück zur Natur" wird auch noch auf eine andere Weise ausgeschlachtet, wie etwa im redaktionellen Teil vieler Frauenzeitschriften. Für manche Autoren ist die nostalgische Rückbesinnung auf Großmutters Schönheitsmittelchen ein Anlaß, in alten Rezeptbüchern nach ehemals modernen Rezepturen zu suchen; selbstproduzierte Schönheitsmittel werden in Großstädten auch in sogenannten Indiengeschäften verkauft. Leider haben sich die Fundgruben vergangener Tage nicht immer bewährt, denn bevor man Rezepturen von früher wieder veröffentlicht oder produziert, müßte man sich wenigstens die Mühe machen, die moderne Fachliteratur zu studieren und Dermatologen und Chemiker zu Rate zu ziehen. Sonst werden vielleicht Stoffe verwendet, die man längst als schädigend, ja sogar als giftig definiert hat. Ein Beispiel dafür ist die Seifenwurzel und Seifenrinde, mit deren Sud sich manche Frauen heute wieder das Haar waschen. Die Reinigungswirkung der Seifenwurzel beruht auf den sogenannten Saponinen – lateinisch Seifenstoffe –, und diese Saponine haben sehr unangenehme Nebenwirkungen. Sie werden von der Haut resorbiert, und wer sich das Haar häufig mit saponinhaltigen Mitteln wäscht, muß auch mit ihrer toxischen Wirkung rechnen. Der Gebrauch der giftigen Saponine wirkt hämatolytisch, das heißt, er führt zu einer Zerstörung der roten Blutkörperchen. Ein anderes Beispiel für die Auswüchse dieser Art von Naturkosmetik ist das Hirschhornsalz, das früher als Badezusatz sehr beliebt war. Zwei Kilo Hirschhornsalz – eine ungeheure Menge – schreibt eine wenig informierte Redakteurin einer Frauenzeitschrift für ein Bad vor, ohne sich darüber Kenntnis verschafft zu haben, daß Hirschhornsalz in Verbindung mit heißem Wasser ammoniakhaltige Dämpfe produziert. In einer anderen Frauenzeitschrift äußert sich eine Schönheitsexpertin jubelnd über die Kräuteraufgüsse von Jaborandi als Haarwuchsmittel; in jedem Apothekerhandbuch hätte sie nachlesen können, daß Jaborandi giftig ist. So bleiben die Rezepte aus vergangenen Tagen für unseren heutigen Bedarf beschränkt auf solche Schönheitsmittel, die weder giftige noch andere schädigende Stoffe enthalten, die einfach herzustellen und deren Zutaten leicht zu beschaffen sind.

Für Tausende von Frauen ist die Zubereitung von Naturkosmetika viel mehr als die Produktion eines preiswerten Ersatzes von Fertigprodukten. Es ist ein kreatives Hobby, das viel Vergnügen bereitet, und es macht Spaß, die selbsthergestellten Mittel anzuwenden und zu verschenken. Zahlreiche Apotheken haben ihre Rezepturen wieder aktiviert und stellen für ihre Kundinnen die frischgemachte Naturkosmetik her; in Schulen erhalten junge Mädchen Unterricht in der Herstellung von Kosmetika; junge Hausfrauen verdienen sich ein Taschengeld damit, für ganze Häuserblocks Frischkosmetika zuzubereiten. Ich möchte mich bei dieser Gelegenheit für die zahlreichen Leserbriefe bedanken, die über solche Aktivitäten berichtet haben. Mein Dank gilt auch den hilfreichen Mitarbeitern an diesem Buch, den Dermatologen, Kosmetikerinnen, Chemikern, Apothekern, Verbraucherschutzämtern, Bibliothekaren und Werbefachleuten, ohne deren Sachkenntnis und freundliche Hilfe die Erarbeitung der Rezepturen nicht möglich gewesen wäre.

S. F.

1. Kapitel

DIE SCHÖNSTEN FRISCHCREMES

Wenn man bereit wäre, für die Schönheitspflege zu leben und täglich eine exquisite Creme zubereiten wollte, dann hätte diese Wundercreme ewiger Schönheit schon einen Namen: Mayonnaise. Angerührt mit einem frischen Landei, Weizenkeim- oder Avocadoöl und einem Spritzer Zitronensaft. Kein noch so teures Fertigprodukt könnte an die guten Wirkungen dieser feinen Creme heranreichen, und ich möchte dafür garantieren, daß die tägliche Anwendung dieser Traumcreme aus jeder müden, grauen, frustrierten Großstadthaut innerhalb weniger Wochen eine vitale, strahlende Superhaut macht. Mayonnaise enthält alles, was die Haut braucht – tierisches Lezithin, Öle, ungesättigte Fettsäuren, Vitamine und Säure.

Ich möchte niemandem vorschlagen, für die Hautpflege täglich frische Mayonnaise zu rühren, aber ich möchte Ihnen zeigen, wie die herrlichen frischen Lebensmittel, mit denen Sie jeden Tag in der Küche hantieren, auch für Ihre Schönheitspflege zu gebrauchen sind. Zwischen Küche und Badezimmer besteht für viele Frauen eine festgelegte Abgrenzung: Im Badezimmer findet die Schönheitspflege statt, und in der Küche wird gekocht. Es gibt Frauen, die sich vielleicht einmal im Monat mühsam dazu aufraffen, eine Maske aufzulegen; aus den umständlichen Vorbereitungen erkennt man, wie schwer ihnen dieser heroische Entschluß gefallen ist. Wenn man in der Küche mit den köstlichsten Schönheitsmitteln zu tun hat, muß man nicht mit dem Mut der Entschlossenheit im Badezimmer eine Heute-muß-es-mal-sein-Maske mischen. Man braucht nur ein wenig Freude dazu und das Wissen, um in der Küche jene guten Stoffe zu finden, die die Frischcremekuren, Masken und Packungen zu einem wahren Freudenfest für die Haut machen.

Ich halte es für keine gute Idee, aus frischen Früchten, Eiern,

Milch und Butter größere Vorratsmengen von Cremes herzustellen, die höchstens zwei oder drei Tage halten. Abgesehen von der Gefahr des allzu schnellen Ranzigwerdens, machen solche Kosmetika viel Mühe, und wenn man schon zu diesem Arbeitsaufwand bereit ist, sollte man sich lieber gleich an die bewährte Mayonnaise halten.

Vielleicht haben Sie beim Anblick einer Dessertschüssel mit frischen Erdbeeren schon einmal daran gedacht, wie hervorragend Erdbeeren für die Hautpflege geeignet sind – aber die Erdbeeren mit einer Gabel zu zerdrücken und sich den Brei ins Gesicht zu streichen, scheint Ihnen unpraktikabel; und wenn Sie sich vorstellen, wie Ihnen die Erdbeersauce über das Gesicht läuft, verzichten Sie lieber auf die Schönheitswirkung. Mir ergeht es genauso.

Die Frischanwendung von püriertem Fruchtfleisch, von Ei, Rahm, von frischen Gemüse- oder Obstsäften, von Bierhefe oder Joghurt läßt sich problemlos durchführen. Verwahren Sie ständig einen Tiegel mit Ihrer liebsten hausgemachten Nährcreme im Kühlschrank. Diese Fettcreme ist nun praktisch die Basis und der Träger für Ihre weitere Frischkosmetik. Verrühren Sie jeweils ein wenig Fettcreme in einer Schale zusammen mit den schönheitsfördernden Lebensmitteln, die Sie in der Küche haben. Sobald Sie eine gut streichfähige Creme gerührt haben, tragen Sie die Frischcreme dünn auf das gründlich gereinigte Gesicht, den Hals und das Dekolleté auf. Verwenden Sie niemals Fettcremes, ohne die Haut dafür vorbereitet zu haben. Die Poren müssen rein und geöffnet sein. Nur so können all die guten Vital- und Nährstoffe, Vitamine und Pflegesubstanzen auf die Haut einwirken. Viele der genannten Frischcremes müssen nach der Einwirkungszeit nicht mehr abgewaschen werden, da die Haut sie völlig aufsaugt. Aber es ist ratsam, nach beliebiger Einwirkungszeit überschüssige Fettreste mit einem weichen Papiertüchlein zu entfernen, um die Poren nicht zu verstopfen.

Zum Mischen mit frischen Rohstoffen eignen sich folgende Nährcremes: Mandelöl-Nährcreme; Reiche Regenerationscreme; Lilienwurzel-Creme; Erdnuß-Creme; Thymian-Creme; Kampfer-Milch.

Alle Rezepte dazu finden Sie in Kapitel 5.

BUTTERCREME

Zutaten: 1 Kaffeelöffel Butter
1 Kaffeelöffel Nährcreme
1 Spritzer Zitronensaft

Zubereitung: Verrühren Sie die handwarme Butter mit einem Kochlöffel in einer Schale; Nährcreme und Zitronensaft gründlich unterrühren, bis eine homogene Mischung entstanden ist.

Anwendung und Wirkung: Die Buttercreme auf das gut gereinigte Gesicht, den Hals und das Dekolleté streichen. Die Butter selbst ist eine natürliche Creme und in ihrer chemischen Zusammensetzung eine Wasser-in-Öl-Emulsion. Butter ist ein idealer Feuchtigkeitsspender und überdies reich an Vitamin A, sie enthält Stearin, Palmitin und Olein. Angesäuert mit Zitronensaft ist die Buttercreme ideal für trockene, spröde und müde Haut. Besonders günstig für die Haut ist diese Packung an einem kalten Wintertag, wenn sich nach längerem Aufenthalt im Freien die Haut rauh und spröde anfühlt. Lassen Sie auch die Hände von der Buttercreme profitieren! Bei sehr spröder Haut soll man die Hände mehrmals täglich mit Buttercreme einreiben.

APRIKOSEN-CREME

Zutaten: ½ geschälte Aprikose
1 Kaffeelöffel Nährcreme
1 Spritzer reines Pflanzenöl

Zubereitung: Das weiche Fruchtfleisch mit der Gabel zerdrükken. In das Fruchtmus Nährcreme und Pflanzenöl gründlich einrühren.

Anwendung und Wirkung: Die herrlich duftende Aprikosen-Creme auf Gesicht und Hals auftragen. Aprikosen gelten seit jeher als hautglättendes Schönheitsmittel; die Aprikosen-Creme wirkt besonders belebend, erfrischend und durchblutend auf die Haut. Diese Cremepackung ist für jeden Hauttyp geeignet.

EICREME

Zutaten: 1 Eiweiß
1 Kaffeelöffel Nährcreme

Zubereitung: Mit dem elektrischen Handrührmixer schlagen Sie das Eiweiß zu festem Schnee. Nun fügen Sie den Kaffeelöffel Nährcreme hinzu und rühren weiter, bis sich alles gut vermischt hat.

Anwendung und Wirkung: Verstreichen Sie die Maske auf das gründlich gereinigte Gesicht und den Hals. Gut trocknen lassen und anschließend mit viel warmem Wasser abwaschen.

Die stark porenzusammenziehende Eigenschaft von Eiweiß wird durch die Zugabe von Fettcreme gemildert. Die Maske verleiht der Haut ein klares, gepflegtes Aussehen. Sie ist für jede Haut geeignet und zählt zu den idealen Erfrischungsmasken vor dem Ausgehen.

ERDBEER-CREME

Zutaten: 2 frische Erdbeeren (je nach Größe)
1 Kaffeelöffel Nährcreme
1 Spritzer Zitronensaft

Zubereitung: Wenn die Erdbeeren recht groß sind, genügt eine auf einen Kaffeelöffel Nährcreme. Die Erdbeeren sauber waschen, mit der Gabel zerdrücken, Zitronensaft und Creme darunterrühren.

Anwendung und Wirkung: Frische Erdbeeren werden seit altersher zur Reinigung und Klärung der Haut verwendet. Sie sind wegen ihres hohen Schwefelgehalts ein gutes Mittel bei fetter und unreiner Haut. Nach einem zu langen Sonnenbad wirken die Erdbeeren herrlich kühlend und beruhigend auf die Haut; wegen ihrer leicht bleichenden Wirkung benutzt man sie auch gerne bei fleckiger Haut. Natürlich ist die Packung bei Erdbeerallergie nicht geeignet.

GRÜNE-TRAUBEN-CREME

Zutaten: 1/2 Handvoll grüne Trauben
1 Kaffeelöffel Nährcreme
1/2 Kaffeelöffel reiner Bienenhonig

Zubereitung: Die Trauben gründlich waschen und mit einem Kochlöffel durch ein Sieb drücken. Den Saft mit Bienenhonig und Nährcreme zu einer streichfähigen Creme verrühren.

Anwendung und Wirkung: Die Grüne-Trauben-Creme über Gesicht, Hals und Dekolleté verstreichen und nach beliebiger Einwirkungszeit mit lauwarmem Wasser abwaschen.

In südlichen Ländern gehört der frisch gepreßte Traubensaft zu den beliebtesten Schönheitsmitteln. Wegen seines günstigen Säuregehalts wird der Traubensaft gerne als Lotion verwendet, denn frischer Traubensaft wirkt herrlich erfrischend und porenverengend. Ich vermische Traubensaft gerne mit vitaminreichem Bienenhonig, der heilend und stimulierend wirkt. Das Rezept ist für jede Haut zu empfehlen.

GURKEN-CREME

Zutaten: 2–3 Scheiben grüne Schlangengurke
1 Kaffeelöffel Nährcreme
1 Spritzer Obstessig

Zubereitung: Die Gurke waschen und die ungeschälten Scheiben im Mixer pürieren. Mit Creme und Obstessig gründlich verrühren.

Anwendung und Wirkung: Das gut gereinigte Gesicht, den Hals und das Dekolleté sollte man reichlich mit der feinen Gurken-Creme bedenken. Die Gurken-Creme kann man wirklich als Wunderpackung bei fetter, unreiner und fleckiger Haut empfehlen. Gurkenextrakte werden neuerdings in sogenannte Naturkosmetikware eingearbeitet, aber ich halte mehr von der

Wirkung einer frischen Gurke. Sie klärt, reinigt, erfrischt und strafft die Haut. Die Packung kann man beliebig oft anwenden, sie wird nach der Einwirkungszeit mit lauwarmem Wasser abgewaschen.

FRUCHT- UND GEMÜSESAFT-CREMES

Zutaten: Es eignen sich entweder frisch gepreßter Karottensaft, Kohlsaft, Melonensaft, Birnensaft, Johannisbeersaft, Apfelsaft, Zitronensaft, Brombeersaft oder Orangensaft. Dazu braucht man jeweils etwa 1 Kaffeelöffel Nährcreme.

Zubereitung: Wenn Sie frische Obstsäfte mit dem Entsafter zubereiten, geben Sie etwas Saft zur Seite. Wenn Sie kein entsprechendes Haushaltsgerät haben, geben Sie die frischen Früchte – gewaschen und kleingeschnitten – in den elektrischen Mixer oder Moulinex oder drücken Sie die Früchte durch ein Sieb. Verrühren Sie den Saft oder das frische Fruchtfleisch mit Ihrer bevorzugten Nährcreme.

Anwendung und Wirkung: Frische Gemüse- und Obstsäfte sind ein wahrer Nektar für die Haut. Begehen Sie aber nicht den Fehler, den reinen Fruchtsaft aufzutragen, ohne die Haut wieder abzutrocknen; in einer Creme verrührt, sind Fruchtsäfte gute Feuchtigkeitsspender, sie vitalisieren, erfrischen, nähren und glätten die Haut und können von jedem Hauttyp angewendet werden.

JOGHURT-CREME

Zutaten: 1 Kaffeelöffel naturreines Joghurt
1 Kaffeelöffel Nährcreme

Zubereitung: Nehmen Sie nur naturreines Joghurt, das auf echten Pilzen gezogen ist. In einer kleinen Schale Joghurt und Nährcreme gründlich miteinander verrühren.

Anwendung und Wirkung: Naturreines Joghurt ist ein idealer Stabilisator für den Säuremantel der Haut, es erfrischt und stärkt die Haut. Wegen seines Gehalts an Milchsäure ist naturreines Joghurt ein gutes Mittel bei unreiner, fetter und großporiger Haut. Als Joghurt-Creme-Kur kann man die Mischung ohne weiteres täglich auftragen.

BIERHEFE-CREME

Zutaten: 1 Eßlöffel Bierhefeflocken
1 Kaffeelöffel Nährcreme
1 Spritzer Zitronensaft

Zubereitung: Alle drei Zutaten in einer kleinen Schale mit einem Kochlöffel verrühren, bis sich die Flocken ganz aufgelöst haben und eine homogene Mischung entstanden ist. Bierhefeflocken bekommt man im Reformhaus.

Anwendung und Wirkung: Eine ganze Packung Bierhefeflokken wird man für die Cremeanwendungen nicht benötigen, aber trotzdem lohnt sich die Anschaffung, denn Bierhefe ist ein natürliches Konzentrat aus lebenswichtigen B-Vitaminen, und man sollte Bierhefe regelmäßig essen, wenn man sich leicht nervös und abgespannt fühlt. Der hohe Gehalt an Eiweiß und Säuren hilft gegen müde und abgespannte Haut, und bei regelmäßiger Anwendung wird man begeistert sein von der wohltuenden, glättenden und feuchtigkeitsspendenden Wirkung der Bierhefe-Creme.

EIGELB-CREME

Zutaten: 1 Eigelb
1 Spritzer Zitronensaft
$1^1/_2$ Kaffeelöffel Nährcreme

Zubereitung: In einer kleinen Schale verrühren Sie zuerst das Eigelb mit etwas Zitronensaft. Dann geben Sie portionsweise soviel Nährcreme hinzu, bis Sie eine gut streichfähige Mischung haben.

Anwendung und Wirkung: Die Eigelb-Creme ist eine angenehme Nährcreme für trockene Haut. Man läßt sie eine Stunde einziehen und wäscht sie dann mit viel warmem Wasser ab. Wenn man eine kleine Peeling-Kur machen will, reibt man die Creme ganz vorsichtig ab, ohne die Haut dabei zu drücken und zu zerren. Mit Gesichtswasser nachreinigen.

HONIG-CREME

Zutaten: 1 Kaffeelöffel Honig
1 Kaffeelöffel Nährcreme
1 Spritzer Zitronensaft

Zubereitung: Alle drei Zutaten in einer kleinen Schale mit dem Kochlöffel verrühren. Verwenden Sie nur naturreinen Bienenhonig. Sollte der Honig zu fest sein, erwärmen Sie ihn kurz auf dem Wasserbad.

Anwendung und Wirkung: Die herrlich duftende Honig-Creme wird auf das gut gereinigte Gesicht, den Hals und das Dekolleté auftragen. Wenn Sie Zeit haben, legen Sie die Beine hoch und bedecken Sie die Augen mit einer Teebeutelkompresse. Lassen Sie die Honig-Creme mindestens eine halbe Stunde einwirken, und waschen Sie sie anschließend mit viel warmem Wasser ab.

AVOCADOFRUCHT-CREME

Zutaten: 1 Kaffeelöffel weiches Avocadofruchtfleisch
1 Kaffeelöffel Nährcreme
1 Spritzer Zitronensaft

Zubereitung: Das weiche Avocadofruchtfleisch zuerst gut zerdrücken, dann Nährcreme und Zitronensaft unterrühren, bis die Mischung streichfähig ist.

Anwendung und Wirkung: Die Avocado-Creme gleichmäßig auf das gründlich gereinigte Gesicht verteilen und solange wie möglich einwirken lassen. Das Avocadofruchtfleisch ist reich an Vitaminen und Fetten; die Avocado-Creme-Packung, die man beliebig oft anwenden kann, eignet sich vor allem für trokkene Haut, sie nährt und glättet.

PAPAYAFRUCHT-CREME

Zutaten: 1 Kaffeelöffel weiches Papayafruchtfleisch
1 Spritzer Obstessig
1 Kaffeelöffel Nährcreme

Zubereitung: Mit einer Gabel wird das weiche Fruchtfleisch zerdrückt. Obstessig und Nährcreme unterrühren, bis die Mischung gut streichfähig ist.

Anwendung und Wirkung: Die Fruchtpackung gleichmäßig auf das gereinigte Gesicht und den Hals auftragen und möglichst lange einwirken lassen. Extrakte von Papaya werden neuerdings auch in kosmetischen Fertigprodukten verwendet, aber ich schwöre auf die Anwendung der frischen Papaya als beinahe rätselhaft schnell wirkendes Mittel bei müder, nervöser und schlecht durchbluteter Haut.

BANANEN-CREME

Zutaten: $^{1}/_{4}$ Banane
1 Kaffeelöffel Nährcreme
1 Spritzer Zitronensaft
1 Spritzer Olivenöl

Zubereitung: Das Bananenfruchtfleisch mit einer Gabel zerdrücken, Zitronensaft und Olivenöl unterrühren und dann mit der Nährcreme vermischen.

Anwendung und Wirkung: Es gibt ein altes mexikanisches Schönheitsrezept, nach dem sich die Frauen täglich das Gesicht mit einer zerdrückten Banane abreiben. Diese Kur soll die Haut vor dem Altern bewahren. Tatsache ist, daß das schleimige Fruchtfleisch der Banane ein exquisiter Feuchtigkeitsspender ist und bei regelmäßiger Anwendung die Haut sicher vor dem Austrocknen bewahren kann. Der hohe Gehalt an Vitamin A – dem wichtigsten Hautvitamin – mag ebenfalls dazu beitragen, die Banane zu einem wertvollen Schönheitsmittel gegen trokkene Haut zu machen. Die Bananen-Creme kann beliebig oft angewendet werden.

2. Kapitel

PACKUNGEN UND MASKEN FÜR JEDE HAUT

Es wird manchmal behauptet, daß ausschließlich eine sinnvolle Ernährung für das gute Aussehen der Haut verantwortlich ist. So müßte theoretisch jede Frau, die sich besonders gesund ernährt, auch eine schöne Haut haben. Aus der kosmetischen Praxis weiß man jedoch, daß dies keineswegs der Fall ist. Es gibt einen großen, sichtbaren Unterschied zwischen gepflegten und ungepflegten Falten, zwischen gut durchbluteter, äußerlich gepflegter Haut und vernachlässigter Haut. Obwohl richtige Ernährung als kosmetisches Hilfsmittel gewiß effektiver für die Schönheitspflege ist als etwa die alleinige Anwendung von Hautcremes, so steht doch fest, daß man durch regelmäßige Pflege und Stimulation der äußeren Hautschichten ein klares, reines Aussehen der Haut bewahren und erzielen kann und sich der natürliche Alterungsprozeß der Haut durch sinnvolle Pflege verzögern und erleichtern läßt.

Packungen und Masken sind intensiv wirkende Schönheitsmittel. Mit ihnen kann man schnelle, sichtbar gute Effekte erzielen und bei regelmäßiger Anwendung bestimmter Masken auch eine sichtbare Verbesserung des Aussehens der Haut erreichen. So wirkt die Maske stets stark stimulierend, sie fördert die intensive Durchblutung der Poren, sie kann eine stark tiefenreinigende Wirkung haben oder sie kann straffen, Poren verengen, heilen und glätten. Im Idealfall sind die Anwendungen von Masken und Packungen die beste Ergänzung einer schönheits- und gesundheitsbewußten Ernährung und einer wohldurchdachten Hautpflege.

Gezielt angewendete Auflagen gehören seit jeher zur klassischen Hautpflege. Warme Moor- und Schlammauflagen dienten schon im Altertum der Gesundheit und der Schönheit, Mehl- und Getreideauflagen, Frucht- und Kräuterpackungen wußten die Frauen vergangener Jahrhunderte besser zu nutzen als die moderne Konsumbürgerin, die sich nicht mit dem Naturprodukt, sondern mit teuren, mysteriösen Auszügen begnügt. In Florenz gibt es einen Kosmetiksalon, der mit absolut naturreinen Produkten arbeitet, und man muß sich dort Wochen vorher anmelden, um den ersehnten Termin für eine naturkosmetische Behandlung zu bekommen. Der Schlager des Geschäfts ist die Massage mit frisch zubereiteter Creme aus pflanzlichen Ölen, eine Auflage mit frischen Gurkenstreifen und eine Packung aus pulverisierten Sonnenblumenkernen. Die Sonnenblumenmaske ist wirklich herrlich; ich habe das Rezept niedergeschrieben, damit Sie es selbst probieren können. Was ich Ihnen nicht bieten kann, ist die wundervolle Atmosphäre des florentinischen Schönheitssalons, die mit gelbem Damast bespannten Wände, die handgearbeiteten Kristalleuchten, den göttlichen Duft von teuren Parfüms, die daunenweichen Kissen, in die man Sie während der Behandlung bettet. Sonnenblumenkerne für diese herrliche Maske gibt es leider nur in der Vogelfutterabteilung beim Kaufmann, und bei Ihnen zu Hause werden wohl kaum mehrere hübsch gekleidete Frauen auf Sie warten, um die Sonnenblumenmaske zuzubereiten und auf Ihr Gesicht aufzutragen. Ich möchte Ihnen damit eigentlich nur sagen, wie schönheitsfördernd allein schon eine phantasieberauschende Umgebung auf uns wirkt, und wenngleich die hausgemachte Sonnenblumenmaske genauso gut ist wie die im Natur-Schönheitssalon in Florenz, so ist möglicherweise dort der Effekt besser, weil wir angeregt sind durch die animierende Umgebung und aufnahmebereit für alle Dinge der Schönheitspflege. Es geht uns eigentlich gar nicht so sehr darum, ob die aufgetragene Maske wirklich den gewünschten Effekt erzielt, denn dessen sind wir uns blindlings sicher. Es ist vielmehr die angenehme Aussicht, für kurze Zeit dem Alltag zu entfliehen und auf der rosaroten Wolke eines schönen Traums mühelos den Boden der irdischen Realität zu verlassen. Man kann dieses illusionäre Glücksgefühl auch haben, wenn man in einer ganz teuren, traumhaft schönen Parfümerie mit ihren faszinierenden Duftgemischen von Parfüm und Puder einkaufen geht. Mir haben es bei solchen Einkäufen vor allem die schönen Cremedosen und Flaschen angetan. Es ist eine Freude, die hübschen

Gefäße in der Hand zu halten, und man ist versucht, keine Sekunde den guten Effekt ihres Inhalts zu bezweifeln, dafür sind die meisten Cremetöpfe viel zu schön und zu teuer. Ich habe mir inzwischen eine kleine Sammlung schöner Cremedosen angelegt, in die ich meine naturreinen Cremes abfülle, und ich muß sagen, daß dies ein wahres Vergnügen ist.

Für unser weibliches Selbstbewußtsein ist es manchmal wichtig, ein wenig „parfümierte schöne Welt“ um uns zu haben, und das gilt auch für die häusliche Schönheitspflege. Vielleicht haben Sie eine Freundin, die Ihnen hilft, eine Maske aufzutragen, das Gesicht zu massieren oder das Haar zu tönen. Es ist schon sehr angenehm, wenn man nicht jeden Handgriff selbst machen muß. Wenn Sie Zeit haben, gönnen Sie Ihrer Haut vor jeder Anwendung einer Maske oder Packung ein duftendes Kräuterdampfbad. Das reinigt und öffnet nicht nur die Poren, sondern wirkt sich auch beruhigend auf das Zentralnervensystem aus. Suchen Sie sich schöne Gefäße aus der Küche, um Ihre Maske darin anzurühren, denn wenn Sie eine häßliche Plastikschüssel dazu verwenden, ist schon der halbe Effekt verloren! Legen Sie die Beine hoch oder ruhen Sie sich in einem bequemen Sessel aus. Bedecken Sie die Augen mit feuchtwarmen Watte- oder Teebeutelkompressen. Wickeln Sie eine warme Decke um die Beine und gönnen Sie sich eine Stunde vollkommener Ruhe und Entspannung.

Reinigende und klärende Packungen und Masken

SONNENBLUMEN-MASKE

Zutaten: 1 Handvoll Sonnenblumenkerne
1 Kaffeelöffel reiner Bienenhonig
1 Kaffeelöffel reines Pflanzenöl

Zubereitung: Die Sonnenblumenkerne, die man als Vogelfutter überall zu kaufen bekommt, werden in einem entsprechenden

Küchengerät, etwa einer elektrischen Kaffeemühle, pulverisiert. Um auch die letzten harten Kernschalen zu entfernen, schüttelt man das Pulver anschließend durch ein großmaschiges Küchensieb. Nun löst man den Kaffeelöffel Bienenhonig in ein wenig heißem Wasser und rührt die Flüssigkeit mit dem Pflanzenöl unter das Pulver. Eventuell muß man noch etwas heißes Wasser zugeben, bis ein gut verstreichbarer Brei entstanden ist.

Anwendung und Wirkung: Die Paste wird gleichmäßig auf das gut gereinigte Gesicht und den Hals aufgetragen und nach einer halben Stunde Einwirkungszeit mit viel lauwarmem Wasser vorsichtig abgewaschen.

Die Sonnenblumenkerne sind reich an Vitamin E, Öl und Lezithin und bilden hier zusammen mit dem nährenden Bienenhonig und dem reinen Pflanzenöl eine besonders hautpflegende Wirkstoffkombination.

Die Maske wirkt wunderbar durchblutungsfördernd, reinigend, glättend und erfrischend und ist für jeden Hauttyp zu empfehlen. Bei schlecht durchbluteter und unreiner Haut sollte man die Sonnenblumen-Maske über einen längeren Zeitraum hinweg möglichst regelmäßig anwenden. Statt Bienenhonig kann man zur Abwechslung auch einmal ein Eigelb, etwas süßen Rahm oder warmes Sonnenblumenöl verwenden.

MANDEL-PEELING

Zutaten: 3 Eßlöffel geriebene Mandeln
1 Eigelb
1 Kaffeelöffel Bienenhonig
zirka $1^1/_2$ Eßlöffel heißes Wasser

Zubereitung: Geriebene Mandeln sind zu grob, um sie zu einer Paste zu verarbeiten. Man gibt deshalb die geriebenen Mandeln in eine elektrische Kaffeemühle und pulverisiert sie. Mit dem Eigelb und dem Bienenhonig verrühren. Nun fügen Sie dem zähen Brei langsam das heiße Wasser zu, bis die Paste streichfähig ist.

Anwendung und Wirkung: Tragen Sie die Mandelpaste dick auf das gut gereinigte Gesicht, den Hals, das Dekolleté und die Schultern auf. Nach 30 Minuten Einwirkungszeit lassen Sie das Waschbecken mit warmem Wasser vollaufen. Dann befeuchten Sie die Hände und reiben die Maske mit kreisenden Bewegungen vorsichtig ab. Waschen Sie die abgeriebene Paste von den Fingern und wiederholen Sie den Vorgang, bis Sie alles ohne zu drücken und zu zerren abgerieben haben. Abschließend mit viel warmem Wasser nachspülen.

Das Mandel-Peeling entfernt auf sanfte Weise verhornte Hautzellen und schilfert die Haut sehr schonend ab. Nach der Anwendung fühlt sich die Haut wunderbar weich und zart an. Man kann das Peeling bei jedem Hauttyp anwenden, es wirkt besonders angenehm durchblutungsfördernd und klärend, ohne die Haut zu reizen oder zu strapazieren.

MILCHMEHL-PEELING

Zutaten: 1 Kaffeelöffel Weizenmehl
2 Kaffeelöffel Haferflocken
2 Kaffeelöffel geriebene Mandeln
$1\frac{1}{2}$ Kaffeelöffel Trockenmilchpulver

Zubereitung: Die Haferflocken und die geriebenen Mandeln in die elektrische Kaffeemühle geben und die Mischung staubfein mahlen. Das Pulver in einer kleinen Schale mit dem Mehl und dem Milchpulver vermischen und nun langsam so viel heißes Wasser unterrühren, bis die Paste gut streichfähig ist.

Anwendung und Wirkung: Tragen Sie die Paste mit einem breiten Pinsel gleichmäßig auf Gesicht, Hals, Dekolleté und Schultern auf. Nach etwa 30 Minuten Einwirkungszeit ist die Maske auf der Haut getrocknet. Füllen Sie nun das Waschbecken mit heißem Wasser und reiben Sie langsam, ohne zu zerren, das Peeling ab.

Für fette und unreine Haut ist das Milch-Peeling besonders geeignet. Es klärt die Poren, durchblutet die Haut und trägt abgestoßene Hautzellen und Unreinheiten auf schonende Weise ab.

WEIZENKLEIE-PACKUNG

Zutaten: 1 Eßlöffel Weizenkleie
1 Eigelb
1 Kaffeelöffel Bienenhonig
1 Kaffeelöffel Trockenmilchpulver

Zubereitung: Verrühren Sie alle Zutaten in einer kleinen Schale. Nun geben Sie vorsichtig ein paar Tropfen heißes Wasser dazu, bis Sie einen gut streichfähigen, aber nicht flüssigen Brei gerührt haben.

Anwendung und Wirkung: Tragen Sie die Mischung auf das gut gereinigte Gesicht, den Hals und das Dekolleté auf. Nach 20 Minuten Einwirkungszeit wird die Maske mit viel warmem Wasser abgewaschen.

Die Weizenkleie wirkt klärend und heilend und eignet sich besonders gut für unreine Haut. Bei regelmäßiger Anwendung läßt sie Pickel und Mitesser rasch verschwinden. Gleichzeitig wird die Maske von der Haut reizlos gut vertragen und kann wegen ihrer besonders hautfreundlichen Zutaten beliebig oft verwendet werden.

WARME HEILERDE-MASKE

Zutaten: 2 gehäufte Eßlöffel Heilerde
1 Eßlöffel reines Pflanzenöl

Zubereitung: Erwärmen Sie zunächst das Öl im hohen Plastiktopf auf dem kochenden Wasserbad. Vom Feuer nehmen, die Heilerde zugeben und zunächst einen zähen Brei rühren. Nun mit soviel heißem Wasser vermischen, bis der Brei gut streichfähig ist.

Anwendung und Wirkung: Mit einem breiten Pinsel wird die warme Paste auf das gut gereinigte Gesicht aufgetragen. Die

Heilerde, die man in Apotheken und Reformhäusern kaufen kann, wirkt zwar besonders klärend bei unreiner Haut, rührt man sie aber nur mit Wasser an, wie es häufig empfohlen wird, trocknet sie die Haut stark aus. Gibt man jedoch etwas warmes Öl dazu, so wird der austrocknende Effekt abgeschwächt. Nach 30 Minuten Einwirkungszeit wäscht man die Heilerde mit warmem Wasser ab und spült gründlich mit frischem warmem Wasser nach.

Bei unreiner Haut kann man die warme Heilerde-Maske zur regelmäßigen Anwendung empfehlen.

EIBISCHWURZEL-MASKE

Zutaten: 2 Eßlöffel Eibischwurzeln
1 Eßlöffel reiner Bienenhonig

Zubereitung: Die Eibischwurzeln, die man in Apotheken und Kräuterhäusern kaufen kann, werden in der elektrischen Kaffeemühle staubfein pulverisiert. Das Pulver in eine kleine Schale geben. Den Eßlöffel Bienenhonig in drei Eßlöffel heißem Wasser auflösen und unter das Pulver rühren.

Anwendung und Wirkung: Die zähe Maske auflegen und die Auflage eine Stunde einwirken lassen. Abnehmen und mit warmem Wasser nachspülen. Die Eibischwurzelauflage gilt als klassisches Naturheilmittel bei unreiner und entzündlicher Haut, und wenn auch die Einwirkungszeit der Auflage recht lang bemessen sein muß, so wird sich die Geduld bezahlt machen; man wird überrascht sein von dem hervorragenden Heilwert dieser Anwendung, denn die Haut wird klar, rosig und rein. Wenn man unter unreiner Haut zu leiden hat, sollte man die Auflage über einen längeren Zeitraum hinweg mindestens einmal wöchentlich anwenden. Zur Vervollständigung der Behandlung ist das heilende Eibisch-Tonikum (siehe S. 74) als Gesichtswasser sehr zu empfehlen.

WEIZENMEHL-MASKE

Zutaten: 2 Eßlöffel Weizenmehl
2 Eßlöffel naturreines Joghurt

Zubereitung: Verrühren Sie die beiden Zutaten in einer Schale, bis die Mischung streichfähig ist.

Anwendung und Wirkung: Mit einem breiten Pinsel tragen Sie die Maske auf Gesicht, Hals und Dekolleté auf. Nach etwa 30 Minuten ist die Maske getrocknet und wird mit viel warmem Wasser abgerieben.

Bei großen Poren, bei unreinen Hautstellen oder bei verstopften Poren leistet die rasch herzustellende Weizenmehl-Maske gute Dienste. Wenn Sie nur unreine Hautstellen, beispielsweise am Kinn, damit behandeln wollen, dann nehmen Sie entsprechend weniger Zutaten für die Maske.

HONIG-REINIGER

Zutaten: 2 Eßlöffel reiner Bienenhonig
2 knappe Eßlöffel Weizenkleie
Saft einer halben Zitrone

Zubereitung: Den Honig im hohen Plastiktopf im Wasserbad flüssig machen. Vom Feuer nehmen und Zitronensaft und Weizenkleie unterrühren.

Anwendung und Wirkung: Die warme Mischung auf das gut gereinigte Gesicht und den Hals auftragen und etwa 30 Minuten einwirken lassen. Mit viel warmem Wasser abwaschen und mit Gesichtswasser nachreinigen.

Der Honig-Reiniger ist eine ideale Auflage bei spröder, trokkener Haut. Er nährt, klärt und wirkt durch seinen Zusatz von Weizenkleie heilend und durchblutungssteigernd.

Nährende und regenerierende Packungen und Masken

ERDNUSS-MAYONNAISE

Zutaten: 1 Eigelb
2 Eßlöffel Erdnußöl
$^1/_2$ Kaffeelöffel reiner Bienenhonig
ein paar Tropfen Zitronensaft

Zubereitung: Mit dem elektrischen Handrührmixer rühren Sie zuerst tropfenweise das zimmerwarme Erdnußöl ins Eigelb. Sobald die Mayonnaise dick geworden ist, fügen Sie ein paar Tropfen Zitronensaft und den Bienenhonig hinzu. Gründlich verrühren.

Anwendung und Wirkung: Verstreichen Sie die Mayonnaise mit einem breiten Pinsel oder einem weichen Spatel über Gesicht und Hals und lassen Sie die Mischung mindestens eine halbe Stunde auf die Haut einwirken. Anschließend mit viel warmem Wasser abwaschen.

Die Erdnuß-Mayonnaise ist eine herrlich nährende und wohltuende Maske. Sie eignet sich gut zur regenerierenden Pflege trockener und alternder Haut. Bei regelmäßiger Anwendung bewirkt sie anhaltende Geschmeidigkeit.

HONIG-QUARK-PACKUNG

Zutaten: 2 Eßlöffel reiner Bienenhonig
1 Eßlöffel frischer Quark

Zubereitung: Auf dem heißen Wasserbad wird der Bienenhonig flüssig gemacht. Vom Feuer nehmen und den Quark unterrühren, bis eine streichfähige Paste entsteht.

Anwendung und Wirkung: Die Paste gleichmäßig auf Gesicht

und Hals auftragen, 30 Minuten einwirken lassen und mit warmem Wasser abwaschen.

Die Honig-Quark-Packung eignet sich besonders zur Pflege trockener Haut; sie erfrischt und durchblutet und führt vor allem der Haut Feuchtigkeit zu.

MILCH-ÖL-PACKUNG

Zutaten: 1 Eßlöffel Trockenmilchpulver
1 Eßlöffel süßes Mandelöl

Zubereitung: Verrühren Sie zuerst das Trockenmilchpulver mit dem Mandelöl und geben Sie nun soviel heißes Wasser dazu, bis die Mischung streichfähig ist.

Anwendung und Wirkung: Mit einem breiten Pinsel trägt man die Mischung auf das gut gereinigte Gesicht und den Hals auf. Nach einer Einwirkungszeit von 20 Minuten lauwarm abwaschen.

Öl und Milch wirkt sich besonders beruhigend auf trockene, spröde und nervöse Haut aus. Die Haut fühlt sich nach Anwendung der Packung gesättigt und weich an.

HAUTKRÄFTIGENDE KRÄUTERMAYONNAISE

Zutaten: Für einen Vorrat an Kräuteröl brauchen Sie
1 Kaffeelöffel Calendula (Ringelblume)
1 Kaffeelöffel Thymian
1 Kaffeelöffel Kamillenblüten
1 Kaffeelöffel Lavendelblüten und
100 g Traubenkernöl.

Für die jeweilige Packung benötigt man
1 Eigelb
1 Spritzer Zitronensaft

Zubereitung: Bereiten Sie zunächst eine größere Menge duftendes Kräuteröl vor, das für viele Packungen ausreicht. Die angegebenen Kräuter vermischen und in ein gut verschließbares Glas mit breiter Öffnung füllen. Mit dem Traubenkernöl übergießen und zwei Wochen lang an einem warmen Platz im Haus oder an der Sonne stehen lassen. Ab und zu durchschütteln. Abseihen und zur Aufbewahrung in eine dunkle Glasflasche abfüllen. Kühl lagern! Die jeweilige Kräuterpackung stellen Sie folgendermaßen her: In den Rührbecher ein Eigelb schlagen und nun langsam und tropfenweise soviel Kräuteröl zurühren, bis eine dicke Mayonnaise entsteht. Einen Spritzer Zitronensaft unterrühren.

Anwendung und Wirkung: Verstreichen Sie die Kräutermayonnaise auf das gut gereinigte Gesicht, den Hals und das Dekolleté. Die Mayonnaise mindestens eine halbe Stunde einwirken lassen und sie dann mit viel lauwarmem Wasser abwaschen. Mit saurem Gesichtswasser nachreinigen.

Die heilenden und stimulierenden Kräuterauszüge geben der Haut Elastizität, Spannkraft und Weichheit. Die Packung hilft die Faltenbildung verhindern, sie ist besonders beruhigend, nährend und glättend für die Haut. Bei trockener, irritierter, entzündlicher und rauher Haut wirkt die regelmäßige Anwendung der Kräutermayonnaise wahre Wunder.

JOHANNISKRAUT-PACKUNG

Zutaten: 1 Eigelb
2 Eßlöffel Johanniskrautöl
1 Spritzer Zitronensaft

Zubereitung: Wie man Johanniskrautöl selbst herstellt, können Sie auf Seite 238 nachlesen; fertiges Johanniskrautöl bekommt man in der Apotheke. Rühren Sie das Johanniskrautöl tropfenweise in das Eigelb, bis eine feste Mayonnaise entstanden ist. Zitronensaft dazugeben.

Anwendung und Wirkung: Streichen Sie die Mischung mit einem breiten Pinsel auf das gut gereinigte Gesicht, den Hals und das Dekolleté und lassen Sie die Packung etwa eine halbe Stunde einwirken. Mit viel warmem Wasser abwaschen und mit saurem Gesichtswasser nachreinigen.

Das Johanniskrautöl besitzt vielseitige Heilwirkungen. Bei unreiner Haut, bei Schrunden und trockener Haut wird es vor allem verwendet. Würde man jedoch nur das Öl auf das Gesicht auftragen, könnten die Poren verstopfen; auch würde die Wirkung des Öls zu intensiv sein. In Ei emulgiert ist die Johanniskrautpackung deshalb eine ideale Mischung, die man regelmäßig anwenden sollte.

HONIG-HEFE-MASKE

Zutaten: 1 Eßlöffel Hefe
1 Teelöffel Honig
2 Eßlöffel reines Pflanzenöl

Zubereitung: Das Öl auf dem kochenden Wasserbad erwärmen. Vom Feuer nehmen, den Honig darin lösen und die zerbröckelte Hefe unterrühren.

Anwendung und Wirkung: Die Mischung wird auf das gut gereinigte Gesicht und den Hals aufgetragen. Sobald die Maske auf der Haut getrocknet ist, reibt man sie, ohne die Haut zu zerren, langsam und vorsichtig ab. Mit viel warmem Wasser nachspülen und mit Gesichtswasser nachreinigen.

Innerlich und äußerlich angewendet, gilt die Vitamin-B-reiche Hefe als Hautverschönerungsmittel, vor allem bei unreiner und fetter Haut. Hefe regt die Sekretion der Talgdrüsen an; bei Anwendung von Hefemasken bei unreiner Haut kann es vorkommen, daß die Unreinheiten zunächst einmal stark hervortreten, bevor sie schließlich abklingen und verschwinden. Deshalb ist es nicht ratsam, die Hefe-Heilmaske aufzutragen, bevor man zu einer Party geht. Empfehlenswert ist eine Hefekur, bei welcher man die Maske einmal wöchentlich über einen Zeitraum von vier Wochen anwendet.

VITAMIN-E-MASKE

Zutaten: 1 Eigelb
1 Teelöffel Weizenkeime
1 Teelöffel Hefe
2 Eßlöffel Weizenkeimöl

Zubereitung: Das Weizenkeimöl tropfenweise in das Eigelb rühren, bis eine glatte Mayonnaise entstanden ist. Die zerbrökkelte Hefe und dann die Weizenkeime darunterrühren.

Anwendung und Wirkung: Die Auflage gleichmäßig über das gut gereinigte Gesicht und den Hals verteilen. Sobald die Maske getrocknet ist, langsam abreiben und mit viel warmem Wasser nachspülen.

Weizenkeime und Weizenkeimöl sind die natürlichen Vitamin-E-Lieferanten; obwohl die Wirkung von Vitamin E auf der Haut medizinisch nicht eindeutig nachgewiesen ist, schwören doch viele Schönheitsexperten auf Vitamin E als Verjüngungsvitamin. Statt synthetischen Vitaminen sollte man jedoch dem Naturvitamin den Vorzug geben, wenn man Vitamin-E-haltige Mittel ausprobieren will.

Die Vitamin-E-Maske wird als Nährmaske von jeder Haut vertragen. Sie glättet, erfrischt und stimuliert die Haut, und durch die zarte Abreibung bewirkt sie ein sanftes Peeling.

EICREME-PACKUNG

Zutaten: 1 Ei
1 Eßlöffel Sesamöl
1 Eßlöffel reiner Bienenhonig

Zubereitung: Das Ei trennen. Mit dem Handrührmixer in das Eigelb tropfenweise das Sesamöl einrühren, bis Sie eine Mayonnaise haben. Nun den Bienenhonig und das Eiweiß dazugeben und weiterrühren, bis die Mischung streichfähig ist.

Anwendung und Wirkung: Mit einem breiten Pinsel wird die Packung auf das gut gereinigte Gesicht und den Hals aufgetragen. Nach einer Einwirkungszeit von 30 Minuten mit viel warmem Wasser abwaschen.

Bei trockener, alternder Haut ist diese herrliche Packung ideal. Sie macht die Haut weich, glatt und zart. Sie hilft die Faltenbildung verzögern und bewahrt bei regelmäßiger Anwendung die Elastizität der Haut.

Straffende und adstringierende Packungen und Masken

AGAR-AGAR-STRAFFUNGSMASKE

Zutaten: 1 Eigelb
1 Messerspitze Agar-Agar-Pulver

Zubereitung: Geben Sie das Eigelb zusammen mit dem Agar-Agar-Pulver in eine kleine Rührschüssel. Kräftig rühren, bis die Mischung dicklich wird.

Anwendung und Wirkung: Mit einem breiten Pinsel oder einem weichen Spatel wird die gut verstreichbare Maske gleichmäßig über Gesicht und Hals verteilt. Nach 20 Minuten Einwirkungszeit legen Sie eine feuchtwarme Kompresse auf, um die starr gewordene Maske aufzuweichen. Anschließend mit viel warmem Wasser abwaschen. Mit erfrischendem Gesichtswasser nachreinigen.

Diese herrlich straffende Agar-Agar-Maske ist eine wahre Wundermaske, sie erfrischt und durchblutet die Haut, zieht die Poren zusammen und verleiht der Haut ein glattes, weiches Aussehen. Die Maske ist vor allem zu empfehlen, wenn man nach einem anstrengenden Arbeitstag am Abend noch besonders vorteilhaft aussehen will.

STÄRKE-STRAFFUNGSMASKE

Zutaten: 2 Eßlöffel Weizen- oder Mais- oder Kartoffelstärke
warmes Wasser

Zubereitung: Das jeweilige Stärkepulver in eine kleine Schale geben. Nun langsam warmes Wasser zugeben und glattrühren. Zu einer streichfähigen, nicht zu flüssigen Paste rühren.

Anwendung und Wirkung: Zuerst das Gesicht leicht mit Fettcreme oder mit etwas Öl einreiben. Die Stärkemaske mit einem breiten weichen Pinsel auf Gesicht und Hals auftragen, wobei die Augenpartien und die vordere Halspartie frei bleiben müssen. Nach 20 Minuten ist die Packung erstarrt, und man weicht sie mit einer feuchtwarmen Kompresse auf, bevor man sie mit warmem Wasser abwäscht.

Gesichtsmasken mit Stärkepulver wirken stark porenverengend, straffend und durchblutungssteigernd, aber auch austrocknend. Man sollte sie deshalb nur selten anwenden.

HONIG-STRAFFUNGSMASKE

Zutaten: 1 Eßlöffel reiner Bienenhonig
1 Messerspitze Agar-Agar-Pulver

Zubereitung: Erwärmen Sie den Honig auf dem kochenden Wasserbad. Vom Feuer nehmen, Agar-Agar zufügen und alles gründlich verrühren. Sobald die Mischung dicklich wird, sofort auftragen.

Anwendung und Wirkung: Mit einem breiten Pinsel wird die angenehm warme Mischung auf Gesicht und Hals aufgetragen. Nach 20 Minuten Einwirkungszeit legt man eine feuchtwarme Kompresse auf, um die starre Maske zu erweichen. Nun mit viel warmem Wasser abwaschen.

Die stark straffende Wirkung des Agar-Agar wird in dieser Maske durch die Zugabe von hautpflegendem Bienenhonig gemildert. Die Honig-Straffungsmaske eignet sich als wohltuende Erfrischungsmaske bei schlecht durchbluteter, grauer und großporiger Haut.

ADSTRINGENT-MASKE

Zutaten: 2 Eßlöffel Weizenmehl
1 kleine Messerspitze Alaunpulver

Zubereitung: Das Alaunpulver in etwas heißem Wasser auflösen und die Mischung langsam unter das Mehl rühren. Glattrühren, bis die Mischung gut streichfähig wird.

Anwendung und Wirkung: Die noch warme Maske auf das gründlich gereinigte Gesicht auftragen. Nach 20 Minuten Einwirkungszeit mit warmem Wasser gut anfeuchten und, ohne die Haut zu zerren, langsam abreiben.

Für unreine Haut ist diese Adstringent-Maske gut geeignet. Alaun wirkt mild desinfizierend und kräftig adstringierend; auf schonende Weise ist die Maske porenverengend und straffend, aber sie sollte – wie jede Straffungsmaske – nicht zu oft angewendet werden.

TRANSPARENTE ROSEN-MASKE

Zutaten: 1 Handvoll Rosenblütenblätter, frisch oder getrocknet
$^1/_4$ l Wasser
1 Kaffeelöffel Agar-Agar-Pulver

Zubereitung: Die Rosenblütenblätter mit dem kochenden Wasser übergießen und eine Stunde ziehen lassen. Die Flüssigkeit abseihen und etwa 70 g davon zusammen mit dem Agar-Agar-Pulver erwärmen. Den Rest des Rosenwassers aufbewahren. Die erwärmte Mischung vom Feuer nehmen und rühren, bis sie einzudicken beginnt.

Anwendung und Wirkung: Die eingedickte Mischung, sobald sie nicht mehr tropft, mit einem breiten Pinsel auf das gut gereinigte Gesicht und den Hals auftragen. Nach zirka 20 Minuten ist die Maske erstarrt, worauf man sie mit viel warmem Wasser abwäscht. Den Rest des Rosenwassers als Gesichtswasser verwenden.

Seit jeher genießen die Rosenblätter einen vorzüglichen Ruf als Schönheitsmittel zur Verfeinerung des Teints. So gehört die transparente Rosen-Maske aus mazerierten Rosenblättern zu den Masken, die Ihrer Haut die sprichwörtliche rosige Frische verleihen.

ADSTRINGIERENDE BOLUS-MASKE

Zutaten: 1 Eßlöffel Bolus alba
1 Eßlöffel Talkum
1 Messerspitze Titanoxyd
1 Messerspitze Zinkoxyd

Zubereitung: Alle Pulver bekommt man in der Apotheke. Die Pulver vermischen und mit wenig warmem Wasser zu einem streichfähigen Brei rühren.

Anwendung und Wirkung: Zuerst muß das Gesicht mit Fettcreme oder etwas Öl eingerieben werden, da die Tonmaske die Haut weiß anfärben kann. Dann wird die Maske mit einem weichen breiten Pinsel auf das Gesicht aufgetragen, wobei die Augenpartien, der Haaransatz und die vordere Halspartie frei bleiben müssen. Nach 20 Minuten ist die Maske erstarrt, und nun legt man eine feuchtwarme Kompresse auf, um sie zu erweichen. Dann mit viel warmem Wasser abwaschen, die Haut anschließend wieder dünn mit Fettcreme einreiben.

Für großporige Haut ist die Bolus-Maske gut geeignet. Sie wirkt stark adstringierend und durchblutungssteigernd, aber auch austrocknend und leicht hautreizend, deshalb darf man sie nur selten verwenden. Unbedingt sollte man die Maske erst einmal testen, bevor man sie für einen besonderen Anlaß verwendet.

EIWEISS-MASKE

Zutaten: 1 Eiweiß
1 Kaffeelöffel süßer Rahm

Zubereitung: Das Eiweiß zu festem Schnee schlagen. Den Rahm unterrühren.

Anwendung und Wirkung: Den Eischaum mit einem breiten Pinsel dick auftragen und nach etwa 20 Minuten warm abwaschen.

Diese angenehme Straffungsmaske wird von fetter und trokkener Haut gut vertragen. Sie ist rasch zubereitet und als Erfrischungsmaske gegen müdes Aussehen gut geeignet.

TRANSPARENTE CALENDULA-MASKE

Zutaten: 1 Eßlöffel Calendula-Tinktur
4 Eßlöffel Rosenwasser
1 Kaffeelöffel Agar-Agar-Pulver

Zubereitung: Alle Zutaten vermischen und in einem Porzellantöpfchen auf dem Wasserbad leicht erwärmen. Vom Feuer nehmen und mit einem Holzlöffel rühren, bis die Mischung einzudicken beginnt.

Anwendung und Wirkung: Sobald die Mischung dicklich genug ist, um nicht mehr zu tröpfen, wird sie mit einem breiten Pinsel auf das gut gereinigte Gesicht und den Hals aufgetragen. Sobald die Maske völlig erstarrt ist, wäscht man sie mit warmem Wasser ab.

Die transparente Calendula-Maske wirkt stimulierend und porenverengend; die heilende Wirkstoffkombination aus natürlichen Zutaten klärt und durchblutet die Haut, und so gehört diese Straffungsmaske zu jenen Erfrischungsmasken, die man ohne Bedenken öfters anwenden kann.

3. Kapitel

VERSCHIEDENE METHODEN DER GESICHTSREINIGUNG

Die richtige Reinigung ist unerläßlich für ein klares Hautbild. Bevor ich auf die verschiedenen Methoden der Hautreinigung zu sprechen komme, sei daran erinnert, daß die Reinheit der Haut nicht allein durch sorgfältiges Waschen erreicht wird: unreine, verstopfte Poren lassen sich auch durch das raffinierteste Reinigungsmittel nicht mehr entfernen. Unreine Haut entsteht eben nicht nur durch äußere Verunreinigung, sondern auch durch innere, wie etwa durch falsche Ernährung, schlechte Lebensgewohnheiten, Mangel an Bewegung und an frischer Luft, ungenügende Hautdurchblutung oder auch durch psychische Probleme. Mit Gesichtsdampfbädern, reinigenden Packungen und Masken kann man zwar kosmetisch gegen unreine Hautpartien vorgehen, aber ein zufriedenstellendes Hautbild wird man erst erreichen, wenn man die Wurzel des Übels beseitigt.

Auch der Organismus trägt zur Reinigung bei, und ein gesunder Körper ist in der Lage, sich selbst zu reinigen. Die Haut entfernt in einer Art Selbstreinigungsprozeß oberflächlichen Schmutz durch die fortwährende Abstoßung der obersten Hornzellen. Mit den Hornzellen wandert der Schmutz an die Oberfläche und wird bei normaler Körperaktivität abgerieben. Außerdem hilft die Bakterienflora der Haut beim Abbau von Schmutz. Auch beim Haar bewirkt der Organismus laufende Selbsterneuerung. Alte Haare werden abgestoßen, und neue, reine Haare wachsen nach. In der Mundhöhle bewirkt der Speichel eine gewisse Reinigung der Zahnoberfläche, und die gesunde Bakterienflora hilft hierbei durch den Abbau von Speiseresten. Dieser natürliche Selbstreinigungsprozeß des Körpers ist jedoch vom kosmetischen Standpunkt aus unzureichend, denn der moderne Mensch ist einer zu großen Vielfalt verschiedener Schmutzeinwirkungen ausgesetzt.

Wenn man von Reinigung spricht, muß zuerst einmal ganz sachlich betrachtet werden, woraus sich der Schmutz auf der Haut zusammensetzt. Wie alle Organe des menschlichen Körpers stellt auch die Haut kein einheitliches Gewebe dar. Sie ist vielmehr aus verschiedenen Zellschichten aufgebaut, von denen die äußerste die Hornschicht ist. Wie die Mehrzahl kosmetischer Präparate kommen auch die Reinigungsmittel nur mit der äußersten Hornschicht in Kontakt. An ihrer Oberfläche ist die Hornschicht von einer Fettsubstanz bedeckt, welche man als Hautfett bezeichnet. Chemisch betrachtet ist diese Fettschicht eine Emulsion aus Schweiß, Hauttalg und Abfallprodukten der Zellen. Das Oberflächenfett hat die Funktion, die Hautoberfläche geschmeidig zu halten und den Wassergehalt der tiefergelegenen Hautschichten zu regeln, außerdem dient es der Haut als Schutzbarriere gegen äußere Einflüsse. Es geht also bei der richtigen Hautreinigung darum, die sich am Oberflächenfett angesiedelten Schmutzteilchen zu lösen, ohne die Haut zu sehr zu entfetten oder die natürlichen Hautfunktionen zu beeinträchtigen.

Viele Hautprobleme entstehen durch ungenügende oder falsche Reinigung der Haut. Es gibt Frauen, die sich zwar teure pflegende Cremes speziell für ihren Hauttyp kaufen, aber bei den Reinigungsmitteln den Standpunkt vertreten, Reinigung sei gleich Reinigung und auf die Hautbeschaffenheit müsse man kaum Rücksicht nehmen. Welche Reinigungsmethode man am besten wählt, richtet sich nach der Hautbeschaffenheit, der Art der Hautverschmutzung und auch nach dem Härtegrad des Wassers. So besteht neben dem Wasser als Reinigungsmittel die Auswahl zwischen Reinigungsemulsionen, wasserfreien Fettcremes, Ölen und Seifen sowie festen Stoffen, die mechanisch reinigen. Jedes Reinigungsmittel hat seine spezifischen Vorteile, und ich bin der Ansicht, daß es praktisch ist, wenn man mehrere Arten von Reinigungsmitteln zur Hand hat. Um beispielsweise Make-up zu entfernen, wird man ein öllösendes Reinigungsmittel verwenden, bei normal verschmutzter Haut kann man Babyseife nehmen und bei schlecht durchbluteter oder unreiner Haut dient eine Mischreinigung mit öllöslichen und wasserlöslichen Mitteln.

Das immer noch meistverwendete Reinigungsmittel ist Wasser. Besonders warmes Wasser bringt die Hornschicht der Haut zum Quellen und erweicht sie. Durch mechanisches Waschen, etwa mit einem Schwamm oder einer samtweichen Bürste, wird der Schmutz zusammen mit den obersten Hornzellen der Haut gelockert und abgespült. Aber die wasserabstoßende Eigenschaft des Oberflächenfettes der Haut bewirkt, daß Schmutzteilchen und Bakterien, die im Hautfett eingebettet sind, nicht vollständig beseitigt werden können. Diesem Mangel hilft man ab, indem man dem Wasser verschiedene Stoffe zusetzt, die eine bessere Löslichkeit bewirken. So kann man alle Mittel, die man beim Waschen zu Hilfe nimmt, als Unterstützung der Wasserwaschung bezeichnen. Die unglückliche Mode, eine Reinigungscreme mitsamt dem Schmutz im Gesicht zu verteilen, um alles anschließend mit einem Papiertuch zu verwischen, bewirkt keine saubere Hautreinigung, sondern nur eine Verteilung von Schmutz auf der Haut. Noch immer ist Wasser das beste und billigste Mittel, um Schmutz zu entfernen.

Reinigungsmilchen und Fettcremes

Hier hat man die Auswahl zwischen der Öl-in-Wasser-Emulsion (Milch), der Wasser-in-Öl-Emulsion (Fettcreme) und der wasserfreien Fettcreme. Unter der Bezeichnung „Cleansing Milk" oder „Reinigungsmilch" bekommt man im Handel die wasserbasierten Emulsionen zu kaufen. Die reinigende Substanz dieser Milchen sind die sogenannten Detergentien, und mit Hilfe dieser modernen waschaktiven Substanzen ist es möglich, wasserunlösliche Stoffe wie Ruß oder andere ölige Substanzen wie Reste von Hautcreme und Make-up auf der Haut zu lösen. Es gibt hierbei aber das Problem, daß die meisten Detergentien die Haut mehr entfetten, als nötig ist; außerdem sind sie selbst bei gründlicher Spülung mit Wasser schwer von der Haut abzuwaschen. Die Folge dieser intensiven Waschaktionen ist eine unerwünschte Austrocknung der Haut durch die Entfernung des Oberflächenfettes. So gibt es Reinigungsmilchen, die etwa doppelt so stark entfetten wie Seife. Von der Industrie wird eine große Anzahl verschiedener chemischer Gruppen von Detergentien verarbeitet, und als besonders mild und hautfreundlich gelten hierbei die sogenannten Eiweiß-Fettsäure-Kondensate. Aber selbst bei Präparaten, die auf diesen verhältnismäßig schonenden Detergentien aufgebaut sind, ist die entfettende Wirkung noch immer stärker als bei milder Seife. So haben Untersuchungen ergeben, daß Babyseifen oder öl- und fetthaltige Seifen im Gegensatz zu den gebräuchlichen Detergentien die Haut viel weniger entfetten als Reinigungsmilch auf Detergentienbasis. Ganz findige Kosmetikhersteller bringen neuerdings detergentienarme Reinigungsmittel auf den Markt, die mit „reinen Seifenanteilen" angereichert sind.

Im Gegensatz zu den Milchen sind fette Reinigungscremes vom Typ Wasser-in-Öl gut als Abschminke zu gebrauchen. Nach dem Auftragen schmelzen sie auf der warmen Haut und absorbieren den fettlöslichen Schmutz. Enthalten sie auch wasserlösliche Substanzen, wie etwa Lanolin und Cetylalkohol, so sind sie in der Lage, auch wasserlöslichen Schmutz von der Haut zu lösen, ohne die Haut zu entfetten. Ihr Nachteil besteht darin, daß man sie mit Wasser allein nicht vollständig von der Haut abwaschen kann. Um alle fettigen Cremereste zu entfernen, kann man die Abschminke zunächst mit einem weichen Papiertüchlein entfernen und anschließend das Gesicht mit einer mílden Seife waschen. So werden alle öl- und wasserlöslichen Stoffe schonend entfernt, ohne daß man sich einer radikalen Hautentfettung unterziehen muß.

Vollkommen wasserfreie Fettcremes nennt man in der kosmetischen Fachsprache auch „Liquefying Cleansing Creams". Diese Reinigungspräparate bestehen aus einfachen Mischungen von Ölen und Wachsen. Der Vorteil dieser Cremes liegt darin, daß sie sich beim Auftragen auf die warme Haut sofort verflüssigen. Auf diese Weise ist eine gute Verteilung der Reinigungscreme auf der Haut möglich. Man könnte erwarten, daß die wasserfreien Reinigungspräparate bei der Entfernung von wasserlöslichem Schmutz wirkungslos sind. Es gibt hierzu einen interessanten Test, der zeigt, daß dies keineswegs der Fall ist. Auf der Haut befindet sich stets natürliches Hautfett und Wasser. Die wasserfreie Creme ist imstande, sich damit zu verbinden.

Reinigungsöle

Bis zum Anfang dieses Jahrhunderts kannte die Kosmetik nur pflanzliche und tierische Fette und Öle. Erst mit der Eroberung eines Massenmarktes für Kosmetika kamen die hautfremden Mineralöle in die Kosmetik. Mineralöle werden aus Erdöl gewonnen, sie sind billig, können nicht ranzig werden und sind aus diesem Grund bei der Massenfabrikation von Kosmetika sehr geschätzt. Da die Mineralöle nicht imstande sind, sich mit dem natürlichen Hautfett zu verbinden, sondern vielmehr als unwirksame Schicht auf der Haut stehen bleiben, schätzen sie viele Frauen als leicht zu entfernendes Hautreinigungsmittel. In den USA gehört Babyöl zu den beliebtesten Mitteln, um Make-up zu entfernen. Diese große Begeisterung für Babyöl als Reinigungsmittel wird allerdings nicht von allen Kosmetikfachleuten geteilt. Man hat festgestellt, daß die im Mineralöl enthaltenen Kohlenwasserstoffe wichtige Bestandteile des Hauttalgs lösen können und stattdessen eine hautfremde Schicht zurücklassen. Außerdem kann das Auftragen und Abreiben des von Natur aus hautfremden Öls zu einer Entfettung der Haut führen.

Wenn man gerne pures Öl zur Reinigung verwendet, beispielsweise für die Entfernung von öllöslichem Make-up, dann sollte man besser rein pflanzliche Öle nehmen. Sie sind in der Lage, sich mit dem natürlichen Hautfett zu verbinden und so öllösliche Substanzen abzutragen. Zu den vorzüglichsten Ölen, um Make-up zu entfernen, gehören etwa Weizenkeimöl oder reines Olivenöl. Der Nachteil der Ölreinigung besteht darin, daß wasserlösliche Verunreinigungen nicht so sauber entfernt werden können wie mit wasserhaltigen Reinigungsmitteln. Auch die gründliche Waschung mit Wasser nach der Reinigung vermag nicht, alle Ölreste auf der Haut zu beseitigen. Aus diesem Grund kann man dem Öl einen hautfreundlichen Emulgator zusetzen, durch den es möglich ist, wasserlösliche Stoffe und Ölreste auf der Haut schonend zu entfernen. Das sogenannte hydrophile Reinigungsöl muß mit viel Wasser abgewaschen werden.

Seife

Die Frage, ob man Seife für die Gesichtswäsche nehmen soll oder nicht, ist seit langem ein Streitobjekt zwischen Dermatologen, Kosmetikern und Schönheitsexperten. Manche würden niemals erlauben, das Gesicht mit Seife in Berührung zu bringen, andere schwören auf ihre tägliche Waschung mit Seife. Viele Frauen mit sehr schöner Haut haben sich das ganze Leben lang das Gesicht mit Seife gewaschen, trotz der Warnungen mancher Schönheitsexperten, die meinen, der Seifengebrauch müsse unaufhaltsam zur Zerstörung der Haut führen. Ein amerikanischer Dermatologe, der Seifenanhänger ist, löste einen Sturm der Entrüstung aus, als er sein eigenes Waschsystem mit Seife propagierte. Ich habe dieses Dr.-Laszlo-Waschsystem in den nachfolgenden Rezeptteil aufgenommen, denn es gibt sehr viele Frauen, die begeistert davon sind.

Seit vielen Jahren ist die Toiletteseife mit Abstand das wichtigste Hautreinigungsmittel. Das Herstellen einer guten, überfetten Seife, die in ihrem Aussehen, ihrer Konsistenz, ihrer Schaumkraft und Haltbarkeit hohen Ansprüchen gerecht wird, ist eine Kunst und eine Wissenschaft für sich, und es würde hier zu weit führen, wenn ich an dieser Stelle ausführlich darauf eingehen wollte. Generell kann man sagen, daß minderwertige Seifen Kalium enthalten und bei der Gesichtswäsche die Haut reizen können. Weiße Seifen enthalten Natron und sind viel milder, vorausgesetzt, daß sie gut ausgesalzen sind und kein ungebundenes Natron enthalten, wie dies bei billigen Seifen der Fall ist. Weiße, überfette Seifen, wie Lanolinseife, Olivenölseife oder Babyseife, sind deshalb für die Hautreinigung am besten geeignet. Seifen auf Detergentienbasis, desodorierende Seifen, synthetische Seifen oder Seifen mit sauren und anderen speziellen Zusätzen sollte man für die Reinigung der Gesichtshaut meiden. Man kann von einer Seife nicht verlangen, daß sie für die Hautpflege gemacht wird. Was man verlangen kann ist höchstens, daß die Seife mild und schonend reinigt, allein darin besteht ihr pflegender Charakter. Seifen – oder auch Haarshampoos –, welche die Haut oder das Haar durch besondere

Zusätze pflegen sollen, sind insofern absurd, als ihr Kontakt mit der Haut oder dem Haar viel zu kurz ist. Selbst ein noch so gutes Medikament könnte nicht innerhalb von zwei Minuten auf der Haut zur Wirkung kommen.

Besonders in kalkarmem Wasser weist die milde Seife gute Waschwirkungen auf und ist dabei im Vergleich zu vielen anderen Waschmitteln weniger entfettend und deshalb auch hautschonend. Immer bringt das Waschen mit Seife eine momentane Steigerung des basischen pH-Wertes der Hautoberfläche mit sich. Wird die Haut nach dem Waschen gründlich gespült, so tritt schon nach fünf bis zehn Minuten die natürliche Säuerung der Haut wieder ein und nach 30 Minuten ist der ursprüngliche pH-Wert der Hautoberfläche wieder erreicht. Schädigungen des natürlichen Hautsäuremantels können vorkommen, wenn nach der Seifenwaschung nicht genügend mit Wasser nachgespült wird, so daß noch Seifenreste in den Hautfurchen zurückbleiben. Deshalb ist das lange und gründliche Spülen mit warmem Wasser nach einer Seifenreinigung unumgänglich notwendig. Um wasserunlösliche Kalk- und Seifenrückstände von der Haut restlos zu entfernen und um der Haut bei der Regenerierung des natürlichen Säuremantels zu helfen, sollte man unbedingt nach der Wasserspülung mit saurem Gesichtswasser nachreinigen. Je kalkhaltiger das Wasser ist, desto schwieriger sind auch unsichtbare Kalkreste von der Haut zu entfernen. Wenn man kein Gesichtswasser zur Hand hat, kann man auch in die letzte Wasserspülung einen Spritzer Obstessig geben oder etwas Zitronensaft.

Viele Schönheitsexperten raten vor der Seifenschaumwaschung zur Anwendung von fetter Reinigungscreme oder Reinigungsöl. Dieses Rezept hat den großen Vorteil, daß mit der fetten Reinigung öllösliche Verschmutzungen wie etwa Reste von Make-up schonend von der Haut gelöst werden und die Seifenwaschung nicht auf die unvorbereitete Haut gelangt, aber mit Hilfe des nachfolgenden Seifenschaums wasser- und fettlösliche Schmutzteile und die fetten Rückstände der Reinigungscreme gut abgewaschen werden können.

Reinigung mit festen Stoffen

Unter festen Stoffen versteht man Reinigungsmittel wie etwa Mandelkleie, Weizenmehl, Weizenkleie oder Seesand. Die festen Stoffe reinigen nicht nur durch eine sanfte Abschilferung der Haut. Die meisten dieser Mittel enthalten sogenannte schleimbildende Stoffe, und die reinigende Wirkung beruht, abgesehen von der Absorption des Schmutzes, auf der sogenannten Schmutztragefähigkeit der Schleime. Auch verhindern die Schleime eine scheuernde Wirkung auf der Haut. Für schlecht durchblutete und unreine Haut sind die festen Reinigungsstoffe besonders gut geeignet, da sie auf sanfte Weise Unreinheiten abtragen. Zur Entfernung von Make-up sind die festen Stoffe allerdings nicht geeignet. Auch hier könnte man eine Mischreinigung mit Öl oder fetter Reinigungscreme vor der Waschung mit den festen Stoffen empfehlen.

Rezepte für Hautreinigungsmittel

HYDROPHILES REINIGUNGSÖL

Zutaten: 80 g Traubenkernöl oder Avocadoöl
10 g Weizenkeimöl
8 g Tween 80 (1 1/2 Kaffeelöffel)
3 Tropfen Pfefferminzöl

Zubereitung: Die ersten drei Zutaten in eine Flasche füllen und gut durchschütteln. Geben Sie nun das Pfefferminzöl am besten mit einer Pipette zu, denn wenn man zu viel nimmt, könnten beim Waschen mit dem Reinigungsöl die Augen gereizt werden. Pfefferminzöl hat einen herrlich erfrischenden Duft. Sie können es aber auch durch Lavendelöl oder Melissenöl ersetzen. Alle drei Duftnoten wirken erfrischend auf die Haut und gleichzeitig leicht konservierend auf das Öl.

Anwendung und Wirkung: Das besonders feinflüssige Traubenkernöl eignet sich ideal als Waschöl. Zur Entfernung von öl- und wasserlöslichem Schmutz oder Make-up kann man das hydrophile Reinigungsöl gut gebrauchen. Geben Sie etwas Reinigungsöl in die hohle Hand und massieren Sie gleichmäßig das Gesicht, den Hals und das Dekolleté damit ab. Nun spülen und waschen Sie reichlich mit fließendem warmem Wasser nach. Wenn Sie Augen-Make-up entfernen, befeuchten Sie einen Wattebausch mit warmem Wasser und tupfen Sie damit das Augen-Make-up ab. Die gut abgetrocknete Haut mit Gesichtswasser nachreinigen. Das Reinigungsöl ist für jeden Hauttyp geeignet.

ABSCHMINKE

Zutaten:
- 5 g weißes Wachs
- 20 g Lanolin anhydrid (2 gehäufte Kaffeelöffel)
- 5 g Kakaobutter
- 5 g Cetylalkohol
- 40 g Olivenöl
- 40 g Orangenblütenwasser oder Rosenwasser
- 2 Tropfen Pfefferminzöl

Zubereitung: Auf dem kochenden Wasserbad zuerst das weiße Wachs schmelzen. Nun Lanolin anhydrid und Kakaobutter zugeben. Sobald auch diese Zutaten geschmolzen sind, das Olivenöl zugeben und alles auf 65 Grad erwärmen. Inzwischen in einem feuerfesten Porzellantöpfchen auch das Orangenblütenwasser auf 65 Grad erwärmen. Die Fettschmelze vom Feuer nehmen, das Orangenblütenwasser zugeben und mit dem Handrührmixer auf kleinster Stufe rühren. Sobald die Creme kühler wird und eine Temperatur von etwa 45 Grad erreicht hat, mit dem Pfefferminzöl parfümieren. Weiterrühren, bis die Creme erkaltet; in Cremetöpfchen abfüllen.

Anwendung und Wirkung: Als öllösliche Abschminke ist diese Creme besonders gut geeignet. Sie wird dünn auf Gesicht und Hals aufgetragen, kurz einziehen gelassen und mit einem weichen Papiertüchlein abgenommen. Anschließend wird das Gesicht mit reichlich warmem Wasser gewaschen und die Haut mit saurem Gesichtswasser nachgereinigt. Auch mit einer milden Seife kann man nach der fetten Reinigung das Gesicht waschen. Nach der Seifenwäsche mit viel warmem Wasser waschen und mit Gesichtswasser nachreinigen. Die Abschminke wird von jedem Hauttyp gut vertragen.

LIQUEFYING CLEANSING CREAM

Zutaten: 3 g Bienenwachs
20 g Kakaobutter
5 g Stearinsäure
40 g Weizenkeimöl
2 Tropfen Pfefferminzöl

Zubereitung: Auf dem kochenden Wasserbad schmilzt man zuerst das Bienenwachs. Kakaobutter und Stearinsäure hinzufügen. Sobald diese Zutaten geschmolzen sind, fügt man das Weizenkeimöl hinzu und erwärmt alles auf 65 Grad. Die Fettschmelze vom Feuer nehmen und nun vorsichtig mit dem elektrischen Handrührmixer rühren. Sobald die Creme etwas abgekühlt ist, das Pfefferminzöl dazugeben und weiterrühren, bis die Creme erkaltet. Beim Abfüllen in die Cremedosen ist hier auf eine Besonderheit zu achten. Man füllt die Cremedosen zunächst dreiviertel voll und setzt den Rest der Creme erst zu, wenn der erste Teil fast vollkommen abgekühlt ist. Auf diese Weise wird die Bildung einer unschönen trichterförmigen Cremeoberfläche vermieden.

Anwendung und Wirkung: Die schöne, goldgelbe Reinigungscreme wird dünn auf Gesicht und Hals verteilt. Im Kontakt mit der warmen Haut schmilzt sie und kann nun mit einem weichen Papiertüchlein sehr leicht abgenommen werden. So ist sie besonders angenehm, um Make-up und alle weiteren öllöslichen Schmutzteile von der Haut zu entfernen. Augen-Make-up wird leicht entfernt, indem man ein wenig Liquefying Cleansing Cream auf einem gut warmen Wattepad verteilt und die Augenlider sanft damit abreibt. Mit reichlich warmem Wasser nachspülen und mit saurem Gesichtswasser nachreinigen. Um alle fettigen Reste der Creme von der Haut zu lösen, kann man bei trockener Haut anschließend eine Milchmehlwaschung machen, sie ist im nachfolgenden Rezept beschrieben. Wer Seife verträgt, kann eine ganz leichte Seifenspülung machen. Nach der Seifenspülung ist eine gründliche Wäsche mit fließendem warmem Wasser notwendig und die Nachreinigung mit saurem Gesichtswasser unerläßlich.

MILCHMEHLWASCHUNG

Zutaten: 1 Teil Mandelmehl
1 Teil Hafermehl
2 Teile Trockenmilchpulver

Zubereitung: Besorgen Sie sich die naturbelassenen Mehlsorten aus dem Reformhaus. Suchen Sie sich eine hübsche Flasche mit breiter Öffnung. Nun mischen Sie zuerst alle drei Zutaten in einer großen Schüssel und füllen dann die Milchmehlwaschung in die Flasche oder ein anderes formschönes Gefäß fürs Badezimmer.

Anwendung und Wirkung: Für jede Waschung geben Sie ein wenig von der Mischung in die hohle Hand oder in eine kleine Schale. Mit lauwarmem Wasser rühren Sie die Mischung zu einem gut verstreichbaren Brei. Damit waschen Sie sich sanft und gründlich das Gesicht, den Hals, das Dekolleté und die Arme. Mit viel lauwarmem Wasser abwaschen und die Haut mit saurem Gesichtswasser nachreinigen.

Milch und Mehl machen die Haut zart, sie beseitigen in der hier angegebenen Form durch sanfte Abschilferung kleine Hautunreinheiten und sind besonders zur Pflege der trockenen, zu feinen Schuppenabsonderungen neigenden Haut geeignet. Bei regelmäßiger Anwendung fühlt sich die Haut seidig, glatt, gesättigt und weich an. Ab und zu kann man die aufgetragene Mischung auf dem zuvor gereinigten Gesicht auch trocknen lassen und so als Reinigungspackung anwenden. Mit viel lauwarmem Wasser wird sie nach etwa 20 Minuten Einwirkungszeit abgewaschen.

Zum Entfernen von Make-up ist die Milchmehlwaschung

nicht geeignet. Hier kann man zuerst das Gesicht mit Reinigungsöl oder mit Liquefying Cleansing Cream reinigen und anschließend mit der Milchmehlwaschung waschen.

HEILENDE HAUTWÄSCHE

Zutaten: 1 Tasse Weizenmehl
1 Tasse Sonnenblumenkerne
1 Tasse Weizenkleie
1 Tasse Trockenmilchpulver
1 Tasse geriebene Babyseife

Zubereitung: Die ersten vier Zutaten gibt es im Reformhaus. Die Sonnenblumenkerne werden zunächst in einer elektrischen Küchenmaschine, etwa einer Kaffeemühle, pulverisiert. Um alle nicht zerkleinerten Rückstände zu beseitigen, schüttelt man anschließend das Pulver durch ein grobmaschiges Küchensieb. Die Babyseife reibt man auf einem normalen Küchenhobel zu feinen Spänen. Hierbei kann man übrigens gut Seifenreste aufbrauchen, allerdings muß die Seife vollkommen trocken sein. Alle Zutaten füllt man nun in eine Schüssel und mischt sie gründlich durch. Die Mischung füllt man in ein hübsches Gefäß, das sich gut verschließen läßt.

Anwendung und Wirkung: Die heilende Hautwäsche eignet sich gut für unreine, großporige und fette Haut. Wenn man Make-up zu entfernen hat, kann man zuvor hydrophiles Reinigungsöl verwenden. Die hier zusammengestellte Hautwäsche ist reich an guten Wirkstoffen, sie reinigt mild, trägt kleine Hautunreinheiten auf sanfte Weise ab und macht verstopfte Poren frei, wodurch die Ausscheidungsfunktion der Talgdrüsen erleichtert wird. Der Entstehung von neuen Pickeln und Mitessern wird entgegengewirkt, und bereits vorhandene Hautunreinheiten heilen schnell ab.

In einer Tasse oder in der hohlen Hand rührt man ein wenig von der Mischung mit warmem Wasser zu einem dicken Brei. Nun feuchtet man das Gesicht zuerst an und massiert dann mit beiden Händen den Brei mit sanften kreisenden Bewegungen ein. Niemals darf dabei die Gesichtshaut gezerrt oder stark gerieben werden. Nach der kleinen Massage wird die Waschung mit viel warmem Wasser abgespült und das Gesicht anschließend mit saurem Gesichtswasser nachgereinigt. Nach der Hautwäsche ist die Haut weich, durchblutet und erfrischt.

ECHTE MANDELKLEIE

Zutaten: 100 g Mandelkleie
50 g Bohnenmehl
15 g Veilchenwurzelpulver

Zubereitung: Offene Mandelkleie und Bohnenmehl bekommt man in Kräuterhandlungen und Reformhäusern. Falls Veilchenwurzel in Pulverform nicht zu haben ist, pulverisiert man die kleingeschnittene Wurzel in der elektrischen Kaffeemühle. Alle Zutaten werden in einer Schüssel miteinander vermischt und in ein formschönes Gefäß abgefüllt.

Anwendung und Wirkung: Der hier verwendete Grundstoff Mandelkleie ist der getrocknete und pulverisierte Preßrückstand echter Mandeln. Da er bei der industriellen Fertigung ein relativ teurer Grundstoff ist, wird er häufig teilweise oder völlig durch Preßrückstände von Aprikosen- oder Pfirsichkernen ersetzt. Auch wird oft Seifenpulver zugesetzt. Aber Seifenpulver ist bei diesem Waschmittel kaum zu empfehlen, da Mandelkleie ja besonders für jene Leute geeignet ist, die Seife schlecht vertragen.

Die echte Mandelkleie ist ein ideales Waschmittel für unreine, schlecht durchblutete Haut. Sie reinigt besonders mild und trägt auf schonende Weise abgestorbene Hautzellen, Schmutz und Unreinheiten ab. Öllöslicher Schmutz wie Make-up läßt sich mit Mandelkleie natürlich kaum entfernen. Es ist deshalb ratsam, das Make-up zuerst mit Creme oder Reinigungsöl zu entfernen und dann die Haut mit echter Mandelkleie zu waschen. Unbedingt mit viel warmem Wasser nachspülen und mit Gesichtswasser nachreinigen.

LEMON RUB

Zutaten: 2 ungespritzte Zitronen
1 Eßlöffel reines Pflanzenöl

Zubereitung: Zuerst werden die Zitronen mit heißem Wasser sauber abgebürstet und dann gründlich abgetrocknet. Nun reibt man die Zitronenschale auf einer Küchenreibe fein ab. Die geriebene Schale breitet man auf ein wenig Küchenkrepp aus und läßt sie trocknen. Mit dem angewärmten Pflanzenöl wird nun die getrocknete Schale zu einem Brei verrührt.

Anwendung und Wirkung: Für die tägliche Hautwäsche ist dieses alte englische Rezept nicht gedacht. Vielmehr verwendet man es im Abstand von etwa 14 Tagen zur Klärung und Verfeinerung des Teints. Das gründlich gereinigte Gesicht wird mit kreisenden Bewegungen vorsichtig abgerieben, wobei die Haut keinesfalls gezerrt werden darf. Die Abreibung sollte etwa fünf Minuten lang durchgeführt werden. Anschließend mit viel warmem Wasser waschen.

DAS LASZLO-WASCHSYSTEM

Dr. Ernö Laszlo ist ein amerikanischer Dermatologe transsylvanischer Abstammung. Er berät die berühmtesten Schönheiten der Welt, und als Berater von Greta Garbo, Gloria Vanderbilt und der Herzogin von Windsor gelangte er zu Ruhm. Einige der Laszlo-Theorien über Schönheitspflege hören sich gewiß revolutionär an, derartig stark weichen sie von heutigen Anschauungen ab, und im Lager der Schönheitsexperten gibt es mindestens so viele Laszlo-Anhänger wie Feinde. Man streitet vor allem über Laszlos Theorien über die Reinigung der Haut. Laszlo hält nämlich Seife und heißes Wasser für die idealen Reinigungsmittel bei trockener Haut. Unter Seife versteht er normale weiße Baby- oder ölhaltige Seife, und unter Wasser versteht er wirklich heißes Wasser, nicht lauwarm und nicht handwarm. Es soll so heiß sein, daß man es an den Händen gerade noch aushalten kann.

Im übrigen ist er der Meinung, trockene Haut könne es von Natur aus nicht geben, trockene Haut sei höchstens falsch behandelte Haut. Der pH-Wert von Schönheitsmitteln spielt auch für Laszlo, wie für jeden Dermatologen, eine ganz wichtige Rolle. Mittel zur Reinigung wie etwa Seife sollen seiner Meinung nach basische pH-Werte haben und alle anderen pflegenden Schönheitsmittel nur saure pH-Werte, die exakt dem natürlichen Säuremantel der Haut entsprechen. Milchen und sogenannte Feuchtigkeitsspender sind auch nach Meinung von Dr. Laszlo für die Hautpflege nicht von Vorteil; er verbietet seinen Kundinnen deren Gebrauch und empfiehlt ihnen, Kosmetika mit Hilfe eines pH-Wert-Meßpapiers zu testen. Diese Meßpapierstreifen bekommt man auch bei uns in Apotheken und Drogerien, eine genaue Gebrauchsanweisung ist diesen Streifen beigefügt.

Die Gesichtsreinigung nach Laszlo sieht in der Praxis nun folgendermaßen aus: zuerst beträufelt man ein angefeuchtetes Stückchen Mull mit Weizenkeimöl und entfernt damit das Make-up. Nun wäscht man sich mit reichlich fetter Seife oder Babyseife das Gesicht und massiert den Schaum mit beiden Händen gründlich ein. Anschließend wird mit fließendem heißen Wasser nachgespült und zwar mindestens dreißig Mal. Das Wasser muß wirklich heiß sein, denn es gehört zu diesem Waschsystem, daß Seife und heißes Wasser die Hornzellen der Haut zum Quellen bringen und somit auch die Fettproduktion der Talgdrüsen angeregt werden soll. Nach dem Abtrocknen wird das Gesicht mit saurem Gesichtswasser gründlich nachgereinigt. Anschließend wird hauchdünn Fettcreme aufgetragen.

Die heiße Seifenwaschung nach Dr. Laszlo wird vor allem für trockene Haut empfohlen, und viele Frauen schwören darauf. Wenn man unter geplatzten Äderchen zu leiden hat, darf die Wassertemperatur nur handwarm sein.

4. Kapitel

GESICHTSWÄSSER UND LOTIONEN

In diesem Buch ist oft die Rede vom pH-Wert und vom Säuremantel der Haut, und ich möchte hier einmal kurz erklären, was der Ausdruck „pH-Wert“ eigentlich bedeutet. Der pH-Wert ist eine Meßzahl für die Anzahl von freien Wasserstoffionen (H) in einer Lösung. Die Anzahl der Wasserstoffionen bedingt den Säuregehalt der Lösung, das heißt, je mehr freie Wasserstoffionen in der betreffenden Lösung sind, desto stärker ist die Säure. Zur Messung des pH-Wertes aller Lösungen hat man eine Skala von 0–14 festgelegt. Sauer sind alle Werte unter 7 und basisch die Werte über 7,5 bis 14. Streng neutral ist eine Lösung nur mit einem pH-Wert von 7,5. Da die Haut einen durchschnittlichen pH-Wert zwischen 4 und 6 hat und damit leicht sauer reagiert, ist für alle pflegenden kosmetischen Präparate der ideale pH-Wert in diesem leicht sauren Bereich zu suchen. Messen kann man den pH-Wert entweder mit Lakmuspapier, das sich bei saurer Lösung rot und bei basischer Lösung blau verfärbt, oder mit anderen pH-Meßpapieren, bei denen die Färbung speziell angegeben ist. Um den pH-Wert fester Stoffe wie etwa Cremes zu messen, verrührt man etwas Creme mit Wasser und hält den Meßstreifen in die Lösung.

Unsere Haut übt zahlreiche Funktionen aus, die alle einem gemeinsamen Ziel dienen: der Vermittlung zwischen unserem komplizierten Organismus und der Außenwelt. Der natürliche Fettfilm auf der Oberfläche der Haut wird nicht nur von Talgdrüsen produziert und als Hautfett auf der Epidermis sichtbar, es handelt sich vielmehr um ein Gemisch von Fettsäuren, wasser- und fettlöslichen Substanzen, das aus der Sekretion von Talg, Schweiß und Hornlamellen der Haut entsteht. Dieser Wasser-Fett-Film unserer Haut ist nicht konstant. Wenn man stark schwitzt, überwiegt die sogenannte wäßrige Phase, und es bildet sich eine Emulsion vom Typ Öl-in-Wasser auf der Haut. Herrscht dagegen die Fettphase vor, so entsteht auf der Haut eine Wasser-in-Öl-Emulsion. Der Wasser-Fett-Film der Haut ist normalerweise sauer, und eine dominierende Funktion unserer Haut stellt ihr sogenannter Säuremantel dar. Der saure Schutzmantel der Haut verringert die Wachstumschancen von Krankheitserregern; abgesehen von dieser bakterienfeindlichen Funktion nimmt der Säuremantel aber auch Ablagerungen körperfremder Substanzen auf. Störungen des Säuremantels der Haut bilden die Grundlage für Hautunreinheiten aller Art, wie Pickel, Entzündungen und Juckreiz. Aus diesem Grund wird man stets für die pflegende Kosmetik Mittel benutzen, welche dem natürlichen pH-Wert der Haut entsprechen.

Anders bei der reinigenden Kosmetik: hier sind meist basische oder neutrale pH-Werte günstig. Die gesunde Haut produziert zwar schon kurze Zeit nach dem Waschen mit einem basischen Mittel ihren eigenen Säuremantel wieder, diesen Vorgang kann man aber unterstützen, wenn man mit sauren Mitteln nachhilft; hierfür ist das Gesichtswasser prädestiniert. Wenn man keine besonderen Gesichtswässer oder Lotionen herstellen möchte, dienen beispielsweise schon verdünnter naturreiner Apfelessig oder verdünnter Zitronensaft als einfache, den Säuremantel regenerierende Mittel. Auch reines Hamameliswasser hat gute pH-Werte und ausgezeichnete heilende, erfrischende und adstringierende Fähigkeiten. Eines der beliebtesten natürlichen Gesichtswässer mit adstringierender Wirkung ist Gurkensaft oder Traubensaft. In einer Rezeptur aus dem 15. Jahrhundert wird die kühlende, glättende und reinigende Wirkung des Gurkensaftes beschrieben, und moderne Dermatologen haben gewiß an seiner Verwendung auch heute nichts auszusetzen, denn der pH-Wert von Gurkensaft liegt bei 5,48, während der pH-Wert des Hautsäuremantels mit 5,5 angesetzt ist. Für kurzzeitigen Gebrauch kann man auch frischen Gurkensaft mit Hamameliswasser vermischen.

Viele frische Obst- und Gemüsesäfte haben einen guten sauren Wert, andere sind neutral oder auch basisch. Stark acitid sind Zitronen, Limonen, Trauben, Erdbeeren, Ananas, Quitten, Grapefruits und Äpfel; weniger sauer sind Avocados, Melonen, Karotten oder Tomaten. Man kann von diesen Früchten immer einen frischen Saft machen oder mit dem zerdrückten Fruchtfleisch das gründlich gereinigte Gesicht abreiben. Nach ein paar Minuten Einwirkungszeit wird die erfrischende Kur mit warmem Wasser abgewaschen.

Seit jeher spielen Kräuter und Pflanzen für die Zubereitung hochwertiger Gesichtswässer eine bedeutende Rolle. Die spezifischen Wirkstoffe von Kräutern kommen gerade im Gesichtswasser voll zur Wirkung, da sie sich in Wasser oder in Alkohol zu lösen vermögen. Die Methode, Pflanzenwirkstoffe in Wasser oder in Alkohol zu lösen, nennt man entweder einen Aufguß, eine Abkochung oder eine Tinktur. Frische Aufgüsse oder mit Wasser verdünnte Abkochungen und Tinkturen kann man als kurzzeitig zu verwendende Gesichtswässer gut gebrauchen. Wie man die Kräuter verwendet und welches Kräutlein für welche Haut am besten geeignet ist, habe ich im letzten Kapitel dieses Buches beschrieben.

Die meisten Gesichtswässer basieren im Prinzip auf stark verdünntem Alkohol, wobei in hochwertigen kosmetischen Produkten nur reiner Alkohol verwendet wird. Stark alkoholhaltige Produkte sind abzulehnen, da sie die Haut zu stark entfetten. In milder Form bewirkt ein alkoholhaltiges Gesichtswasser ein angenehm erfrischendes Gefühl durch die schnelle Verdunstung, eine mild entfettende Wirkung, ein besseres Lösungsvermögen für fettige Verunreinigungen und ist leicht desinfizierend und adstringierend.

Man hat festgestellt, daß neun von zehn Frauen das aufgetragene Gesichtswasser nicht abtrocknen, sondern es an der Luft trocknen lassen. Manche sprühen sich sogar das Gesichtswasser mit Hilfe einer Gesichtsdusche ins Gesicht und warten ab, bis das Wasser auf der Haut getrocknet ist. Diese Behandlung wirkt sich katastrophal auf die Haut aus, insbesondere bei trokkener Haut. Man muß nur einmal daran denken, was geschieht, wenn man mit schlecht abgetrockneten Händen ins Freie geht. Schon nach kurzer Zeit fühlt sich die Haut rauh und spröde an. Würde man nun die Hände überhaupt nicht abtrocknen, wäre die Haut nach zwei bis drei Tagen rissig. Obwohl das so leicht einzusehen ist, glauben trotzdem viele, daß eine ähnliche Behandlung der Gesichtshaut nicht schaden könne. Nasse Haut muß immer abgetrocknet werden, und wenn das Frotteehandtuch zu hart dazu ist, nimmt man ein weiches Papiertüchlein. Greifen Sie nicht grundsätzlich in den Cremetopf, wenn Sie das Gesicht gereinigt und erfrischt haben. Wenn Sie sich zu Hause aufhalten und die Haut nicht unbedingt vor Kälte oder Hitze schützen müssen, sollte eine gut funktionierende, gesunde Haut in der Lage sein, genügend natürliches Fett zu produzieren.

CALENDULA-TONIKUM

Zutaten: 30 g Calendula-Tinktur
100 g Rosenwasser
3 Tropfen Geraniumöl (bei Bedarf)

Zubereitung: Calendula-Tinktur – oder Ringelblumentinktur – bekommt man fertig in der Apotheke zu kaufen. Wenn man das Tonikum parfümieren will, löst man zuerst das Parfümöl in der Calendula-Tinktur auf und gießt dann die Mischung mit dem Rosenwasser auf. Alles kräftig durchschütteln und in eine dunkle Flasche abfüllen. Die Parfümierung mit Geraniumöl gilt hier als Vorschlag, Sie können stattdessen auch Rosenöl oder ein anderes Parfümöl nehmen.

Anwendung und Wirkung: Ein leicht angefeuchteter Wattebausch wird mit dem Tonikum beträufelt und das Gesicht und der Hals sanft damit abgerieben. Das karamelfarbene Tonikum wirkt gleichzeitig belebend, adstringierend und zirkulationsfördernd auf die Haut. Seine wohltuende Wirkung macht es zu einem idealen Nachreinigungsmittel bei großporiger, müder und schlecht durchbluteter Haut. Ein großer Befürworter der Ringelblume war Pfarrer Kneipp; durch seine Initiative wurde die Calendula genauer untersucht und ihr außerordentlicher Heilwert offiziell anerkannt. Einige dieser Heil- und Wirkstoffe sind ätherische Öle, pflanzlicher Schleim, Eiweißstoffe, Apfelsäure und das Calendulin, ein kertinartiger Stoff, der sich in Alkohol – wie hier in der Tinktur – zu lösen vermag.

LILIENWURZEL-LOTION

Zutaten: 3 Eßlöffel Lilienwurzel
1 Eßlöffel reiner Bienenhonig
10 g Kamillentinktur
$^{1}/_{2}$ l Wasser

Zubereitung: Kleingehackte Lilienwurzel bekommt man in der Apotheke, pulverisierte Lilienwurzel, die häufig angeboten wird, ist für dieses Rezept nicht geeignet. Kamillentinktur bekommt man auch als Kamillosan fertig zu kaufen.

Man läßt einen halben Liter Wasser zehn Minuten kochen. Dann reduziert man die Hitze auf das Minimum, gibt die Lilienwurzel ins Wasser und läßt nun die Mischung auf kleinster Flamme bei bedecktem Topf eine Stunde lang ganz schwach sieden. Sodann füllt man alles in eine Porzellanschüssel und läßt die Wurzel bedeckt über Nacht ziehen. Am nächsten Tag seiht man die Flüssigkeit durch ein Küchensieb. Erneut leicht erwärmen und den Bienenhonig darin auflösen. Die Kamillentinktur zufügen und kräftig durchschütteln. In dunkle Glasflasche abfüllen.

Anwendung und Wirkung: Seit alters her genießt die Lilienwurzel einen hervorragenden Ruf als Schönheitsmittel zur Verfeinerung des Teints. Früher benutzten die Frauen gerne die naturreine Lilienmilch, die aus Lilienwurzeln hergestellt wurde. In Verbindung mit beruhigendem vitaminreichen Bienenhonig findet die herrlich duftende, goldbraune Lotion ihre beste Anwendung bei trockener und müder Haut. Man beträufelt einen leicht angefeuchteten Wattebausch damit und reibt sanft Gesicht und Hals ab. Man kann die Lotion mehrmals täglich auftragen, sie wirkt ungemein erfrischend, sie glättet und durchblutet die Haut und führt ihr auf angenehme Weise Feuchtigkeit zu. Als mildes Gesichtswasser zur Nachreinigung ist die Lilienwurzel-Lotion bestens geeignet.

Zutaten: 10 g getrocknete Lavendelblüten
100 g naturreiner Apfelessig
100 g Hamameliswasser
zirka 300 g Wasser

Zubereitung: Kochen Sie zuerst das Wasser zehn Minuten lang ab und lassen Sie es handwarm abkühlen. Nun füllen Sie die getrockneten Lavendelblüten in ein gut verschließbares Gefäß mit breiter Öffnung. Mit dem abgekochten Wasser und dem Essig aufgießen, so daß die Blüten schön bedeckt sind. Ab und zu kräftig durchschütteln und eine Woche lang gut verschlossen an einem warmen Platz ziehen lassen und ab und zu kräftig durchschütteln. Saugen die Blüten allzuviel Wasser auf, gießen Sie ein wenig abgekochtes Wasser nach. Nach einer Woche seihen Sie die Flüssigkeit durch ein Küchensieb ab. Mit dem Hamameliswasser vermischen und in eine dunkle Glasflasche abfüllen.

Anwendung und Wirkung: Das kosmetisch besonders hochwertige Lavendelwasser ist mit seinem idealen pH-Wert nicht nur zur Regenerierung des natürlichen Hautsäuremantels wie geschaffen. Die Lavendelblüte wird vor allem durch ihren hohen Gehalt an wertvollem ätherischem Öl als Heilpflanze geschätzt. Hierbei wird die Gesamtheit der Duftstoffe in der getrockneten Pflanze als doppelt so hoch angenommen wie in der frischgepflückten Pflanze. Dem Lavendel werden vor allem krampflösende, belebende und antiseptische Eigenschaften zugesprochen. In bäuerlichen Kreisen wurden früher dem Lavendel Zauberkräfte nachgesagt; man legte Lavendel in die Wiegen von Säuglingen, um sie zu beruhigen, und manche Frauen gaben dem Geliebten heimlich feingeriebenen Lavendel in die Speise, um ihn zu verzaubern. Nach neuen Forschungsergebnissen wirkt der Geruch von Lavendelöl, auch Spiköl genannt, beruhigend und wohltuend auf das Gemüt, und damit dürfte auch seine gute Wirkung als „Babyberuhigungsmittel“ zu erklären sein.

Das Lavendelwasser wirkt klärend, erfrischend und mild antiseptisch auf die Haut. Zusammen mit durchblutungsförderndem naturreinem Essig kann man das Gesichtswasser vor allem bei schlecht durchbluteter, unreiner und fetter Haut anwenden. Ein gut angefeuchteter Wattebausch wird mit Lavendelwasser beträufelt und Gesicht und Hals damit abgerieben. Auch nach dem Bad ist das Lavendelwasser zu empfehlen; die Einreibung damit wirkt ungemein erfrischend und belebend.

EAU DE CIRCE

Zutaten: 20 g reiner Alkohol 96%
200 g Hamameliswasser
3 g Gummi Arabicum
2 Eßlöffel Wasser
1 Tropfen reines Pflanzenöl
4 Tropfen Benzoetinktur
1 kleine Prise pulverisierte Gewürznelke
1 kleine Prise geriebene Muskatnuß

Zubereitung: Arabischen Gummi bekommt man in der Apotheke zu kaufen. Das Klümpchen Gummi Arabicum wird mit zwei Eßlöffel warmem Wasser übergossen und über Nacht stehen gelassen, bis es sich vollkommen aufgelöst hat.

Nun gibt man den Alkohol in ein Glas, gibt die Gummilösung, das Pflanzenöl, die Benzoetinktur, Gewürznelke und Muskatnuß dazu und schüttelt alles kräftig durch. Die milchweiße Lotion läßt man eine Woche gut verschlossen stehen; ab und zu durchschütteln. Nach einer Woche gießt man die Mischung mit dem Hamameliswasser auf und schüttelt sie kräftig durch. Sofort durch ein feinmaschiges Küchensieb abseihen und die Lotion anschließend durch Kaffeefilterpapier klarfiltern.

Anwendung und Wirkung: Ihren Namen verdankt die Lotion der betörenden Zauberin Circe, die die Gefährten des Odysseus in Schweine verwandelte. Das Rezept für das „Eau de Circe" stammt aus einer alten französischen Schönheitsfibel, in welcher das „Becircen" der Männer durch unwiderstehliche Schönheit als die interessanteste Aufgabe im Leben einer Frau beschrieben wird. Trotz der amüsanten Histörchen, die diese Rezeptur begleiten, könnte auch kein modernes Schönheitswasser bessere adstringierende, durchblutungsfördernde und erfrischende Eigenschaften aufweisen als das „Eau de Circe". Als Adstringens würde man es heute bezeichnen. Wenn auch die Zubereitung dieser wunderschön herb duftenden Lotion etwas mühsam erscheinen mag, so wird man sie bestimmt mit Begeisterung benützen, und die Mühe wird sich immer lohnen. Gegen große Poren und zur Verfeinerung des Hautreliefs ist die Lotion besonders zu empfehlen.

EIBISCH-TONIKUM

Zutaten: 3 Eßlöffel Eibischwurzel
$^1/_4$ l Wasser
1 Kaffeelöffel reiner Bienenhonig
20 g Alkohol 96%
10 Tropfen Melissenöl

Zubereitung: Die Eibischwurzel bekommt man in Apotheken und Kräuterhandlungen. Man gibt die Wurzelstückchen in eine Porzellanschüssel und übergießt sie mit einem Viertelliter kaltem Wasser. Bedecken und über Nacht stehen lassen. Am nächsten Tag wird die geleeartige Flüssigkeit durch ein Küchensieb geseiht. Die Flüssigkeit ganz leicht erwärmen und den Bienenhonig darin auflösen. Das Melissenöl im Alkohol auflösen und beide Mischungen zusammengießen. In dunkle Glasflaschen abfüllen und kräftig durchschütteln.

Anwendung und Wirkung: Es ist sehr wichtig, die Eibischwurzel nur in kaltem Wasser anzusetzen, denn sie enthält kostbaren pflanzlichen Schleim, Enzyme, Mineralsalze und Phosphor, Wirkstoffe, die durch Abkochung ihre Heilkraft einbüßen würden. Ebenso verhält es sich mit dem reinen Bienenhonig, den man niemals über 45 Grad erwärmen soll, um seine Heilkraft nicht zu mindern.

Als Wundkraut wurde der lieblich blühende Eibisch früher viel in unseren Bauerngärten angepflanzt, ein heilkräftiger Hustentee konnte so zu jeder Zeit aus Blüten, Blättern und Wurzelteilen bereitet werden. Seinen guten Ruf als Heilpflanze verdankt der Eibisch aber vor allem dem heilwirksamen Pflanzenschleim, der in der Wurzel enthalten ist. Seit jeher wird deshalb die Eibischwurzel äußerlich bei unreiner Haut angewendet, und in Verbindung mit heilendem Bienenhonig kann man das Tonikum als biologisch besonders hochwertiges Kosmetikum betrachten. Regelmäßig angewendet, reinigt und klärt es die Poren, und wirkt besänftigend auf nervöse Haut; bedingt durch seinen idealen pH-Wert ist es für die Neubildung des Hautsäuremantels nach dem Waschen besonders gut geeignet. Empfehlenswert ist auch die zusätzliche Behandlung mit der Eibischwurzel-Maske (siehe S. 35).

KAMPFERWASSER

Zutaten: 200 g Hamameliswasser
2 Kaffeelöffel Kampferspiritus
1 Kaffeelöffel naturreiner Apfelessig
1 Teelöffel reiner Bienenhonig
2 Tropfen Pfefferminzöl

Zubereitung: Das Hamameliswasser ganz leicht erwärmen und den Bienenhonig darin auflösen. Abkühlen lassen. Das Pfefferminzöl im Kampferspiritus lösen und den Apfelessig dazugeben. Alle Zutaten in eine ausreichend große dunkle Flasche füllen und kräftig durchschütteln.

Anwendung und Wirkung: Bei der Zugabe von Kampfer in kosmetischen Produkten verhält es sich ähnlich wie beim Alkohol. Kleine Mengen davon wirken sich bei der Hautpflege sehr günstig aus, zu große Mengen könnten die Haut austrocknen. Bei schlecht durchbluteter und großporiger Haut ist dieses erfrischende Gesichtswasser ganz besonders zu empfehlen. Es schließt die Poren, festigt und verfeinert die Oberfläche der Haut. Es schützt den Säuremantel der Haut und wirkt der Bildung von Hautunreinheiten entgegen. Durch seinen durchblutungsfördernden und angenehm kühlenden Effekt kann man es sehr gut als Nachreinigungsmittel verwenden. Ein gut angefeuchteter Wattebausch wird mit Kampferwasser beträufelt und Gesicht, Hals und Dekolleté sanft damit abgerieben.

SPITZWEGERICH-LOTION

Zutaten: 50 g Spitzwegerichblätter
1 Kaffeelöffel reiner Bienenhonig
20 Tropfen Melissenöl
30 g reiner Alkohol 96%
zirka 1/2 l Wasser

Zubereitung: Von Anfang Mai bis Mitte September wächst der Spitzwegerich und der ebenso wirksame Breitwegerich auf Wiesen und Rainen, an Wegrändern und Gräben, und man muß keine besondere Pflanzenkenntnisse haben, um ihn zu finden. Statt den frischen Blättern kann man auch das getrocknete Kraut verwenden.

Die frischen Blätter werden in kaltem Wasser gewaschen, abgetropft und in eine Porzellanschüssel gelegt. Nun läßt man einen halben Liter Wasser 10 Minuten stark kochen. Nach und nach werden jetzt die Blätter mit kochendem Wasser übergossen, bis sie knapp bedeckt sind. Die Schüssel zudecken und den Kräuteraufguß mehrere Stunden stehen lassen. Die Flüssigkeit abseihen und die Blätter gut ausdrücken. Um Rückstände zu beseitigen, die Flüssigkeit anschließend durch Kaffeefilterpapier laufen lassen, dann erneut leicht erwärmen und den Bienenhonig darin lösen. Das Melissenöl im Alkohol lösen und die beiden Flüssigkeiten zusammengießen. In eine dunkle Flasche abfüllen, gut durchschütteln. Die Lotion im Kühlschrank aufbewahren.

Anwendung und Wirkung: Die Spitzwegerichblätter sind reich an Vitamin A und enthalten wertvolle Schleimstoffe und Enzyme. Seit jeher schätzt man ihren Heilwert wegen ihrer zusammenziehenden und wundheilenden Kraft. Bei regelmäßiger Anwendung wirkt die Spitzwegerich-Lotion tonisierend und heilend, und man kann sie für trockene Haut ebenso gut verwenden wie für fleckige, nervöse und schuppige Haut. Während man den Spitzwegerich zu den erstklassigen Wundkrautpflanzen zählt, verfügt das Melissenöl über antibakterielle, entzündungshemmende, antiallergische und krampflösende Eigenschaften. In der Volksheilkunde waren diese Eigenschaften stets geschätzt, und ein moderner Bericht aus einem Forschungslabor der pharmakologischen Industrie hat nun auch die alte Auffassung wissenschaftlich bestätigt.

Man beträufelt einen angefeuchteten Wattebausch mit der Spitzwegerich-Lotion und reibt sanft Gesicht, Hals und Dekolleté damit ab. Mit einem pH-Wert von 5 steht die Lotion dem natürlichen pH-Wert der Haut sehr nahe und ist deshalb auch als Mittel zur Nachreinigung bestens geeignet.

LADY HAMILTONS ROSEN-LOTION

Zutaten: 1 Handvoll getrocknete Rosenblütenblätter
$^1/_4$ l naturreiner Weißwein
1 Messerspitze Alaunpulver

Zubereitung: Getrocknete Rosenblütenblätter bekommt man in Kräuterhandlungen zu kaufen; frisch gezupfte Rosenblätter, die nicht gespritzt sein dürfen, läßt man ausgebreitet ein paar Tage im Schatten trocknen, bevor man sie weiterverwendet. Den Weißwein ganz leicht erwärmen, die Rosenblätter zufügen und den bedeckten Topf für 10 Minuten auf dem Herd warmhalten, wobei aber die Flüssigkeit nicht zum Sieden kommen darf. Alles in eine Porzellanschüssel umfüllen und bedeckt über Nacht durchziehen lassen. Dann die Flüssigkeit abseihen und hierbei die Rosenblätter ausdrücken. Die Flüssigkeit durch Kaffeefilterpapier klarfiltern. Einen guten Eßlöffel der Flüssigkeit erhitzen und das Alaunpulver darin lösen. Alles vermischen, in eine dunkle Flasche abfüllen und kräftig durchschütteln.

Anwendung und Wirkung: Bereits im Mittelalter stand die Rose als Heilpflanze in hohem Ansehen, jedoch sind viele ihrer guten Verwendungsmöglichkeiten in Vergessenheit geraten. Zu den Heilstoffen der Rosenblätter gehört vor allem ihr ätherisches Öl, ferner Fett, Gerbstoff, Zitronen- und Apfelsäure, Weinstein- und Bernsteinsäure. Abkochungen der getrockneten Rosenblüten in Wein galt früher als beliebtes Getränk gegen Abgespanntheit und Müdigkeit und als geschätztes Mittel gegen Migräne. Da sich Migräne wohl nur Damen der feineren Stände erlauben konnten, zu denen auch die skandalumwitterte Lady Hamilton gehörte, fand man wohl über den Weg des Getränks auch seinen guten Zweck als Gesichtswasser heraus.

Die Lady-Hamilton-Lotion wirkt besonders erfrischend und vor allem durch die Zugabe von Alaun kräftig adstringierend und mild desinfizierend. Sie reinigt, klärt und kräftigt die Haut, schließt die Poren und ist als angenehmes Nachreinigungsmittel für jeden Hauttyp geeignet.

5. Kapitel

PFLEGENDE CREMES

Die richtige Einordnung kosmetischer Cremes richtet sich einerseits nach ihrer Wirkung auf die Haut und andererseits nach ihrem chemischen Aufbau. Man kann davon ausgehen, daß es zum Beispiel Cremes gibt, die einen sehr günstigen chemischen Aufbau haben, sich gut verstreichen lassen, von der Haut rasch aufgesogen werden und lange haltbar sind; aber dennoch sind sie zur Hautpflege nicht geeignet. Um zu verstehen, weshalb dies möglich ist, muß man zunächst erläutern, was eine Creme auf der Haut bewirken kann, was sie nicht kann und schließlich, was sie nicht bewirken soll.

Keine pflegende Hautcreme kann Wunder für die Haut vollbringen. Sie dient lediglich dazu, die natürliche Hautfunktion zu unterstützen und zu fördern. Eine gute Creme soll die Haut geschmeidig erhalten, indem sie das Austrocknen der äußeren Hautschicht verhindert; sie soll helfen, den natürlichen Wasserhaushalt der Haut zu erhalten und positiv zu beeinflussen, sie soll zu einer vermehrten Durchblutung der Haut beitragen und durch Zuführung bestimmter Wirkstoffe das Hautbild klären und verfeinern.

Eine weitere Aufgabe von Cremes ist ihre Schutzfunktion vor äußeren Einflüssen wie etwa Hitze oder Kälte. Des weiteren soll eine gute Creme nicht mit Zusätzen angereichert sein, die die natürliche Bakterienflora der Haut beeinträchtigen, auch soll der pH-Wert einer guten Creme dem pH-Wert der Haut entsprechen. Die ideale Creme muß hautfreundlich sein, das heißt, ihre Inhaltsstoffe sowie ihr chemischer Aufbau müssen hautähnlich sein und den natürlichen Bedingungen der Haut entsprechen.

Erstaunlicherweise werden pflegenden Cremes oft Eigenschaften zugesprochen, die sie nicht haben können und auch gar nicht haben sollten. Eine kosmetische Creme soll nämlich keine Ersatzmedizin für die Haut sein, denn medizinisch wirksame Stoffe dürfen gemäß gesetzlicher Regelung im Kosmetikbereich gar nicht zur Anwendung kommen, sie sind ausschließlich der Pharmazie und damit dem Dermatologen vorbehalten. Kosmetische Cremes sollen die natürlichen Hautfunktionen nicht negativ beeinträchtigen, sondern fördern, und es gehört zu den absurden Tatsachen im Handel mit Kosmetika, wie die Unkenntnis der Verbraucher über die Wasserspeicherungsfähigkeit der Haut von der Industrie für den Verkauf sogenannter Feuchtigkeitsmilchen genutzt wird. Die Feuchtigkeitsmilch ist eine Öl-in-Wasser-Emulsion, und fälschlicherweise wird sie als Feuchtigkeitsspender bezeichnet, obgleich sie genau diese Funktion auf der Haut nicht erfüllen kann. Viele Dermatologen sind sogar der Meinung, die Feuchtigkeitsspender seien in erster Linie für das Austrocknen der Haut verantwortlich und auch dafür, bei ohnehin trockener Haut chronische Trockenheit zu bewirken. Es dauert zwar lange, ehe dieses chronische Austrocknen beginnt, etwa nachdem man zehn Jahre lang Öl-in-Wasser-Emulsionen regelmäßig verwendet hat. Wenn es einmal soweit ist, gibt der unglückliche Verbraucher der verwendeten Milch die Schuld und wechselt zu einem anderen Feuchtigkeitsspender über. Schuld an der Misere ist aber nicht die eine oder andere Öl-in-Wasser-Emulsion, die in ihrer Zusammensetzung ohnehin fast gleich sind, sondern der wasserbasierte Aufbau dieser Emulsionen, die als feuchtigkeitspendendes Mittel ungeeignet sind. Man muß aber von den natürlichen Gegebenheiten der Haut ausgehen, um zu verstehen warum.

In der Hornschicht der Haut sind zur Regulierung des Wasserhaushaltes verschiedene Substanzen eingelagert, die die Fähigkeit besitzen, das der Haut zugeführte Wasser, sei es nun aus dem Körperinneren, aus der Atmosphäre oder aus kosmetischen Produkten, zu binden und dort einige Zeit zu speichern. Da diese Substanzen, die vom eigenen Hautfettfilm geschützt sind, nicht nur Wasser binden, sondern auch selbst wasserlöslich sind, werden sie beim Verdunsten der wasserbasierten Creme gelöst, genauer gesagt, es verbindet sich Wasser mit Wasser, und durch die Lufttrockenheit findet eine rasche Verdunstung statt. Theoretisch könnte ein sogenannter Feuchtigkeitsspender als solcher wirken, wenn man ihn im Abstand von etwa 10 Minuten immer wieder auftragen würde, damit die Öl-in-Wasser-Emulsion auf der Haut konstant erhalten bleibt.

Auch an einem anderen Beispiel könnte man diesen physikalischen Vorgang aufzeigen. Auf der ganzen Welt wird die schöne Haut der Engländerinnen bewundert, und man erklärt das damit, daß die nebelfeuchte englische Luft hervorragenden Einfluß auf den Wasserhaushalt der Haut hat. Man hat selbst schon erlebt, wie herrlich feucht und frisch die Haut sich nach einem Spaziergang im Regen anfühlt. Tatsächlich nimmt die Haut viel Feuchtigkeit aus der Luft auf, aber es bleibt die unerwünschte Verdunstung aus, weil die Luftfeuchtigkeit zu groß ist. Mit nasser Haut in trockener Luft spazieren zu gehen wäre eine ähnliche Sünde, wie wasserbasierte Cremes auf der Haut in trockener und womöglich noch kalter Luft verdunsten zu lassen.

Der wahre Feuchtigkeitsspender ist die Fettcreme, die Wasser-in-Öl-Emulsion. Zu Recht bezeichnet man sie in der Dermatologie als Deckcreme, denn die Wasser-in-Öl-Emulsion gibt nach dem Einreiben die in ihr enthaltene Feuchtigkeit an die Hornschicht ab, während sich das Fett an der Oberfläche der Haut sammelt und verhindert, daß die Feuchtigkeit nach außen treten und durch Lufttrockenheit verdunsten kann. Im Gegensatz zu den Fettcremes bevorzugen die Kosmetikfirmen den sogenannten „Feuchtigkeitsspender“, denn die Verbraucherin schätzt tauartige Cremes, die schnell in die Haut „eindringen“; anderseits sind Fettstoffe selbstverständlich teurer als Wasser, und je weniger Fettstoffe eine Creme enthält, desto niedriger sind die Herstellungskosten. Allerdings ist die Konservierung von Wasser teurer als die von Fett, denn wasserbasierte Emulsionen bilden einen idealen Nährboden für Bakterien und Schimmel.

Wenn wir davon sprechen, was eine Creme nicht soll, dann gehört dazu, daß sie die natürliche Bakterienflora der Haut und damit auch die Funktion des gesunden Säuremantels der Haut beeinträchtigen darf. Selbst nach gründlicher Hautreinigung ist die normale menschliche Haut noch immer Träger zahlreicher Keime. Manche davon sind immer vorhanden und bilden die natürliche Bakterienflora der Haut, die man auch „Standflora“

nennt, andere Bakterien gelangen aus der Luft oder durch den Kontakt mit keimhaltigen Gegenständen auf die Haut. Die immer vorhandene natürliche Bakterienflora der Haut macht es neuankommenden Keimen schwer, sich auf der Haut niederzulassen, und eine gesunde Haut ist in der Lage, die fremden Keime zu eliminieren oder aktiv zu vernichten. Die an der Hautoberfläche herrschende saure Reaktion der Haut spielt hierbei eine sehr wichtige Rolle, denn die Chancen des Bakterienwachstums sind in saurem Milieu stark eingeschränkt. Der gesunde Säuremantel der Haut wirkt hierbei als stabiles Abwehrsystem. Bakterien und Keime brauchen zum Leben und zur Fortentwicklung Kohlendioxyd, und je saurer der Nährboden ist, desto weniger Kohlendioxyd ist vorhanden. Auch für diesen Vorgang möchte ich zur Erläuterung ein praktisches Beispiel nennen. Bei Temperaturen von 35 bis 40 Grad plus haben Bakterien bekanntlich die größten Wachstumschancen. Bei dieser Temperatur entsteht durch die natürliche Schweißbildung auf der Haut ein stark saures Milieu, mit welchem die Haut aktiv gegen bakterizide Einflüsse kämpfen kann. Bei Kälte ist die natürliche Schweißbildung reduziert, und sie ist auch nicht nötig, da bei Kälte Bakterien geringe Überlebenschancen haben und die Bakterienentwicklung nicht in gleich starker Weise bekämpft werden muß.

Wenn wir nun mit einem kosmetischen Produkt in den gesunden Bakterienhaushalt der Haut eingreifen, müssen wir zwangsläufig eine wichtige Hautfunktion durchbrechen. Dies geschieht bei kosmetischen Fertigprodukten mit einem unerwünschten Nebeneffekt, nämlich durch Konservierungsmittel, die mit ihren stark desinfizierenden Nebeneigenschaften die natürlichen biologischen Vorgänge der Haut stören. Zwar sind toxische Konservierungsmittel dazu da, eine Creme über einen langen Zeitraum hinweg frischzuhalten, jedoch darf man nicht glauben, daß die keimtötende Wirkung in dem Augenblick aufhört, in dem die Creme mit der Haut in Berührung kommt und dort über einen längeren Zeitraum hinweg wirkt. Das Argument der Industrie, nur Konservierungsstoffe einzusetzen, die zwar Keime in einer Creme abzutöten vermögen, nicht aber Keime auf der Haut, ist eine Zumutung für den denkenden Verbraucher. Es ist zwar möglich, solche Konservierungsstoffe zu verwenden, die speziell die bei Kosmetikprodukten gefürchtete Schimmelbildung verhindern. Diese Stoffe sind aber auch imstande, einfache Bakterien zu vernichten. Es sind sich ja nicht einmal Mikrobiologen ganz darüber einig, welche Bakteriengattungen der natürlichen Standflora der Haut zugerechnet werden können und welche von außen angesiedelt sind. Die Argumentation der Industriekosmetiker, die Konservierungsmittel hätten auf der Haut den erwünschten Nebeneffekt einer Desinfektion, ist ganz bestimmt nicht zu halten. Eine gezielte leichte Desinfizierung der Haut mag manchmal wünschenswert sein. Hierfür bietet sich als Kosmetikum das Gesichtswasser an. Wenn aber die Desinfizierung als unkontrollierbare Nebenwirkung bei der Anwendung stark konservierter pflegender Cremes anfällt, kann sie schädlich sein. Die Wirkung jeder Konservierung und des daraus resultierenden desinfizierenden Effektes wird immer durch drei voneinander abhängige Faktoren bestimmt; nämlich von ihrer Konzentration, von der Zeitdauer der Einwirkung und der Beschaffenheit des zu konservierenden Stoffes. Da die Industrie wegen ihrer langen Vertriebswege nicht bereit scheint, Konservierungsstoffe zu entwickeln, mit denen die Präparate nur einen schwachen Desinfizierungseffekt hätten, bleibt das Problem der übermäßigen Konservierung für den Verbraucher, nicht aber für die Industrie bestehen. Ähnlich wie bei der Massenfertigung unkonservierter Lebensmittel müßte die Industrie zur Bewältigung dieses Verbraucherproblems statt falscher Argumente neue Vertriebswege und andere Fertigungsmethoden suchen, beispielsweise durch vakuumverpackte Frischkosmetik.

Eine gute Creme soll hautfreundlich sein, das heißt, ihre Inhaltsstoffe, wie etwa Fette, Öle oder Wachse, sollen dem natürlichen Hautfett entsprechen. Ideale Voraussetzungen dafür bringen reine pflanzliche Öle mit, die in der Lage sind, sich mit dem Hautfett zu vermischen. Auch pflanzliche und tierische Wachse, wie man sie für die Zubereitung naturreiner Kosmetika verwendet, verfügen über diese hautfreundlichen Eigenschaften, und so kommt etwa das Lanolin, das aus dem Fett der Schafwolle gewonnen wird, in seiner chemischen Zusammensetzung sowie in seinen physiologischen Eigenschaften von allen natürlichen Grundstoffen dem menschlichen Hautfett am nächsten. Alle diese vorzüglichen Stoffe wird man in den üblichen Fertigprodukten aber nur spurenweise oder in Auszügen finden. Fettcremes werden heute von der Industrie auf mineralischen Ölen, Vaselin und Mineralwachsen aufgebaut. Es wurde als großer Fortschritt begrüßt, als um die Jahrhundertwende diese Paraffine (Kohlenwasserstoffe) in die kosmetische Fertigung eingeführt wurden, denn im Gegensatz zu den pflanzlichen Ölen sind die anorganischen Mineralöle keine biologischen Einheiten mit kompliziertem Eigenleben. Sie sind geruch- und geschmacklos, können nur schwer verderben, sind farblos und vor allem billig. Für die Massenfertigung von Kosmetikprodukten sind die Mineralöle zwar wie geschaffen, nicht aber für die Hautpflege. Denn Mineralöle sind hautfremd, sie sind nicht einmal fähig, sich mit dem natürlichen Hautfett zu verbinden, sondern bleiben als fremde Schicht auf der Haut stehen. Dies mag der Grund sein, weshalb so viele Frauen von der Verwendung von Fettcremes abgekommen sind und lieber die wasserbasierten Emulsionen benützen. Die Wirkstoffkomponenten, von denen die Hersteller fetter Cremes gewöhnlich in der Werbung schwärmen, sind größtenteils Extrakte aus Naturprodukten, mit denen das wenig hautfreundliche Mineralöl oder die Vaselinsalbe angereichert werden. Diese künstlich angereicherten Cremes können jedoch niemals in ihrer Qualität an die perfekte biologische Einheit einer Creme aus natürlichen Rohstoffen heranreichen.

In wasserabstoßenden Schutzcremes, wie etwa in protektiven Handsalben, finden die Mineralölprodukte ihren richtigen Einsatz. Auch für Reinigungscremes kann man sie gebrauchen, da sie von der Haut nicht resorbiert werden und rasch wieder abgewaschen werden können.

Es gibt Frauen, die schwören auf Vaselincreme als Sonnenschutz und Bräunungsmittel. So kam in den letzten Jahren die „Melkcreme“ in Mode. Diese Vaselinsalbe ist für die Hände der Melker gedacht, damit die Hände beim Melken einer Kuh besser am Euter gleiten können. Für diesen Zweck ist die Melkcreme auch ideal geeignet, weil sie nicht in die Haut eindringt. Viele Menschen legen sich mit einer dicken Schicht Melkcreme im Gesicht in die pralle Sonne, und das bewirkt, daß die Haut unter der Vaselinschicht zu schmoren beginnt. Der Schweiß kann nicht austreten, er wird unter der unbeweglichen Fettschicht gestaut und erhitzt.

Der französische Dermatologe Aron Brunetière unterstellt vielen Frauen einen Hang zum Masochismus, wenn es um die Schönheitspflege geht, und ihn erinnert die Melkcremeanwendung in der Sonne an das Dämpfen von Rindfleisch.

Die folgenden Cremerezepte sind von ihrem chemischen Aufbau aus betrachtet durchwegs Wasser-in-Öl-Emulsionen mit pH-Werten, die dem pH-Wert der Haut nahekommen. Diese Cremes können dank ihrer hautfreundlichen Substanzen nicht als unbewegliche Fettschicht auf der Haut stehen bleiben. Die Cremes werden dünn aufgetragen und nach einer kurzen Einwirkungszeit die überschüssigen Fettreste mit einem weichen Papiertüchlein abgenommen.

Wenn man die Absicht hat, künftig konsequent auf wasserbasierte Cremes zu verzichten, sollte man das auch beim flüssigen Make-up tun. Ich möchte Ihnen als Ersatz dafür eine ausgezeichnete Methode zeigen, um Make-up aufzutragen. Sie stammt nicht von mir, sondern ist uralt und heute unter professionellen Schönheitsexperten wieder ganz groß in Mode gekommen: Man bestäubt das mit Fettcreme hauchdünn eingecremte Gesicht mit reichlich losem Puder, er kann gefärbt oder transparent sein. Diese Clownmaske läßt man ein paar Minuten einwirken. Das Fett zieht den Puder auf und läßt alle nicht aufsaugbaren Puderbestandteile auf der Haut stehen. Mit einem weichen Stofftuch wischt man nun die überschüssigen Puderreste von der Haut ab, bis die Haut vollkommen natürlich wirkt und keineswegs gepudert oder geschminkt. Probieren Sie es einmal!

Praktische Tips für die Zubereitung von Hautcremes

REINLICHKEIT

Arbeiten Sie in der Kosmetik-Küche mit absolut reinen Gefäßen und Geräten, aber verwenden Sie niemals Spülmittel für die Reinigung der Gefäße. Alles, was sich auskochen läßt, wie etwa der Rührstab des Mixers oder der Holzspatel, wird 10 Minuten in Wasser ausgekocht, und alle Geräte, die sich nicht auskochen lassen, werden unter fließendem heißem Wasser gereinigt. Vor der Abfüllung kann man die Cremetöpfe mit Alkohol ausreiben.

FRISCHE

Je frischer die Zutaten sind, mit denen Sie Ihre Cremes zubereiten, desto besser ist das Ergebnis. Die Konsistenz und Haltbarkeit der Cremes ist weitgehend von der Frische der verwendeten Zutaten abhängig. Mit ranzigen Fetten und Ölen kann man niemals eine Creme zubereiten. Bewahren Sie die fertige Creme im Kühlschrank auf. Kühlschranktemperaturen liegen bei etwa plus 8 Grad, und es besteht keine Gefahr, daß die Cremes durch Kälteeinwirkung brechen. Diese Möglichkeit gibt es erst in Gefrierpunktnähe.

DAS WASSERBAD

Bei der Bereitung von Hautcremes stellt man zwei sogenannte Phasen her, eine wäßrige Phase und eine ölige. Jede Phase wird gesondert erwärmt und auf die gleiche Temperatur gebracht, bevor man sie vermischt. Der wäßrige Anteil wird in einem feuerfesten Porzellantöpfchen erwärmt, die Fette und Öle auf dem Wasserbad. Dafür nahm ich früher einen Kunststoffbehälter, den man ins kochende Wasserbad hängen kann. Inzwischen ziehe ich eine feuerfeste Jenaer Glasschüssel vor. Wie bei jedem Verbraucher wächst auch bei mir das Mißtrauen gegen Kunststoffgefäße, selbst wenn sie für den Lebensmittelbereich gefertigt sind.

Empfehlenswert ist eine feuerfeste Glasschüssel, die mit Griffen versehen ist, denn damit läßt sich die Schüssel rutschfest auf einen halb mit Wasser gefüllten Kochtopf aufsetzen. Die feuerfeste Glasschüssel sollte auch tief genug sein, etwa 7 cm, damit man später mit dem Handrührmixer die Cremes ohne zu spritzen kaltrühren kann. Um bei einer niederen Schüssel das Spritzen zu verhindern, kann man auch aus dem Handrührmixer einen Rührbesen entfernen und die Creme mit nur einem Rührbesen kaltrühren.

TEMPERATUREN

Die Temperatur spielt bei der Herstellung einer Creme eine wichtige Rolle. Wenn die Fett- oder die Wasserphase zu heiß oder zu kalt ist, kann sich keine perfekte Emulsion bilden. Um ganz genaue Temperaturen zu haben, arbeitet man am besten mit einem Laborthermometer. Rühren Sie Ihre Creme mit viel Geduld kalt. Man kann das Kaltrühren nicht beschleunigen, indem man etwa den warmen Topf in kaltes Wasser stellt. Dabei mußt jede Emulsion zwangsläufig gerinnen. Selbst wenn die Creme kaltgerührt ist, muß die Temperatur berücksichtigt werden: Die Cremetöpfe, in die Sie Ihre Cremes abfüllen, sollen möglichst nicht kellerkalt sein, sondern im Idealfall zimmerwarm.

FERTIGUNG

Mit dem Rührmixer schlägt man zwangsläufig auch Luft in die Creme. Durch diese Luftpolster kann die Haltbarkeit der Creme verringert werden. Es gibt eine einfache Methode, die überschüssige Luft wieder aus der fertigen Creme zu entfernen: Man läßt die Creme im offenen Cremetopf eine Weile stehen und rührt sie dann mit einem immer frischen Holzspatel (Apotheke) noch einmal durch.

HALTBARKEIT

Die Haltbarkeit einer Creme wird nicht nur von der Sauberkeit der Geräte, von der Frische der Rohstoffe, von der Sorgfalt der Zubereitung, sondern auch vom Zusatz der verschiedentlich angegebenen Parfümöle bestimmt. Diese ätherischen Öle bewirken eine sehr leichte natürliche Konservierung. Parfümöle verlieren rasch ihren Duft, wenn man sie in die zu warme Crememischung gibt. Die ideale Temperatur liegt bei etwa 40 bis 50 Grad. Es ist aber nicht nötig, die Temperatur der Creme zu messen, bevor man das Parfümöl zugibt. Sobald man die Creme etwa handwarm geschlagen hat, kann man parfümieren.

VERTRÄGLICHKEIT

Nicht jeder Stoff, wie etwa Parfümöl, wird von jeder Haut gleichermaßen gut vertragen. Dies läßt sich nicht einmal für die Parfümierung an sich sagen; so kann man beispielsweise Pfefferminzöl nicht vertragen, wohl aber Melissenöl. Eine allergiegetestete Creme gibt es insofern nicht, als die Allergie an sich eine individuell auslösbare Hautreizung ist und das Allergen, also jener Stoff, der die Allergie auslöst, durch völlig harmlose und hautfreundliche Mittel auftreten kann. Erfahrungsgemäß sind aber Duft- und Farbstoffe in Cremes viel häufiger für eine allergische Reaktion verantwortlich als etwa Fette oder Öle. Ein großer Vorteil bei der hausgemachten Kosmetik ist es, zu wissen, welche Rohstoffe verwendet wurden. Wenn sich ein Allergen darunter befindet, so kann man diesen Stoff sehr schnell ermitteln.

ZUTATEN

In diesem Buch sind keine Zutaten genannt, die Ihnen der Apotheker nicht beschaffen kann. Um den Einkauf zu erleichtern, finden Sie im Anhang dieses Buches eine genaue Beschreibung der Zutaten sowie teilweise neben ihrer deutschen Bezeichnung auch die lateinische. Ich möchte damit auf den Wunsch vieler Leserinnen eingehen, die im Ausland leben und nur mit der Kenntnis der lateinischen Bezeichnung ihren Einkauf tätigen können. Sollte Ihnen die Beschaffung der Zutaten Schwierigkeiten machen, finden Sie im Anhang Versandadressen, durch die Sie die Zutaten auch über den Postweg bestellen können.

Cremes, die Sie immer brauchen können

AVOCADO-FRISCHCREMEKUR

Zutaten: 2 Eier
50 g Avocadoöl
1 Prise Meersalz
1 Teelöffel Zitronensaft
1 Teelöffel naturreiner Apfelessig

Zubereitung: Eigelb vom Eiweiß trennen; das zimmerwarme Avocadoöl mit dem elektrischen Handrührmixer tropfenweise in das Eigelb einrühren, bis eine feste Mayonnaise entstanden ist. Meersalz, Zitronensaft und Apfelessig zugeben und verrühren. Das Eiweiß zu festem Schnee schlagen und unter die Mayonnaise heben. In Porzellan- oder Glasgefäß abfüllen und im Kühlschrank aufbewahren.

Anwendung und Wirkung: Alles, was die Haut zur Regeneration braucht, ist in dieser hautfreundlichen Frischcreme enthalten: Protein, ungesättigte Fettsäuren, emulgiertes Öl und, bedingt durch die Zutaten Essig und Zitronensaft, ein idealer pH-Wert für den Hautsäuremantel. Für ein Schönheitswochenende zu Hause ist die Frischcremekur ideal; schon nach der ersten Cremekur wird man feststellen, wie samtweich und elastisch sich die Haut anfühlt.

Ei, reines Pflanzenöl, Zitronensaft und Essig gehören zu den erstklassigen Hautpflegemitteln, sie wirken nährend, glättend und verfeinernd auf das Hautrelief. Für gewöhnlich bringt man diese frischen Mittel in Form einer Packung auf die Haut. Die hier zusammengestellte Kurcreme wird wie eine Packung angewendet, aber man braucht sie nicht mehr abzuwaschen, da sie von der Haut völlig aufgenommen wird. Die Kurcreme ist zwar nur ein paar Tage haltbar, aber ihre Herstellung lohnt sich, insbesondere bei trockener, spröder, alternder und nervöser Haut. Man verstreicht die Creme auf das gründlich gereinigte Gesicht, den Hals, das Dekolleté und die Arme und läßt sie über Nacht einwirken. Diese Anwendung wiederholt man, bis die Creme aufgebraucht ist. Da die Cremekur der Haut sehr rasch zu einem schöneren Aussehen verhilft, empfiehlt sie sich auch als Regenerationsmittel für die Haut nach einer Krankheit oder als schnelles Hilfsmittel gegen schlechtes Aussehen.

HONIGKUR GEGEN FALTEN

Zutaten: 10 g Bienenwachs
3 Eßlöffel reiner Bienenhonig

Zubereitung: Auf dem kochenden Wasserbad läßt man das Bienenwachs schmelzen, bis es flüssig geworden ist. Bei ganz kleiner Flamme mit dem Kochlöffel den Bienenhonig zügig einrühren, bis sich alle Klümpchen gelöst haben. Vom Feuer nehmen und mit dem Kochlöffel kaltrühren.

Anwendung und Wirkung: Die Salbe trägt man dreimal wöchentlich auf Gesicht und Hals auf und läßt sie möglichst lange einwirken. Entfernt wird die Salbe mit viel lauwarmem Wasser und sanft massierenden Handbewegungen. Regelmäßig angewendet, wirkt die Honigkur herrlich glättend und belebend auf die alternde Haut. Sie durchblutet und macht die Haut samtweich und zart.

AUGENFÄLTCHEN-ÖL

Zutaten: 1 Kaffeelöffel Kakaobutter
10 g Lanolin anhydrid (1 gehäufter Kaffeelöffel)
50 g Distelöl
3 Tropfen Melissenöl

Zubereitung: Auf dem kochenden Wasserbad Kakaobutter und Lanolin anhydrid schmelzen, dann das Distelöl zugeben und alles auf 60 Grad erwärmen. Distelöl eignet sich für das Augenfältchen-Öl besonders gut, weil es angenehm dünnflüssig ist. Wenn Ihnen die Beschaffung Schwierigkeiten macht, können Sie statt dessen auch süßes Mandelöl verwenden.

Vom Feuer nehmen und mit dem elektrischen Handrührmixer auf kleinster Stufe mit dem Kaltrühren beginnen; sobald die Mischung handwarm ist, das Melissenöl zufügen und kaltrühren. Im Kühlschrank aufbewahren.

Anwendung und Wirkung: Das biologisch hochwertige Augenfältchen-Öl ist die ideale Pflegekur für die Augenpartie. Das besonders pflegende Distelöl dringt rasch in die Haut ein, ohne Fettspuren zu hinterlassen, während das duftende Melissenöl sanft stimuliert. Wer zu starker Fältchenbildung um die Augen neigt, sollte das Öl mehrmals täglich hauchdünn auftragen. Das

Augenfältchen-Öl wirkt bei regelmäßiger Anwendung glättend und nährend, es arbeitet zunehmender Faltenbildung entgegen und hält die empfindliche Haut um die Augen weich und geschmeidig. Mit einem idealen pH-Wert von 5,5 entspricht das Augenfältchen-Öl dem natürlichen Säuremantel der Haut.

Industriell gefertigte Augencremes werden von sehr vielen Frauen schlecht vertragen. Das liegt teilweise daran, daß zahlreiche Augencremes Quellmittel enthalten, die die Haut um die Augen zum Quellen und damit zu besserem Aussehen bringen sollen, eine Methode, die man nicht als hautpflegend bezeichnen kann. Insbesondere die Haut der Augenlider ist stark resorptionsfähig und mit Vorsicht zu behandeln.

AUGENFÄLTCHEN-VITAMIN-ÖL

Zutaten: 50 g Rizinusöl
10 g Vitamin-E-Präparat

Zubereitung: Da es viele Formen von Vitamin E in unterschiedlicher Konzentration gibt, möchte ich hier ausnahmsweise einmal den Handelsnamen des zu verwendenden Vitamin-E-Produkts nennen. Es heißt E-Mulsin und besteht aus 120 mg emulgiertem Vitamin-E-Acetat in 10 g. Die Vitamin-E-Tropfen werden meist in Speisen vermischt, also innerlich eingenommen. Für die äußerliche Anwendung werden die emulgierten Tropfen mit dem Rizinusöl vermischt, gut durchgeschüttelt und in einem dunklen Fläschchen aufbewahrt.

Anwendung und Wirkung: Hohe Dosierungen von Vitamin E oder Vitamin A zur Behandlung der Haut gehören selbstverständlich in die dermatologische Praxis. Die hier gezeigte schwache Vitamin-E-Dosierung dient jedoch einem einfachen Zweck, nämlich der Belebung der Haut. Wenngleich sich nicht alle Fachleute darüber einig sind, ob Vitamin E auch in schwacher Dosierung äußerlich wirksam ist, so gibt es doch in letzter Zeit Berichte amerikanischer Dermatologen, die das in fettem Öl lösliche Vitamin E als äußerlich anwendbares Hautvitamin sehr befürworten. Angeblich unterstützt Vitamin E auch äußerlich die Elastizität der Haut und hat guten Einfluß auf den Fett- und Wasserhaushalt, fördert die Durchblutung und beugt Abnutzungserscheinungen vor. Da die Anwendung in geringer Dosis keineswegs schaden kann, möchte ich Ihnen das Rezept nicht vorenthalten. Das Öl wird am Abend vor dem Schlafengehen hauchdünn um die Augen eingerieben, und überschüssige Fettreste werden mit einem weichen Papiertüchlein entfernt. Das Öl wirkt glättend und belebend auf die Haut, die Haut um die Augen bekommt bei regelmäßiger Anwendung ein gesättigtes, frisches Aussehen.

Reich an natürlichem Vitamin E ist übrigens auch Weizenkeimöl. Man kann es hauchdünn um die Augen auftragen und über Nacht einwirken lassen. Hier kommt das Vitamin E in seinem natürlichen biologischen Verbund zur Wirkung.

SPEZIALSALBE GEGEN UNREINE HAUTSTELLEN

Zutaten: 30 g weiche Zinkpaste
15 g Heilerde (1 gehäufter Eßlöffel)
2 Tropfen Pfefferminzöl

Zubereitung: Weiche Zinkpaste bekommt man fertig in der Apotheke zu kaufen. Auf dem kochenden Wasserbad lassen Sie zuerst die Zinksalbe völlig schmelzen. Sobald die Schmelze 60 Grad erreicht hat, vom Feuer nehmen. Die Heilerde zugeben und nun mit dem Handrührmixer rühren, bis sie sich in der Zinksalbe aufgelöst hat. Kurz vor dem Erkalten der Salbe das Pfefferminzöl zufügen und weiterrühren, bis die Salbe ganz erkaltet ist. In ein kleines Cremetöpfchen abfüllen.

Anwendung und Wirkung: Einzeln auftretende Pickel und Mitesser kann man rasch loswerden, ohne an ihnen herumzudrükken. Nach der Hautreinigung trägt man ein klein wenig Salbe auf die entsprechende Hautstelle auf und läßt sie über Nacht einwirken. Da die Salbe nur einzelne Pickel oder Mitesser zum Austrocknen bringen soll, darf man sie keineswegs über das ganze Gesicht verteilen. Will man größere Hautstellen mit der Salbe behandeln, kann man zunächst die Haut mit etwas Fettcreme vorbehandeln, bevor man die Heilsalbe aufträgt.

Wenn Ihre Haut trocken ist

MANDELÖL-NÄHRCREME

Zutaten: 5 g Bienenwachs
15 g Lanolin anhydrid (1½ gehäufte Kaffeelöffel)
40 g süßes Mandelöl
40 g Rosenwasser
2 Tropfen Rosenöl oder Geraniumöl

Zubereitung: Auf dem kochenden Wasserbad Wachs und Lanolin anhydrid schmelzen. Sobald alles geschmolzen ist, das Mandelöl zugeben und die Fettschmelze auf 60 Grad erwärmen. Inzwischen das Rosenwasser auf 60 Grad erwärmen. Die Fettschmelze vom Feuer nehmen, das Rosenwasser zugeben und mit dem elektrischen Handrührmixer auf kleinster Stufe rühren. Sobald die Mischung handwarm abgekühlt ist, das Parfümöl zugeben und kaltrühren. In Cremetopf abfüllen.

Anwendung und Wirkung: Dünn aufgetragen, kann man diese sahnig feine Creme sowohl als Tages- als auch als Nachtcreme verwenden. Sie läßt sich leicht verstreichen und wird dank ihrer hautähnlichen Ingredienzen von der Haut gut aufgenommen. Sie wirkt sehr beruhigend und glättend und ist deshalb für trokkene und nervöse Haut gut geeignet.

REICHE REGENERATIONSCREME

Zutaten: 10 g Lanolin anhydrid (1 gehäufter Kaffeelöffel)
10 g Weizenkeimöl
10 g süßes Mandelöl
10 g Traubenkernöl
5 g Kakaobutter
5 g Bienenwachs
40 g Orangenblütenwasser
½ Kaffeelöffel reiner Bienenhonig
5 Tropfen Orangenblütenöl

Zubereitung: Auf dem kochenden Wasserbad werden zuerst Lanolin anhydrid, Kakaobutter und Bienenwachs geschmolzen. Sobald eine klare Fettschmelze entstanden ist, gibt man die drei Pflanzenöle dazu und erwärmt alles auf 60 Grad. Inzwischen erwärmt man auch das Orangenblütenwasser in einem feuerfesten Porzellantöpfchen, löst den Bienenhonig darin auf und bringt die Mischung ebenfalls auf 60 Grad. Vom Feuer nehmen und mit dem Mixer die Flüssigkeit einrühren. Auf kleinster Stufe laufen lassen und rühren, bis die Creme handwarm ist. Mit dem Orangenblütenöl parfümieren und weiterrühren, bis die Creme erkaltet ist. In Cremetöpfchen abfüllen.

Anwendung und Wirkung: Die biologisch wertvollen, besonders hautfreundlichen Öle aus Weizenkeimen, Mandeln und Traubenkernen vereinen in dieser ausgewogenen, geschmeidigen Creme ihre hervorragende Wirkung. Die Creme verleiht Ihrer Haut sehr rasch Geschmeidigkeit und Elastizität, sie sättigt die Haut, reguliert ihren Wasserhaushalt und verfeinert den Teint. Auch als Cremepackung ist die Regenerationscreme gut geeignet. Kuren Sie mit der herrlichen Creme, wenn Ihre Körperhaut trocken und schlecht durchblutet ist: Reiben Sie sich von Kopf bis Fuß damit ein, bevor Sie schlafen gehen. Die Creme zieht sehr rasch in die Haut ein. Die Regenerationscreme ist für jeden Hauttyp geeignet, besonders für spröde, müde und alternde Haut.

LILIENWURZEL-CREME

Zutaten: 30 g Lilienwurzel (3 Eßlöffel)
$^1/_4$ l destilliertes Wasser
30 g Lanolin anhydrid (3 gehäufte Kaffeelöffel)
30 g Distelöl
3 g Bienenwachs
5 g Kakaobutter
5 Tropfen Melissenöl

Zubereitung: Zuerst stellen Sie aus der Lilienwurzel, die man beim Apotheker zu kaufen bekommt, einen Absud her. Lassen

Sie das destillierte Wasser 10 Minuten kochen. Auf kleinste Flamme stellen, die Lilienwurzel dazugeben und im bedeckten Topf eine Stunde lang ganz schwach sieden lassen. Nach einer Stunde vom Herd nehmen, in ein Porzellantöpfchen umfüllen und drei weitere Stunden bedeckt ziehen lassen. Nun seihen Sie die Flüssigkeit durch ein Küchensieb und filtern sie anschließend durch Kaffeefilterpapier klar. Die Flüssigkeit wird nur langsam durch den Kaffeefilter rinnen, aber verlieren Sie nicht die Geduld, die Mühe lohnt sich!

40 g Flüssigkeit brauchen Sie zur Weiterverarbeitung. Auf dem kochenden Wasserbad schmelzen Sie nun im hohen Plastiktopf Lanolin anhydrid, Bienenwachs und Kakaobutter. Sobald alles geschmolzen ist, fügen Sie das Distelöl hinzu und erwärmen alles auf 60 Grad. In einem kleinen Töpfchen erwärmen Sie inzwischen auch den Lilienwurzelextrakt auf 60 Grad. Die Fettschmelze vom Feuer nehmen und mit dem elektrischen Handrührmixer den Extrakt unterrühren. Rühren, bis die Creme handwarm ist, und dann mit Melissenöl parfümieren. Weiterrühren, bis die Creme erkaltet ist; in Cremetöpfchen abfüllen.

Anwendung und Wirkung: Die fein verstreichbare Lilienwurzel-Creme trägt man hauchdünn auf, man kann sie als Tagescreme und als Nachtcreme verwenden. Die biologisch hochwertige Creme mit naturreinem Pflanzenextrakt in Verbindung mit hochwertigem Öl dringt sehr rasch in die Haut ein, sie führt ihr Fett und Feuchtigkeit zu und macht die Haut weich und zart. Ihr günstiger pH-Wert regeneriert rasch den natürlichen Hautsäuremantel und schützt die Haut vor äußeren Einflüssen.

Extrakte von Lilienwurzel wurden früher für die Zubereitung von Apothekenkosmetik häufig verwendet. Mit der Massenproduktion von Schönheitsmitteln scheinen nicht nur gute Inhaltsstoffe, sondern auch gut bewährte Rezepturen verlorengegangen zu sein. Lilienwurzel genießt aber noch heute einen sehr guten Ruf als hochwertiges Mittel zur Verfeinerung der Haut; bei trockener, spröder und altersmüder Haut ist sie ein ausgezeichnetes Hilfsmittel.

Zutaten: 30 g Erdnußöl
20 g Lanolin anhydrid (2 Kaffeelöffel)
3 g Bienenwachs
5 g Kakaobutter
40 g Rosenwasser
3 Tropfen Lavendelöl

Zubereitung: Lanolin anhydrid, Bienenwachs und Kakaobutter auf dem kochenden Wasserbad schmelzen; Erdnußöl hinzufügen und alles auf 60 Grad erwärmen. Inzwischen auch das Rosenwasser auf 60 Grad erwärmen. Die Schmelze vom Feuer nehmen, das Rosenwasser hinzufügen und auf kleinster Stufe mit dem Handrührmixer geduldig kaltrühren. Sobald die Mischung handwarm abgekühlt ist, das Lavendelöl hinzufügen und rühren, bis die Creme fest ist. In Cremetopf abfüllen.

Anwendung und Wirkung: Das Erdnußöl ist reich an Vitamin E und essentiellen Fettsäuren. Es ist besonders hautfreundlich, und wenn man einmal den Versuch macht, es auf die Haut aufzutragen, wird man sehen, daß es sehr rasch von der Haut aufgesogen wird, ohne Fettspuren zu hinterlassen. Mannequins benutzen gerne angewärmtes Erdnußöl als Nähröl gegen Halsfalten; ein über Nacht aufgelegter, öldurchtränkter Halswickel wirkt tatsächlich Wunder.

Die blütenweiße Erdnuß-Creme kann man ausgezeichnet als Tages- und Nachtcreme benutzen. Sie wird hauchdünn aufgetragen, überschüssige Fettreste nimmt man nach kurzer Einwirkungszeit mit einem weichen Papiertüchlein ab. Die biologisch hochwertige Creme schützt, deckt und nährt die Haut und wird aufgrund ihrer gutverträglichen Zutaten von jeder Haut angenommen.

Wenn Ihre Haut fett und unrein ist

THYMIAN-CREME

Zutaten: 5 g weißes Wachs
15 g Lanolin anhydrid (1½ gehäufte Kaffeelöffel)
40 g Traubenkernöl
40 g Hamameliswasser
5 Tropfen Thymianöl

Zubereitung: Das weiße Wachs auf dem kochenden Wasserbad schmelzen. Lanolin anhydrid zufügen und weiterschmelzen lassen. Sobald eine klare Fettschmelze entstanden ist, das Traubenkernöl hinzufügen und alles auf 60 Grad erwärmen. Inzwischen das Hamameliswasser ebenfalls auf 60 Grad erwärmen. Die Fettschmelze vom Feuer nehmen und mit dem elektrischen Handrührmixer das Hamameliswasser einrühren. Sobald die Mischung handwarm ist, das Thymianöl zugeben. So lange weiterrühren, bis die Creme erkaltet. In Cremetöpfchen abfüllen.

Anwendung und Wirkung: Die blütenweiße, angenehm nach Thymian duftende Creme läßt sich fein verstreichen und kann als leichte Tagescreme ebenso verwendet werden wie als Nachtcreme, da sie von der Haut ganz aufgenommen wird. Sein hoher Gehalt an ungesättigten Fettsäuren macht das leichtflüssige Traubenkernöl zum prädestinierten Pflegemittel für fette Haut. Das ätherische Thymianöl wird nicht nur als Duftnote zugegeben, es zählt vielmehr zu den wirksamen Mitteln bei unreiner und fetter Haut, da es gute antiseptische und heilende Wirkungen hat. Es ist allerdings eine alte Binsenweisheit, daß Mittel, die intensiv wirken, auch hautreizend sein können. Der große Vorteil hausgemachter Kosmetika liegt darin, daß man die Möglichkeit hat, Wirkstoffe persönlich testen zu können. Bei der Massenfertigung von Kosmetika können bestimmte Wirkstoffe leider deshalb nur in ganz kleiner und damit unwirksamer Menge eingearbeitet werden, weil bei der großen Vielfalt von unterschiedlichen Hauttypen die Möglichkeit von Hautreizungen besteht. Kein Konzern könnte einer Millionenzahl von Verbrauchern klarmachen, daß die Haut auf gute Wirkstoffe sowohl positiv als auch negativ reagieren kann. Ich habe die Thymian-Creme einigen jüngeren Mädchen mit unreiner Haut zum Probieren gegeben, und weil alle von der hautpflegenden Wirkung dieser Creme begeistert waren, habe ich das Rezept in dieses Buch aufgenommen. Vielleicht probieren Sie zunächst einmal das Rezept mit der Hälfte der Zutaten als Ihr persönliches Testrezept aus?

KAMPFER-MILCH

Zutaten: 20 g Lanolin anhydrid (2 gehäufte Kaffeelöffel)
40 g Traubenkernöl oder Avocadoöl
½ Messerspitze Kampferkristalle
30 g Hamameliswasser

Zubereitung: Auf dem kochenden Wasserbad Lanolin anhydrid schmelzen. Dann Kampferkristalle und Traubenkernöl zugeben und alles auf 60 Grad erwärmen. Inzwischen das Hamameliswasser in einem feuerfesten Porzellantöpfchen ebenfalls auf 60 Grad erwärmen. Die Fettschmelze vom Feuer nehmen und mit dem elektrischen Handrührmixer das Hamameliswasser unterrühren. So lange rühren, bis die Milch erkaltet.

Anwendung und Wirkung: In kleiner Dosis hat sich die desinfizierende, durchblutungssteigernde und adstringierende Wirkung von Kampfer bei fetter und unreiner Haut gut bewährt. Die hier zusammengestellte Milch vereinigt in milder Form die guten Eigenschaften des Kampfer mit besonders leichtem Pflanzenöl und heilendem Hamameliswasser. Nach dem Waschen sollte man das Gesicht zuerst mit einem sauren Gesichtswasser nachreinigen und abtrocknen, bevor man die Kampfermilch dünn aufträgt und über Nacht einwirken läßt.

Kampfer hat die Fähigkeit, Unreinheiten aus der Haut herauszuziehen. Ich habe erlebt, daß nach der Anwendung von kampferhaltigen Cremes und Lotionen die Hautunreinheiten zunächst einmal richtig zum Vorschein kamen, bevor sie abklangen und verschwanden. Es ist also durchaus ein gutes Zeichen, wenn die verstopften Talgdrüsen sich entleeren; man muß nur die Geduld aufbringen, nicht an den Pickeln und Mitessern herumzudrücken. Generell soll man die Finger aus dem Gesicht lassen, also nicht das Kinn auf die Hände stützen oder gar an den unreinen Stellen reiben. Es ist außerdem sehr zu empfehlen, das Gesicht mehrmals täglich mit Hamameliswasser abzureiben, um das saure Milieu auf der Haut möglichst konstant zu halten, denn Bakterien und Keime haben auf saurem Boden wenig Chancen, sich zu entwickeln.

ZINK-CREME

Zutaten: 50 g weiche Zinkpaste
30 g Traubenkernöl

Zubereitung: Weiche Zinkpaste bekommt man offen in der Apotheke zu kaufen. Sollte die Beschaffung von Traubenkernöl Schwierigkeiten bereiten, kann man stattdessen auch Avocadoöl oder süßes Mandelöl nehmen. Man bringt die Zinkpaste auf dem kochenden Wasserbad zum Schmelzen, und sobald die Paste eine Temperatur von 60 Grad erreicht hat, fügt man das Traubenkernöl hinzu und erwärmt alles erneut auf 60 Grad. Vom Feuer nehmen und kaltrühren.

Anwendung und Wirkung: Reine Zinksalbe ist schon als Heilsalbe ausgezeichnet; sie wird hergestellt, indem man einer indifferenten Salbengrundlage das weiße, pulvrige Zinkoxyd zusetzt. Obwohl Zinksalbe entzündungshemmend und adstringierend wirkt, kann sie die Haut auch austrocknen. In der hier vorgeschlagenen Verarbeitung wird ihr die austrocknende Wirkung durch die Beifügung von hochwertigem Pflanzenöl genommen, und so ist die Zink-Creme eine ganz erstklassige Hautcreme, die man am Abend vor dem Schlafengehen dünn aufträgt. Sie bringt Hautunreinheiten zum Abklingen, wirkt beruhigend und lindernd, und sie nimmt Rötungen und Reizungen. Man kann sie auch Männern empfehlen, die nach der Rasur eine entzündungsbereite Haut haben.

6. Kapitel

BADEN IST EIN FEST

Aus dem Studium der Badesitten historischer Generationen ließe sich eine interessante Kulturgeschichte der Menschheit schreiben und nicht allein eine Kulturgeschichte der Hygiene. Die Art des Badens, die Ausstattung der Bäder und die Badegewohnheiten lassen zu allen Zeiten der Geschichte aufschlußreiche Rückschlüsse auf den Stand der Kultur eines Volkes und seiner Zeit zu. So entwickelten viele antike Kulturen ihr gesellschaftliches Leben in großen und prächtig angelegten Gemeinschaftsbädern. Das Ritual des Badens galt nicht nur der Reinigung des Körpers, es war mehr ein Zeremoniell geistiger und körperlicher Entspannung und Erneuerung, das man gemeinsam erlebte. Das römische Gemeinschaftsbad Caracalla, eines der schönsten der erhaltenen antiken Bäder, bot 2500 römischen Bürgern die Möglichkeit, mehr als zwei Dutzend verschiedene Arten des Badens zu wählen. Man kannte Mineralbäder, Dampf- und Kaltwasserbäder, Meersalzbäder und Abreibungen. Köstliche Badezusätze, wie Milch und Honig, duftende Kräuter und Blüten, aromatische Essenzen und Badeöle, waren in der Antike ebenso beliebt wie heute. Die heilende Wirkung von aromatischen Düften auf Körper und Geist gehört seit jeher zu den Fundamenten der Bäderkunde. Die gezielte Heilbehandlung mit Aromastoffen nennt man heute Aromatherapie, und duftende Badezusätze aus naturreinen ätherischen Ölen, aus Kräutern und aus Blumen werden als Heilmittel gegen Depressionen, Nervosität, Schlaflosigkeit und Apathie mit großem Erfolg eingesetzt.

Die Methoden der Aromatherapie beruhen vor allem auf der Tatsache, daß bestimmte Substanzen der Pflanzen von der Haut resorbiert werden, in die Blut- und Lymphbahnen gelangen und dort ihre spezifische Wirkung entfalten. Die pflanzlichen

Wirkstoffe durchdringen teilweise die natürliche Hautbarriere, werden in den Zellstoffwechsel integriert und in den Kreislauf eingeschleust. Die Ausscheidung dieser Stoffe erfolgt durch den Schweiß, den Urin und durch den Atem. Pharmakologisch schätzt man den Wert der duftenden ätherischen Öle, denn sie entwickeln in warmem Wasser aromatische Dämpfe, die durch die Atmung auf das Zentralnervensystem einwirken. Über die Lungen gelangen die Dämpfe in den Körper und wirken auf die Atmungs- und Verdauungsorgane, auf Kreislauf und Nerven heilend und stimulierend.

In unserer modernen Zivilisation haben sich viele bewährte alte Badetraditionen gehalten, sie wurden weiter kultiviert oder wieder neu entdeckt. Ob japanisch oder finnisch, orientalisch oder abendländisch, das Ritual des Badens ist ein Fest, das Gesundheit und Schönheit dient, das unseren Körper entspannt und erholt. In unserer tempokranken Zeit bevorzugen viele Menschen die Dusche zur Körperreinigung am Morgen und am Abend, und ein vielgehörtes Argument gegen das Baden in der Wanne besagt, es sei unhygienisch, in seinem eigenen Schmutz zu sitzen. Da es ja kein Problem sein kann, sich nach dem Vollbad nochmals mit klarem Wasser abzuduschen, muß man wohl annehmen, daß viele Duschanhänger gar keine Ahnung haben, welch großer Genuß ein perfekt zubereitetes Bad sein kann. Schließlich badet man nicht nur, um den Körper zu reinigen. Je nachdem, welche Art des Badens man wählt, welchen Badezusatz man nimmt und bei welcher Wassertemperatur man badet, kann die Wirkung des Bades beruhigend oder vitalisierend, heilend oder stimulierend, schweißtreibend oder kühlend sein. Durch den richtigen Badezusatz kann man in aromatherapeutischen, himmlischen Duftwolken versinken, man kann trockene oder unreine Körperhaut heilen und mit Bürste und Lufthandschuh kann man kreislaufanregende Unterwassermassagen machen.

In der Kulturgeschichte des Badens dürften zwar unsere modernen Kenntnisse über Bademethoden sehr gut abschneiden, aber wie würden wohl die Geschichtsschreiber unsere Badezimmer beurteilen? Wenn beispielsweise eine Zeitschrift für Innenarchitektur aus dem Jahre 1978 über den neuen Trend der Bundesbürger berichtet, auf größere Bäder und Küchen mehr

Wert zu legen als auf größere Wohnzimmer. Scheinbar, so würde der Geschichtsschreiber der Zukunft denken, ist nun der absurde Zuschnitt mancher Wohnungen mit überdimensional großen Wohnzimmern und winzigen, fensterlosen Bädern und Küchen aus der Mode gekommen. Aber man braucht keinen kulturhistorischen Rückblick, um einzusehen, daß Bäder ohne Luft und Licht, beladen mit den Waschutensilien einer Familie, wenig anregend auf die Badefreudigkeit wirken. Wenn man auch ein kleines Bad hat, so sollte man gerade seiner Ausstattung viel Aufmerksamkeit widmen; auch für kleine Bäder gibt es passende Einbauschränke, hinter denen die Waschsachen verschwinden können, und für wenig Geld bekommt man in jedem Kaufhaus schöne Badezimmertapeten und Teppichböden. Es ist auffallend, wie viele Frauen bei ihrer Wohnzimmerausstattung ihre ganze Fantasie spielen lassen, während die Küche und das Bad als Stiefkinder der Wohnung behandelt werden. Eigentlich sollte eine schöne große Küche das Herz jedes Hauses sein und das Bad ein Platz der körperlichen Regeneration. Die Zeiten, in denen jedes einzelne Familienmitglied am Samstag abend zum wöchentlichen Bad antrat, sind endgültig vorbei. Das Badezimmer ist ein vielbenutzter Raum geworden, und je hübscher und gepflegter er aussieht, desto mehr dient er unserer Erholung und Entspannung, der Gesundheit und der Schönheitspflege. Ein schönes Bad ist eine Oase, ein Jungbrunnen, und das Baden in einem dekorativen Badezimmer ist eine Wohltat für Körper und Geist.

In jedem Land auf der Welt wird anders gebadet, und die berühmtesten Bademethoden möchte ich Ihnen anschließend vorstellen. Wenn man auch keine finnische Sauna oder keinen japanischen Badezuber hat, so wird einen doch der Geist andersartiger Badeweisen zu heimischen Varianten anregen. Unseren deutschen Beitrag zur internationalen Badekultur verdanken wir Pfarrer Kneipp, dessen Sitz- und Wechselbäder weltweite Anerkennung gefunden haben.

Baden auf japanisch

Das Zeremoniell des japanischen Bades ist ebenso sinnbeladen und symbolschwer wie das Blumenstecken oder die japanische Lyrik, die der Durchschnittseuropäer nur nach eingehender Lektüre der Werke des Zen-Buddhismus zu begreifen beginnt. Ein traditionelles japanisches Badezimmer ist holzgetäfelt und blumengeschmückt, sein Boden mit Reisfasermatten ausgelegt. In der Mitte des Raumes, mit Blick nach Westen, steht der Furo, ein geräumiger Zuber aus Zypressenholz. Wenn er mit heißem Wasser gefüllt wird, verströmt er einen balsamischen Duft, und wenn man in Japan heißes Wasser nimmt, dann heißt das Temperaturen von 41 bis 45 Grad. Europäer baden gewöhnlich in Temperaturen zwischen 36 und 38 Grad, und japanische Badetemperaturen wären für Ungeübte gar nicht auszuhalten. Ich erinnere mich hierbei an den Reisebericht eines Freundes, der zu einem japanischen Familienbad eingeladen war. Man wollte offensichtlich seinen Mut testen und bereitete ihm ein entsprechend heißes Bad. Er wollte die Mutprobe unbedingt bestehen und versuchte sich beim Einsteigen ins Wasser autosuggestiv einzureden, es sei eiskalt. So gelang es ihm schließlich, bis zum Hals im Wasser zu versinken, und die Anerkennung der Gastgeber war gesichert.

Ins heiße Badewasser steigt man in Japan erst, wenn man sich vorher gründlich gewaschen hat. Unter fließendem Wasser reibt und bürstet man sich minutiös mit Lotos- oder Ingwerseife. Der Seifenschaum wird mit viel heißem Wasser abgespült, und erst wenn man peinlich sauber ist, überläßt man sich dem Genuß, in den heißen Furo zu steigen. Das Badewasser im Furo darf während des Badens nicht abkühlen, daher wird öfter heißes Wasser nachgegossen.

Nach dem Bad wird der ganze Körper mit Orangenöl massiert. Dieses Öl wird hergestellt, indem man getrocknete Orangenschalen und Orangenblüten in Pflanzenöl mazerieren läßt. Auch das frisch gewaschene Haar wird hauchfein mit diesem köstlich duftenden Öl massiert und sorgfältig gebürstet. Nach dem Zeremoniell werden keine Straßenkleider mehr angezogen, sondern man schlüpft in den Yukata, den leichten Baumwollkimono, den sicherlich hübschesten Bademantel der Welt.

Baden auf finnisch

An das Baden auf finnische Art muß man sich gewöhnen, nicht nur deswegen, weil es im Prinzip aus einem raschen Wechsel von trockener Hitze und kaltem Wasser besteht. Man braucht dazu auch „ei kiire", das heißt „keine Eile", und es ist ein etwa so folgenschwerer Ausdruck wie das spanische „Mañana". Keine Eile ist eine wichtige finnische Weltanschauung, vor allem für die Sauna. In vielen europäischen Großstädten kann man in eine finnische Sauna gehen und auch hierzulande die finnische Badetradition üben, wenn man „ei kiire" hat.

Beim ersten Durchgang des Zeremoniells nimmt man eine lauwarme Dusche und massiert den Körper mit einem Rauhfaserhandschuh ab, um die Blutzirkulation anzuregen und den Kreislauf auf die kommenden Überraschungen vorzubereiten. Beim zweiten Durchgang folgt das Schwitzen in der Sauna, wobei die Dauer ganz vom einzelnen Organismus abhängt. Beim dritten Durchgang kommt der Sprung ins kalte Wasser, und wenn kein Kaltwasserbecken vorhanden ist, die gründliche kalte Dusche. Danach geht man noch einmal in die Sauna und anschließend schwimmen oder nochmals kalte Dusche. Nach dieser Prozedur wickelt man sich in einen dicken Bademantel, ruht sich eine halbe Stunde aus oder läßt sich massieren.

In Finnland ist die Sauna gleichzeitig auch eine Einrichtung mit Sozialfunktion: Hier trifft man sich zum Plaudern, wie in Deutschland beim Stammtisch, und nach der Sauna wird für gewöhnlich sehr gemütlich gegessen und getrunken. In seinem Buch „Lieber in Lappland" beschreibt K. H. Kramberg seine mehrstündigen Fußmärsche durch die einsame finnische Winterlandschaft zu den nächsten Freunden und Bekannten, mit denen er für die Sauna verabredet ist. Und wenn man nach dieser faszinierenden Lektüre ganz originalgetreu finnisch saunen will, dann gibt es nach der heißen Sauna keinen Sprung ins kalte Wasser, sondern nur den mutigen Sprung in den lappländischen Schnee.

Baden auf orientalische Art

Um Ihnen konsequenterweise für alle Bademethoden die erquickliche Begleitliteratur zu empfehlen, sollten Sie vor dem Baden auf orientalische Art unbedingt „Tausendundeine Nacht“ lesen. Hier werden Sie noch einmal daran erinnert, daß es keinen wundervolleren Ort für den müden Wanderer gibt als den Hammam, das warme Wasserbad, in dem die müden Glieder und der ermattete Geist Labung finden, der Ort, an dem man gleichzeitig Freundschaft und Schönheit pflegt.

In vielen Großstädten gibt es ein Hammam, und die mit kleinen Mosaiksteinen ausgelegten Baderäume bestehen aus drei Abteilungen. Gehen Sie möglichst nicht allein zum Baden auf orientalische Art, sonst werden Sie sich langweilen, wenn Sie in Abteilung drei kommen! Außer einer unterhaltsamen Begleitperson brauchen Sie einen „loofa“, den klassischen Massageschwamm aus Pflanzenfaser, außerdem einen Kamelhaarhandschuh, orientalische Honigseife, Henna-Haarshampoo und moschusparfümiertes Hautöl sowie einen orientalischen Seidenkaftan und feine, bestickte Pantöffelchen aus Ziegenleder. So ausgestattet werden Sie baden wie in Tausendundeiner Nacht!

Die erste Abteilung des Hammam führt Sie in ein feuchtheißes Dampfbad, das türkische Bad, in dem Sie zuerst schwitzen müssen, um sich von Giftstoffen zu befreien. Während des Dampfbades wird der ganze Körper sanft mit dem Kamelhaarhandschuh massiert. Nach dieser angenehmen Vorbereitung geht es in die sogenannte Wasserkammer mit vielen Duschen an den Wänden und der Decke; unter der sanften Berieselung mit heißem Wasser seift man sich mit Honigseife ein, wäscht das Haar mit Hennashampoo und massiert die Haut tüchtig mit dem „loofa“ ab. Nach dem Abtrocknen wird der ganze Körper dünn mit moschusparfümiertem Öl eingerieben. Das Öl ist sehr einfach selbst herzustellen: Man gibt in ein Fläschchen Olivenöl oder süßes Mandelöl ein paar Tropfen synthetischen Moschusduft (Musk Oil), den man in jedem Indiengeschäft kaufen kann. Echtes Moschusparfüm ist sehr teuer und nur schwer erhältlich.

Und nun kann man sich den federleichten Kaftan überwerfen, die orientalischen Pantöffelchen anziehen und in die Abteilung drei gehen. Das ist ein kleiner gemütlicher Salon, eben jener, in dem man wie in Tausendundeiner Nacht die Freundschaft pflegt. Hier gibt es Tee und orientalisches Zuckerwerk, und man kann sich entspannen und unterhalten, solange man Lust dazu hat.

Baden auf deutsch

Wußten Sie, daß Sitzbad und Wechselbad auf amerikanisch „Sitzbad" und „Wechselbad" heißen? Was Pfarrer Kneipp 1890 in seinem Buch „So sollt ihr leben" veröffentlichte, gilt heute in den USA als modischer Geheimtip teurer Schönheitsfarmen. Populär gemacht hat die alten Kneippschen Wasseranwendungen der berühmte Schönheitsexperte Gaylord Hauser, wobei so manche Hauser-Schönheitsmittel interessanterweise schon bei Kneipp nachzulesen sind. Der Unterschied besteht nur darin, daß Kneipps Sprache bäuerlich einfach ist und Hauser seine Rezepte in eleganter Verpackung zu servieren versteht.

Nach Kneipp ist das Wasser für den gesunden Menschen ein vorzügliches Mittel, seine Gesundheit und Kraft zu erhalten, und im Krankheitsfall ist es das erste Heilmittel, das natürlichste, einfachste und sicherste Mittel. Kneipp ist der Begründer der Wasserheilkunde, und seine kalten Waschungen, Teilbäder, Wickel und Güsse sind noch heute die bestbewährten Heilmethoden bei zahlreichen Leiden. Aber auch ohne an einer Krankheit zu leiden sind manche Kneippschen Wasseranwendungen hervorragend für die tägliche Schönheitspflege geeignet. Beispielsweise das Wechselfußbad gegen müde Beine: 6–10 Minuten stellt man die Füße in warmes Wasser und 6–10 Sekunden in kaltes Wasser. Man beginnt mit warm und hört mit kalt auf, und wiederholt die Methode zwei- bis dreimal.

Das Kneippsche Wechselbad ist ausgezeichnet für Leute, die streßgeplagt und müde sind. Man ruht sich zunächst in einer Badewanne mit angenehm warmem Wasser aus und wäscht sich dann gründlich mit Seife. Sobald man sich entspannt genug fühlt, läßt man die Hälfte des warmen Badewassers ablaufen und läßt kaltes Wasser nachlaufen. Mit beiden Armen vermischt man das kalte Wasser mit dem verbliebenen warmen Wasser und bleibt in Bewegung, bis die Badewanne voll ist. Nach einer Minute in diesem Wechselbad fühlt man sich wunderbar erfrischt und belebt. Nach dem Bad wickelt man sich in ein großes Badetuch und legt sich eine halbe Stunde lang ins Bett, bis die Haut vollkommen getrocknet ist.

Wer Gelegenheit dazu hat, sollte im Sommer so oft wie möglich das Kneippsche Taulaufen praktizieren. Barfuß geht man auf einer taubedeckten Wiese spazieren, und nach etwa fünf Minuten wird man spüren, wie der gesamte Kreislauf mobilisiert ist. Mit diesem idealen Tagesbeginn wird man sich den ganzen Tag über herrlich frisch und gesund fühlen.

MEERWASSER-BAD

Zutaten: 500 g Meersalz
100 g flüssiger Algenextrakt

Zubereitung: Meersalz bekommt man im Reformhaus und Algenextrakt in der Apotheke oder über die angegebenen Lieferadressen.

Man gibt beide Zutaten in die trockene Badewanne und läßt das heiße Wasser einlaufen. Das Salz löst sich völlig auf.

Anwendung und Wirkung: Das Meerwasser-Bad hat ausgezeichnete stoffwechselanregende, regulierende und durchblutende Wirkungen. Algenextrakt verschönt die Haut, und zusammen mit Meersalz ist die Kur im Meerwasser-Bad auch ein wirksames Schlankheitsbad. 20–30 Minuten sollte man das Meerwasser-Bad genießen, bevor man sich zum Ausruhen eine halbe Stunde hinlegt. Da Salz die Haut leicht austrocknet, massiert man den Körper im Anschluß an die Ruhepause mit duftendem Körperöl ein. Für den nächsten Urlaub sollte man sich merken, daß eine Abreibung mit frischen Meeresalgen ein altbewährtes Schönheitsmittel zur Verschönerung der Haut und zur Festigung des Gewebes ist. Getrocknete Meeresalgen bekommt man auch fertig zu kaufen, und man kann sie in einem Leinensäckchen ins heiße Badewasser hängen lassen.

FRÜHLINGSBAD MIT KRÄUTERN

Zutaten: 100 g Lavendelblüten
100 g Brombeerblätter
1 Tasse Bienenhonig
1 Kaffeelöffel Parfüm-Badeöl

Zubereitung: Bringen Sie in einem großen Topf ausreichend Wasser zum Kochen. Das Feuer auf kleinste Stufe stellen und die getrockneten Kräuter ins Wasser geben. Bedeckt eine halbe Stunde auf kleinster Flamme durchziehen lassen. Den Kräuteraufguß ins Badewasser abseihen. Den Bienenhonig und das Parfüm-Badeöl hinzufügen. Wie man Parfüm-Badeöl zubereitet, finden Sie auf Seite 119, Parfüm-Körperöl auf Seite 137. Sollten Sie kein Badeöl griffbereit haben, nehmen Sie ein paar Tropfen Lavendelöl, Melissenöl oder Rosenöl, um dem Badewasser angenehmen Wohlgeruch zu verleihen.

Anwendung und Wirkung: Von April bis in den Sommer hinein kann man die Brombeerblätter selbst sammeln; fertig getrocknet bekommt man sie in Kräuterhandlungen. Der Tee aus Brombeerblättern wirkt klärend und blutreinigend, und auch das Bad mit Brombeerblättern hat eine wunderbar klärende, reinigende und erfrischende Wirkung. Zusammen mit dem Duft der Lavendelblüten und vitaminreichem, hautglättendem Bienenhonig ist dieses köstliche Schönheitsbad eine ideale Kur für wintermüde und schlecht durchblutete Haut.

GEORGE-SAND-REGENERIERUNGSBAD

Zutaten: 300 g Meersalz
$^3/_4$ l Milch
2 Tassen Bienenhonig

Zubereitung: Meersalz bekommt man im Reformhaus zu kaufen. Man gibt das Salz in die trockene Badewanne und läßt das heiße Wasser einlaufen. Milch und Bienenhonig dazugeben.

Anwendung und Wirkung: George Sand war das Pseudonym der französischen Schriftstellerin Lucie Baronin de Dudevant, die zu Beginn des 19. Jahrhunderts mit ihren Romanen und Schriften gegen bürgerliche Moralbegriffe großes Aufsehen erregte; man sagte von ihr, sie sei wenig schön, aber außerordentlich anziehend gewesen, und berühmte Männer wie Chopin, Musset und Sandeau verehrten sie. In ihrem postum veröffentlichten Tagebuch findet sich das Rezept für dieses vorzügliche Regenerierungsbad. Baden in Salzwasser ist recht anstrengend, vor allem weil man nach dem Bad ins Schwitzen gerät; man sollte sich deshalb nach dem Bad eine halbe Stunde ausruhen und den Körper mit Massageöl massieren, da Salz leicht austrocknend wirkt.

BADE-POTPOURRI

Zutaten: 100 g Rosenblütenblätter
50 g Lavendelblüten
50 g Pfefferminze
1/2 Kaffeelöffel Lavendelöl

Zubereitung: Füllen Sie die getrockneten Kräuter in ein Säckchen aus feinem Leinen oder in einen Perlonstrumpf. Zubinden, in der Badewanne mit etwas kochendheißem Wasser übergießen und 15 Minuten im Wasser ziehen lassen. Nun geben Sie das restliche heiße Badewasser dazu und parfümieren am Schluß das Bad mit ein wenig Lavendelöl. Behalten Sie das Kräutersäckchen im Wasser, und während Sie in der Wanne sitzen, drücken Sie es nochmals mit der Hand aus.

Anwendung und Wirkung: In der duftenden Mischung von Rosen, Lavendel und Pfefferminze wird man mit großem Vergnügen baden, wenn man sich überarbeitet, erschöpft und niedergeschlagen fühlt. Hier bestätigt sich die Theorie der Aromatherapeuten, nach der die aromatischen Dämpfe des Bades durch die Einatmung stimulierend und beruhigend auf das Zentralnervensystem einwirken. Massieren Sie den Körper nach dem Bad mit duftendem Körperöl, und Sie werden sich wie neugeboren fühlen.

VIKTORIANISCHES SENFBAD

Zutaten: 1 große Tasse Senfsamenpulver

Zubereitung: Goldgelbes Senfsamenpulver bekommt man fertig in Samenhandlungen und Reformhäusern zu kaufen. Wer seinen Senf selbst zubereitet, weiß, daß das Senfsamenpulver erst durch die Zugabe von Wasser seine Schärfe entwickelt. Man schüttet eine große Tasse des Pulvers in die trockene Badewanne und läßt heißes Wasser einlaufen. Das Pulver löst sich im Wasser auf.

Anwendung und Wirkung: Die Mode der Senfbäder kam in England in der Zeit Königin Viktorias auf, und bis heute schätzt man bei unseren britischen Nachbarn das heiße Senfbad als allerbestes Mittel gegen beginnende Erkältungskrankheiten. Das Senfbad wirkt sehr stark durchblutungsfördernd und schweißtreibend, und eine Badezeit von zehn Minuten reicht schon aus, um seine Wirkung zu entfalten. Nach dem Bad wird man recht stark schwitzen, und deshalb sollte man sich gleich ins Bett legen. Das Senfbad ist auch sehr zu empfehlen, wenn man durchfroren nach Hause kommt und das Gefühl hat, daß die Erkältung nicht mehr lange auf sich warten lassen wird. Ein wenig Senfpulver im Fußbad sorgt rasch für warme Füße und vermehrte Durchblutung des ganzen Körpers.

EUKALYPTUS-BADEÖL

Zutaten: 20 g Eukalyptusöl
75 g reines Pflanzenöl
1 Eßlöffel Tween 80

Zubereitung: Füllen Sie alle Zutaten in eine dunkle Apothekerflasche und schütteln Sie einmal durch. Eukalyptusöl sollte man immer in der Hausapotheke haben; bei Schnupfen, Husten und Heiserkeit ist ein Tropfen davon ein idealer Zusatz fürs Gesichtsdampfbad.

Anwendung und Wirkung: Schon ein Spritzer Eukalyptus-Badeöl im heißen Badewasser genügt für ein wirksames Bad bei Erkältungskrankheiten für Erwachsene und Kinder. Der aus der Wanne aufsteigende Eukalyptusdampf wirkt befreiend auf die Atmung und anregend auf den Kreislauf. Durch die Beifügung des Emulgators Tween 80 bewirkt man eine feine Verteilung des Öls im Wasser.

Als vorbeugendes Bad gegen Erkältungskrankheiten eignet sich auch eine Mischung von Eukalyptus-Badeöl und Latschenkiefer-Badeöl, dessen Zubereitung Sie im Anschluß finden. Man gibt von jedem Badeöl einen Spritzer in die Badewanne.

LATSCHENKIEFER-ÖLBAD

Zutaten: 30 g Latschenkieferöl
65 g reines Pflanzenöl
1 Eßlöffel Tween 80

Zubereitung: Latschenkieferöl bekommt man in jeder Apotheke zu kaufen. Man gibt alle Zutaten in eine dunkle 100 g fassende Flasche und schüttelt einmal kräftig durch.

Anwendung und Wirkung: Das Bad mit Latschenkieferöl wirkt vor allem krampf- und sekretionslösend; es macht die Atemwege frei und verschafft ein angenehm durchwärmtes Gefühl nach dem Baden. Schon ein Eßlöffel des Latschenkiefer-Ölbads genügt, um den angenehmen Duft des ätherischen Öls zu verbreiten. So kann man das Latschenkiefer-Ölbad auch gut anwenden, wenn man recht durchfroren nach Hause kommt und vorsichtshalber gegen eine Erkältung etwas unternehmen möchte. Empfehlenswert ist auch ein gemischter Badezusatz von Latschenkiefer- und Eukalyptusöl.

MELISSEN-ÖLBAD

Zutaten: 30 g Melissenöl
65 g reines Pflanzenöl
1 Eßlöffel Tween 80

Zubereitung: Das reine Melissenöl bekommt man in der Apotheke zu kaufen. Alle Zutaten für das Ölbad gibt man in eine 100 g fassende dunkle Apothekerflasche und schüttelt einmal kräftig durch.

Anwendung und Wirkung: Ein Bad in Melissenöl wirkt vor allem krampflösend und sehr entspannend. Das Bad verströmt einen feinen, angenehm zitronenähnlichen Duft. Zu empfehlen ist das Melissenbad bei Nervosität, Abgespanntheit, Migräne und Menstruationsbeschwerden. Ein Eßlöffel der Ölmischung genügt schon, um dem Bad einen herrlichen Duft zu verleihen. Durch die Beifügung des Emulgators Tween 80 erreicht man eine feine Verteilung des Öls im Wasser. Ein feiner Fettfilm bleibt auf der Haut zurück, und die Körperhaut fühlt sich gesättigt und weich an.

ROSMARIN-ÖLBAD

Zutaten: 30 g Rosmarinöl
65 g reines Pflanzenöl
1 Eßlöffel Tween 80

Zubereitung: Rosmarinöl bekommt man in der Apotheke; alle drei Zutaten füllt man in eine dunkle 100 g fassende Flasche und schüttelt einmal kräftig durch.

Anwendung und Wirkung: Rosmarin gehört zu den belebenden Heilpflanzen. Das Bad in Rosmarinöl macht munter, es steigert die Durchblutung und regt den Kreislauf an. Es ist ein ideales Bad, wenn man recht müde und erschöpft ist und rasch wieder wach und beschwingt sein möchte. Es eignet sich deshalb nicht als Badezusatz vor dem Schlafengehen. Auch bei unreiner, schlecht durchbluteter Körperhaut hat das Rosmarinbad gute Wirkungen. Es belebt und glättet die Haut, es läßt Hautunreinheiten abklingen und regt die Hautdurchblutung an. Wenn man am Morgen recht lange braucht, bis man richtig wach wird, ist das Rosmarin-Ölbad ein idealer Zusatz für das Morgenbad.

ZITRONEN-BADEÖL

Zutaten: 20 g Zitronenöl
75 g reines Pflanzenöl
1 Eßlöffel Tween 80

Zubereitung: Alle Zutaten bekommt man beim Apotheker; man gibt sie in eine dunkle 100 g fassende Flasche und schüttelt einmal kräftig durch.

Anwendung und Wirkung: Das Bad in Zitronen-Badeöl wirkt wunderbar erfrischend. Es ist das ideale Bad, wenn man im Sommer müde und verschwitzt nach Hause kommt. Der kühlende, reinigende und klärende Effekt dieses schönen Bades wird einen rasch wieder frisch und munter machen. Als Variante kann man noch ein klein wenig Pfefferminzöl in die Mischung geben, Zitronen- und Pfefferminzduft passen sehr gut zusammen. Schon ein Eßlöffel der fertigen Badeölmischung genügt als Zusatz für ein erfrischendes Vollbad. Ein wenig Öl im Badewasser verhindert das Austrocknen der Haut; man kann deshalb auch anderen Bädern stets ein wenig Badeöl zufügen, beispielsweise dem Salz- oder Kräuterbad.

POTPOURRI-BADEÖL

Zutaten: 1 Kaffeelöffel Zitronenöl
1 Kaffeelöffel synthetisches Apfelblütenöl
1 Kaffeelöffel Pfirsichblütenöl
1 Kaffeelöffel synthetisches Rosenöl
80 g reines Pflanzenöl
1 Eßlöffel Tween 80

Zubereitung: Zitronenöl bekommt man in der Apotheke, synthetische Blütenöle in Boutiquen. Wenn man statt der angegebenen Duftöle andere Mischungen bevorzugt, kann man sie nach Belieben austauschen. Es eignen sich beispielsweise Mischungen mit Lavendel und grünem Gras, Fleur de Nepal und Rose, Erdbeere und Zitrone, Veilchen, Geranie und Iris. Man gibt die Zutaten in eine 100 g fassende, dunkle Glasflasche und schüttelt einmal kräftig durch.

Anwendung und Wirkung: Die bezaubernde Duftmischung von Blüten und Zitrone macht das Baden zum Genuß. Die aromatischen Blumendüfte wirken anregend und belebend, sie hinterlassen auf der Haut einen schönen Duft, und so ist dieser erfrischende Badezusatz auch für das Bad am Morgen zu empfehlen.

PARFÜM-BADEÖL

Zutaten: 1 Kaffeelöffel Parfüm
95 g reines Pflanzenöl
1 Eßlöffel Tween 80

Zubereitung: Für dieses Badeöl können Sie das eigene Parfüm nehmen. Wenn Sie stattdessen synthetische Parfümöle nehmen, rechnen Sie mit vier Kaffeelöffeln synthetischem Parfümöl auf 80 g Pflanzenöl. Beim eigenen Parfüm hängt es von der Duftqualität des Parfüms ab, ob die Zugabe von einem Kaffeelöffel ausreicht; bereiten Sie am besten die Mischung wie angegeben zu und probieren Sie aus, ob ein Eßlöffel der fertigen Mischung als Badezusatz den gewünschten Duft bringt. Auch danach kann man das Badeöl noch zusätzlich mit etwas mehr Parfüm anreichern.

Anwendung und Wirkung: Ein knapper Eßlöffel Parfüm-Badeöl ist ausreichend, um dem Bad einen wunderschönen Duft zu verleihen. Durch die Zugabe des hautfreundlichen Emulgators Tween 80 wird erreicht, daß sich das Öl im Wasser und auf der Körperhaut fein verteilt und keine unangenehmen, schwimmenden Öltröpfchen auf der Wasseroberfläche zurückbleiben. Nach dem Bad ist der Körper von einem hauchfeinen Fettfilm überzogen, und die Körperhaut fühlt sich gesättigt und weich an. Die übliche Einreibung mit duftender Körperlotion kann man sich so sparen.

PARFÜM-BADESALZ

Zutaten: 500 g Küchensalz
20 g Alkohol 70%
2 Kaffeelöffel synthetisches Parfümöl

Zubereitung: Schütten Sie das Küchensalz in eine größere Porzellanschüssel. Das Parfümöl im Alkohol lösen und nun die Flüssigkeit langsam und portionsweise mit einem Kochlöffel unter das Salz heben. Sobald alles gründlich unterrührt ist, lassen Sie die Schüssel noch eine Weile unbedeckt stehen, damit der Alkohol verdunsten kann. In eine hübsche, gut verschließbare Flasche mit breiter Öffnung abfüllen. Auch hier hat man wieder eine große Auswahl unter den synthetischen Parfümölen, um dem Badesalz einen wohligen Duft zu verleihen. Zitrone und Orange, Erdbeere und Lavendel wirken besonders erfrischend. Wenn Sie den Duft Ihres eigenen Parfüms im Badesalz bevorzugen oder auch schwere, süße Düfte wie Moschus oder Ambra oder auch eine Mischung verschiedener Wohlgerüche, so ist das ganz Ihnen überlassen.

Anwendung und Wirkung: 100 g des parfümierten Badesalzes reichen schon aus, um dem Bad einen schönen Duft zu verleihen. Wenn man Badeöl und Badesalz mit den gleichen Duftnoten zubereitet hat, kann man dem Bad noch einen Löffel Parfüm-Badeöl zufügen, das nimmt dem Salz die leicht austrocknende Wirkung und macht das Bad zum erholsamen Genuß.

Zutaten: 500 g Küchensalz
20 g Alkohol 70%
3 Kaffeelöffel synthetisches Pfirsichblütenöl
1 Kaffeelöffel Zimt

Zubereitung: Das Küchensalz in eine große Schüssel geben. Das Pfirsichblütenöl, das man in sogenannten Indiengeschäften kaufen kann, im Alkohol lösen und die Mischung portionsweise mit dem Kochlöffel unter das Salz rühren. Nun das Zimtpulver einrühren. Eine halbe Stunde offen stehen lassen und dann in eine schöne, gut verschließbare Flasche mit breiter Öffnung abfüllen.

Anwendung und Wirkung: Dieses Badesalz verbreitet einen wunderschönen Duft und ist auch als Geschenk sehr gut zu verwenden. Zimt gehört zu den klassischen Duftnoten der Parfümerie. Das Zimtpulver färbt das Badesalz leicht rosa, wodurch in Verbindung mit dem Pfirsichduft eine hübsche Duft- und Farbharmonie entsteht. Pro Bad rechnet man etwa 100 g Salz.

7. Kapitel

SCHÖNHEITSPFLEGE NACH DEM BAD

Nach Berichten aus der dermatologischen Praxis gibt es zahlreiche Hauterkrankungen, die ursächlich durch Unsauberkeit entstehen. Es gibt tatsächlich Menschen, die mehr Deodorants benützen als Wasser und Seife. Ekzeme unter den Achseln und zwischen den Zehen, Pilzerkrankungen und Schweißfüße sind nur ein Teil der Erkrankungen, die wegen mangelnder Hygiene auftreten. Es gibt aber auch das andere Extrem abnormaler Waschsucht, und Menschen, die unter dem sogenannten Waschzwang leiden, bringen es fertig, sich jeden Tag mehrmals zu baden und einige hundert Male die Hände zu waschen. In einer dermatologischen Fachzeitschrift las ich über den Krankheitsfall eines jungen Mädchens, das mehrmals am Tag in einer starken Lösung von Waschmitteln badete, weil sie in der Werbung gehört hatte, es reinige tiefenwirksam. Es hat den Anschein, daß die Körperpflege für neurotisch veranlagte Menschen eine Art Prüfstein ihres Verhaltens sich selbst gegenüber sein kann, und sowohl der Mangel an Hygiene wie übertriebene Hygiene dürften Dermatologen und Psychotherapeuten gleichermaßen interessieren.

In unserem Zeitalter der Verschmutzung wirken sich die Verunreinigungen nicht nur auf die Landschaft, die Flüsse und Meere aus. Sie schaden auch der Haut, und daher ist die regelmäßige Reinigung und Körperpflege sehr wichtig für die Gesunderhaltung der Haut. Es ist mir ein Rätsel, weshalb so viele Frauen in unserer von Giftstoffen heimgesuchten Zivilisation auch noch für ihre Körperpflege nicht ungefährliche Stoffe verwenden, das reicht vom Schaumbad über den Haarspray bis zum Familiendeo, von der chemischen Haarfarbe bis zum Intimspray. So trocknet durch fettentziehende Schaumbadezusätze vor allem die Haut an Armen und Beinen aus. Wenn man trotzdem nicht auf das Schaumbad verzichten will, sollte man wenigstens nach dem Bad etwas für die Rückfettung der Haut tun und sich mit Fettcreme einreiben. Natürlich kann man damit nicht den vorangegangenen Entzug des Hautfettes ersetzen, aber man kann die Haut vor zunehmender Sprödigkeit bewahren. Man kann außerdem das Bad im Schaum vorsorglich mit Badeöl anreichern. Schaum in der Wanne kann man übrigens auch durch fein geraspelte Seife erzeugen, die man in die trokkene Badewanne gibt und dann das heiße Wasser mit starkem Strahl darüberlaufen läßt; könnte man sich nicht vielleicht damit das Schaumbad abgewöhnen?

Natürliche Badezusätze, wie Öle, Salze oder Kräuter, sind ein wahrer Jungbrunnen für die Regeneration und die Pflege der Körperhaut, und auch nach dem Bad hat man zahlreiche Möglichkeiten, mit natürlichen Mitteln die Haut zu pflegen und zu schützen. Eine Frau ist vielleicht so alt, wie sie sich fühlt, aber objektiv auch so alt, wie sie sich anfühlt. Samtweiche, reine, zarte und geschmeidige Körperhaut und eine makellose Figur, elastische Beweglichkeit und ein hübscher Gang sind nicht nur ideale Schönheitsbegriffe, es sind auch Zeichen inneren Wohlbefindens und glaubwürdigen Selbstbewußtseins. Keine berufstätige Frau hat die Zeit, sich am Morgen im Badezimmer endlosen Schönheitsexkursen hinzugeben. Es gibt viele Frauen, die so aussehen, als widmeten sie der morgendlichen Schönheitspflege täglich einige Stunden, und selbst nach achtstündigem Arbeitstag wirken sie noch frisch und wie aus dem Ei gepellt. Bei näherer Befragung wird man aber feststellen, daß die Morgen- und Abendtoilette dieser Frauen ziemlich kurz, dafür aber gut durchdacht ist. Außerdem besteht der Schönheitsplan immer aus einer gut überlegten Kombination von Körperpflege, bewußter Ernährung, Gymnastik, Bewegung und Sport.

In den zahlreichen Leserbriefen, die ich in den letzten Jahren bekommen habe, finden sich immer wieder sehr praktische Tips von vielbeschäftigten Frauen, die gezwungen sind, ihre Zeit für die Schönheitspflege am Morgen und am Abend mit der Uhr in der Hand einzuteilen. Ich möchte Ihnen daher anschließend einen praktizierbaren Zeitplan vorstellen. Dieser Plan soll natürlich nicht sklavisch genau befolgt werden, er soll vielmehr nur eine Anregung sein, wie man eine nützliche Systematik in seine Schönheitspflege bringen kann. Damit hat man die Garantie, immer hübsch und gepflegt auszusehen und sich wohlzufühlen in seiner eigenen Haut. Man gerät nie in Panikstimmung, wenn man von einer Einladung überrascht wird, nur weil die Fingernägel nicht manikürt sind oder der Anblick der eigenen Frisur einen zur Verzweiflung bringt. Das Prinzip, die Schönheitspflege mit System zu betreiben, entspricht etwa dem perfekter Hausfrauen, die es, ohne dem Putzwahn zu verfallen, fertigbringen, einen stets gepflegten Haushalt zu präsentieren. Das Geheimnis war schon unseren Urgroßmüttern bekannt: nie alles auf einmal, sondern jeden Tag etwas anderes, montags die Wäsche, dienstags die Bügelwäsche usw. Und auch das Schönheitspflegeprogramm wird nur dann praktikabel sein, wenn es zur Selbstverständlichkeit geworden ist, daß man sich beispielsweise donnerstags die Fingernägel manikürt und freitags das Haar wäscht. Der Tag, an dem dann eine bestimmte Sache erledigt wird, spielt dabei keine Rolle, sondern nur das Prinzip, täglich einmal etwas für die Schönheitspflege zu tun, statt das gesamte Schönheitsprogramm einer Woche auf einen Abend zu verlegen.

30 Minuten für die tägliche Morgentoilette

1. Nach dem Aufstehen eine halbe Minute Bauchatmen am offenen Fenster.
2. Drei Minuten Körpermassage mit einem Rauhfaserhandschuh, um den Kreislauf anzuregen und um abgestorbene Hornzellen von der Hautoberfläche zu entfernen.
3. Fünf Minuten duschen und waschen mit Seife. Die erfrischendste Dusche beginnt man mit heißem Wasser und läßt sie mit kaltem Wasser enden.
4. Nach dem Abtrocknen den ganzen Körper mit erfrischendem Toiletteessig einreiben, die Achselhöhlen mit Talkumpuder behandeln. Zähneputzen. Dauert etwa acht Minuten.
5. Gesicht, Hals und Dekolleté mit erfrischendem Gesichts-

wasser abreiben, abtrocknen und mit leichter Massage etwas Hautcreme auftragen. Überschüssige Fettreste mit Papiertüchlein entfernen. Dauert knappe fünf Minuten.

6. Zehn Minuten Zeit für die Frisur und das Make-up.

Schönheitsplan für sieben Abende

MONTAGS: GESICHTSPFLEGE

Wenn man der Statistik glauben darf, so ist der Montag unser müdester Tag in der Woche. Beginnen Sie die Woche also antizyklisch und nicht so schlecht gelaunt, wie die Statistiker meinen. Am besten hilft Ihnen dabei eine erbauliche Schönheitsbehandlung Ihres Gesichts.

GESICHTSDAMPFBAD

Nehmen Sie zuerst ein porenöffnendes Gesichtsdampfbad, dem Sie eine Handvoll Kräuter zufügen. Zu den eröffnenden Heilpflanzen gehören Thymian, Melisse, Fenchel und Kamille. Das Schwitzen über dem heißen Gesichtsdampfbad wird Ihre Haut reinigen, die Poren klären und nebenbei heilend auf die Atemorgane einwirken. Wenn Ihnen die Methode, über dem Kochtopf zu schwitzen, zu umständlich ist, besorgen Sie sich ein elektrisches Gesichtsdampfbad, eine sogenannte Gesichtssauna. Nach dem Gesichtsdampfbad wird die Haut gut abgetrocknet.

GESICHTSMASKE

Suchen Sie sich eine für Ihren Hauttyp geeignete Gesichtsmaske aus und bereiten Sie sie zu, bevor Sie das Gesichtsdampfbad nehmen. Gleich nach dem Gesichtsdampfbad sind die Poren weich und geöffnet und aufnahmebereit für die weitere Behandlung. Ob Ihre Haut unrein und großporig, schlaff und müde, schlecht durchblutet oder trocken ist, in den ersten beiden Kapiteln dieses Buches werden Sie ganz gewiß die richtige Rezeptur für Ihr Hautproblem finden. Nachdem Sie die Maske aufgetragen haben, nehmen Sie sich eine halbe Stunde Zeit zum Ausruhen. Legen Sie die Beine hoch, wickeln Sie sich in eine warme Decke und bedecken Sie die Augen mit feuchtwarmen Kompressen oder mit Kamillenteebeuteln, die sie in nicht zu heißes Wasser getaucht haben. Nachdem Sie die Maske abgewaschen haben, spülen Sie die Haut mit viel warmem Wasser nach und trocknen sie gut ab.

AUGENBRAUEN

Störende Härchen unter den Augenbrauen kann man leicht und schmerzlos entfernen, wenn die Haut weich und warm ist. Nehmen Sie einen Vergrößerungsspiegel dazu und setzen Sie sich unter eine helle Lampe, das erspart Ihnen unnötiges Zupfen an der Haut. Straffen Sie die Hautstelle, an welcher Sie ein Härchen entfernen, leicht mit zwei Fingern, so kann die Pinzette besser greifen. Sobald Sie fertig sind, reiben Sie die leicht gereizte Haut mit Hamameliswasser ab. Das beruhigt die Haut und verhindert kleine Schwellungen, die nach dem Zupfen auftreten können.

DIENSTAGS: KÖRPERPFLEGE

Mindestens einmal in der Woche sollten Sie sich die Zeit nehmen, um den Körper gründlich zu massieren. Wenn Sie Ihren Beruf hauptsächlich in sitzendem Zustand ausüben und an Bewegungsmangel leiden, ist die Körpermassage sehr hilfreich. Sie verhindert Stauungen in den Beinen, Verkrampfungen der Rückenmuskulatur und des Rückgrats. Schwimmen, Radfahren und Gymnastik sind wirksame Mittel dagegen, und im besten Fall lassen Sie die Körpermassage den jeweiligen Bewegungsübungen oder dem Sport folgen.

Vor der Massage sollten Sie zuerst ein entspannendes Bad

nehmen, um die Muskulatur zu entkrampfen. Massieren Sie die Haut sanft, immer von unten nach oben, von den Füßen aufwärts bis zur Herzgegend. Gehen Sie dabei verschwenderisch mit Ihren hausgemachten Cremes und duftenden Massageölen um. Massieren Sie sich von Fuß bis Kopf mit Ihrer liebsten Creme; es wäre ein Irrtum zu glauben, Hautcremes seien nur für die Gesichtshaut zu verwenden. Es liegt zwar der Kosmetikindustrie sehr viel daran, für jeden Körperteil und für jede Hautstelle eine extra Creme an die Frau zu bringen; wenn man aber Kosmetika selbst zubereitet, ist man nicht an werbeattraktive Marktgesetze gebunden. Eine erstklassige Hautcreme aus besten natürlichen Rohstoffen kostet nicht viel, und es besteht kein Grund, warum man sie zur Körperpflege nicht verwenden sollte.

Die Massage des Rückens ist natürlich ein Problem, wenn man niemanden hat, der einem dabei hilft. Jedoch in Drogerien bekommt man für die Rückenmassage sehr praktische Massagebänder aus Pflanzenfaser zu kaufen. An den Enden des Streifens sind kleine Griffe befestigt, an denen man den Streifen sehr gut über den Rücken ziehen kann. Die tägliche Massage mit einem solchen Streifen ist sehr ratsam, wenn man unter akuten Verkrampfungen der Rückenmuskulatur zu leiden hat.

MITTWOCHS: HÄNDE UND ARME

Daß die Hände die Visitenkarte eines Menschen sind, mag ein wenig altmodisch klingen, aber es ist erstaunlich, wie viele Frauen besonderen Wert auf ihre Gesichtspflege legen, während sie die Hände ohne spezielle Aufmerksamkeit bearbeiten. Abgebissene Fingernägel und fetzige Nagelhaut, ungelenke Finger und schlecht gepflegte Haut auf dem Handrücken passen wohl nicht sehr gut zu leuchtend rot gepinselten Nägeln. Mindestens ebenso traurig wirkt die Hand einer vielbeschäftigten Hausfrau, die sich nicht die Mühe machen will, zur Hausarbeit Handschuhe anzuziehen, und die ihre spröden, rissigen Hände gerne mit dem Argument verteidigt, man könne in Gummihandschuhen nicht richtig zupacken. Man bekommt in Haushaltswarengeschäften auch hauchdünne Gummihandschuhe, sogenannte Chirurgenhandschuhe, und mit diesen lassen sich auch Hausarbeiten erledigen, für die man mehr Fingerspitzengefühl braucht.

MANIKÜRE

Bevor Sie die Hände in warmem Seifenwasser baden, feilen Sie die Form der Nägel mit einer Sandblattfeile vor. Die in warmem Wasser gut vorgeweichte Nagelhaut darf niemals abgeschnitten werden, sie wuchert sonst um so stärker nach. Tragen Sie mit einem Wattestäbchen Nagelhautentferner auf, und schieben Sie die Nagelhaut mit einem Orangenholzstäbchen zurück. Wenn man keinen Nagelhautentferner hat, kann man stattdessen ebensogut Milchsäure nehmen, die man in jeder Apotheke kaufen kann. Milchsäure ist leicht hornlösend, und die sirupartige Flüssigkeit läßt sich einfach auftragen.

Nachdem die Nagelhaut zurückgeschoben ist, feilt man die Nägel mit der Saphirfeile endgültig in Form und massiert die Hand gründlich mit Olivenöl oder Hautcreme ein. Farbigen Nagellack sollte man niemals ohne Unterlack auftragen, um damit das Anfärben der Fingernägel zu verhindern.

Nach der wöchentlichen Maniküre schenken Sie auch Ihren Armen und Achseln ein wenig Aufmerksamkeit. Reiben Sie die Ellbogen mit Körperöl ein; wenn die Haut an den Ellbogen dunkel und rauh ist, reiben Sie die Haut mit einer Zitronenhälfte ab. Entfernen Sie auch das Haar unter den Achseln, und massieren Sie die empfindliche Haut unter der Achsel mit Körperöl, Hautcreme oder Talkumpuder. Es ist ja wohl ein Streitpunkt, ob das schweißauffangende Haar in der Achselhöhle überhaupt entfernt werden soll. Für die Schweißbildung an sich spielt es keine Rolle, ob man Haar unter den Achseln hat oder nicht. Der austretende Schweiß wird vom Haar zwar aufgefangen, aber er wird auch von Stoff aufgesaugt. Schweißhemmend wirkt auch der Talkumpuder, der die Haut gleichzeitig schützt und pflegt. Die weitverbreitete Meinung, wildwucherndes Haar unter den Armen sei rassig und sexy, kann ich nicht teilen, wenn auch mit der Einschränkung, daß Männern das Achselhaar wohl wesentlich besser steht als Frauen.

DONNERSTAGS: FUSSPFLEGE

Man muß immer einen kühlen Kopf und warme Füße haben, sagte der japanische Guru Okada. Das klingt ziemlich simpel, aber überlegen Sie einmal, wie oft man kalte Füße und einen warmen Kopf hat! Unsere Füße wollen nicht nur warm und gut beschuht, sondern auch gut gepflegt sein, und wenigstens einmal in der Woche sollte man die Zehennägel kürzen, die Hornhaut entfernen und die Füße und Beine massieren.

FUSSBÄDER

Während Sie in der Badewanne sitzen, können Sie schon etwas für die Fußpflege tun. Bürsten Sie die Nägel und Zehen unter Wasser kräftig mit einer Bürste, das erweicht und reinigt die Haut, und nach dem Bad sind Ihre Füße gut auf die Pediküre vorbereitet. Wenn Sie ein Fußbad bevorzugen, fügen Sie dem heißen Wasser eine Tasse Meersalz oder ein paar Tropfen Melissenöl, Rosmarinöl oder Kampferöl zu oder ein wenig Senfpulver, wenn Ihre Füße sehr kalt sind und ein Schnupfen im Anzug ist. Wenn Ihre Füße sehr müde und überanstrengt sind, bereiten Sie ihnen ein Wechselbad à la Kneipp.

PEDIKÜRE

Ihre Zehennägel sollen genau so makellos sein wie die Fingernägel. Fangen Sie nicht erst mit der Fußpflege an, wenn man im Frühling die ersten offenen Sandalen tragen kann. Gerade im Winter, wenn die Füße mehr oder weniger luft- und lichtlos in Stiefel eingezwängt sind, brauchen sie mehr Pflege als im Sommer. Prinzipiell macht man die Pediküre genauso wie die Maniküre, nur nimmt man zum Schneiden der festen Zehennägel zuerst einen Nagelknipser, bevor man die Nägel feilt. Schneiden Sie die Nägel kurz und eckig, auf diese Weise vermeiden Sie eingewachsene Nägel. Der Hornhaut rücken Sie mit einem Bimsstein zu Leibe oder mit einer Hornhautreibe, die man in Drogerien kaufen kann. Schnippeln Sie niemals an Hühneraugen herum, man kann sie nicht selbst entfernen, und mit scharfen Messern handelt man sich höchstens Verletzungen und Infektionen ein. Wenn Ihnen Hühneraugen zu schaffen machen, gehen Sie zur Fußpflege und lassen Sie die Hühneraugen entfernen. Um die Stellen vor weiterem Druck zu bewahren, bekommen Sie dort auch schützende Polster, die man so lange auf die gefährdeten Stellen auflegt, bis die Hühneraugen ganz verschwunden sind.

Massieren Sie die Füße nach der Pediküre kräftig mit Kampferöl, das durchblutet die Haut und wärmt die Füße, außerdem ist es ein ausgezeichnetes Mittel, wenn man zu Fußschweiß neigt. Statt mit Kampferöl kann man gegen Fußschweiß auch tägliche Abreibungen mit Kampferspiritus machen. Das Rezept für seine Zubereitung finden Sie im letzten Kapitel.

FREITAGS: HAARPFLEGE

Es hängt ganz von Ihrem Haar ab, ob Sie mit einer Haarwäsche in der Woche auskommen. Aber einmal in der Woche sollte man das Haar nicht nur waschen, sondern sich für jede Haarwäsche etwas Spezielles einfallen lassen. So könnte man in einem Turnus von vier Wochen ein gutes Pflegeprogramm aufbauen, indem man beispielsweise in der einen Woche das Haar beim Friseur schneiden läßt, in der darauffolgenden Woche trägt man eine haarpflegende Packung auf, in der nächsten Woche tönt oder färbt man das Haar mit haarpflegenden Pflanzenfarben, in der folgenden Woche gönnt man dem Haar nach der Haarwäsche ein regenerierendes Kräuterbad, oder man reibt die Haarspitzen vor der Haarwäsche mit pflegendem Öl ein. Wenn man so konsequent bei der durchdachten Haarpflege bleibt, wird man ganz gewiß keine Probleme mit dem Haar kennen.

Ich habe in den folgenden Kapiteln über Haarpflege zahlreiche Rezepte für die perfekte Haarpflege zusammengestellt, und ich bin sicher, man wird sich daraus ein gutes Programm aufbauen können.

SAMSTAGS: SCHÖNHEITSBAD

Am Wochenende haben Sie Zeit, sich zu regenerieren, und dazu gehört natürlich auch ein herrlich erholsames Schönheitsbad. Nehmen Sie sich viel Zeit dazu, ein schönes Bad vorzubereiten, und suchen Sie sich unter den angegebenen Baderezepten das aus, was Ihnen am meisten Freude macht. Ihr Schönheitsbad soll nicht allein der Körperreinigung dienen, es soll Ihnen Spaß machen, und der Genuß, in einer Wanne mit duftendem Wasser zu liegen, wird Sie entspannen und erholen. Genießen Sie das Bouquet frischer Blumen- und Pflanzendüfte, die im warmen Wasser ihren herrlichen Duft entfalten. Reiben Sie den Körper nach dem Baden mit duftendem Körperöl ein, bevor Sie schlafen gehen, und Sie werden sonntags wie neugeboren aufwachen.

FEINER ROSENESSIG

Zutaten: 2 Handvoll getrocknete Rosenblütenblätter
$^1/_2$ l naturreiner Obstessig
100 g destilliertes Wasser
20 g Alkohol 70%
1 Kaffeelöffel synthetisches Rosenöl

Zubereitung: Man verwendet nur die Blätter von ungespritzten Rosen; sind die Blätter frisch, läßt man sie vor der Weiterverarbeitung ein paar Tage ausgebreitet an einem schattigen Platz trocknen. In Kräuterhandlungen bekommt man getrocknete Rosenblätter fertig zu kaufen. Man füllt die Blätter in ein gut verschließbares Glas mit breiter Öffnung und übergießt sie mit dem Obstessig. Gut verschlossen läßt man die Rosenblätter an einem warmen Platz, wenn möglich in der Sonne, 14 Tage lang durchziehen. Danach seiht man die Flüssigkeit ab und filtert sie durch Kaffeefilterpapier klar. Mit dem destillierten Wasser aufgießen. Das Rosenöl im Alkohol lösen und dazugeben. In eine hübsche Flasche abfüllen und einmal gut schütteln.

Anwendung und Wirkung: Nach dem Bad ist dieser wundervoll duftende Rosenessig ideal zum Abreiben des ganzen Körpers. Er löst Kalkschleier von der Haut und hilft, den Säuremantel der Haut nach dem Bad rasch zu regenerieren. Der Rosenessig wirkt auch mild desinfizierend und desodorierend und ist deshalb für die morgendliche Körperpflege wie geschaffen.

ERFRISCHENDER ZITRONENESSIG

Zutaten: Schale von 1 Zitrone
$^1/_2$ l naturreiner Weinessig
20 g Alkohol 70%
1 Kaffeelöffel Zitronenöl
100 g Rosenwasser

Zubereitung: Die ungespritzte Zitrone gründlich waschen und die Schale hauchdünn abschälen. In eine Flasche mit breiter Öffnung geben und mit Weinessig übergießen. Gut verschlossen 14 Tage an die Sonne oder an einen warmen Platz im Haus stellen. Danach wird der aromatische Zitronenessig abgegossen und mit dem Rosenwasser aufgefüllt. Das Zitronenöl im Alkohol lösen und dazugeben. In eine hübsche Flasche abfüllen und einmal kräftig durchschütteln.

Anwendung und Wirkung: Erfrischend und adstringierend wirkt die Abreibung mit dem duftenden Zitronenessig nach dem Bad oder nach der Dusche am Morgen. Zitronenessig hilft, den natürlichen Hautsäuremantel rasch zu regenerieren, er wirkt leicht desinfizierend und desodorierend, und die gründlichen Abreibungen mit dem duftenden Körperessig sind ein ideales Pflegemittel für die tägliche Hautpflege.

Zutaten: 1 Kaffeelöffel Rosmarin
1 Kaffeelöffel Zitronenmelisse
1 Kaffeelöffel Thymian
Schale von 1 Zitrone
$^1/_2$ l naturreiner Weinessig
100 g Hamameliswasser
20 g Alkohol 70%
5 Tropfen Pfefferminzöl

Zubereitung: Die getrockneten Kräuter sowie die fein abgeschälte Zitronenschale einer ungespritzten Zitrone gibt man in eine Flasche mit breiter Öffnung und übergießt sie mit dem Weinessig. Gut verschlossen 14 Tage an die Sonne oder an einen warmen Platz im Haus stellen. Dann seiht man den duftenden Kräuteressig durch ein Küchensieb und filtert ihn durch Kaffeefilterpapier klar. Mit dem Hamameliswasser aufgießen. Das Pfefferminzöl im Alkohol lösen und dazugeben. In eine hübsche Flasche abfüllen und einmal tüchtig durchschütteln.

Anwendung und Wirkung: Dieser herb nach Kräutern und Pfefferminze duftende Essig wirkt ungemein erfrischend und belebend. Durch seine kühlende, durchblutungssteigernde und leicht antiseptische Wirkung eignet er sich vor allem zur täglichen Abreibung müder Beine und Füße. Wenn man seinen Beruf hauptsächlich im Stehen ausübt, sollte man die Füße und Beine jeden Morgen und jeden Abend mit dem Kräuteressig massieren; damit vermeidet man die rasche Ermüdung der Beine und Blutstauungen in den Beinen.

PARFÜM-KÖRPERÖL

Zutaten: $^1/_2$ Kaffeelöffel Lanolin
1 Kaffeelöffel Kakaobutter
20 g Avocadoöl
20 g Erdnußöl
50 g süßes Mandelöl
2 Kaffeelöffel synthetisches Parfümöl

Zubereitung: Auf dem kochenden Wasserbad Lanolin und Kakaobutter schmelzen, und sobald die beiden Zutaten geschmolzen sind, die Öle dazugeben. Erwärmen, bis die Fettschmelze klar ist. Vom Feuer nehmen und mit einem Kochlöffel umrühren. Abkühlen lassen und das Parfümöl einrühren. Wenn man statt eines synthetischen Parfümöls das eigene Parfüm nimmt, hängt es von der Intensität des Parfüms ab, wieviel man zugeben muß. Am besten probiert man es deshalb tropfenweise, bis die richtige Duftmischung zustande gekommen ist. Bei synthetischem Parfümöl eignen sich Duftnoten wie Patschuli, Rose, grüner Apfel, Irisches Moos, Apfelblüte oder Aprikosenblüte, Hyazinthe, Pfefferminz, Nelke und Iris. All diese Duftöle bekommt man in Indiengeschäften und teilweise auch in Apotheken.

Anwendung und Wirkung: Das duftende Körperöl ist eine wunderbare Körperlotion zum Einreiben nach dem Bad. Man gibt ein wenig Öl in die Hände und massiert damit den Körper. Das Öl verbindet sich rasch mit dem natürlichen Hautfett, ohne einen klebrigen Film auf der Haut zu hinterlassen. Der feine Duft des Parfümöls entwickelt sich durch die Körperwärme und bleibt den ganzen Tag über erhalten.

KÖRPERÖL-BOUQUET

Zutaten: 10 g Johanniskrautöl
10 g Sesamöl
20 g Avocadoöl
50 g Weizenkeimöl
1 bis 2 Kaffeelöffel synthetisches Parfümöl

Zubereitung: Man füllt alle Öle in eine dunkle Apothekerflasche und gibt das Parfümöl dazu. Wenn man kein synthetisches Parfümöl nehmen will, eignen sich auch echte ätherische Öle, wie Pfefferminze, Lavendel, Melisse oder Rosmarin. Bei diesen Ölen nimmt man jedoch wesentlich weniger als bei synthetischen Ölen; so genügen bei Pfefferminze schon ein paar Tröpfchen, um dem Öl einen angenehmen Pfefferminzduft zu geben. Am besten ist es deshalb, Sie parfümieren das Körperöl tropfenweise mit Parfümöl, um selbst die Intensität des Duftes zu bestimmen.

Anwendung und Wirkung: Nach dem Bad verreibt man ein paar Tropfen des kostbaren Ölgemischs in den warmen Händen und massiert damit den Körper. Die wertvolle Pflanzenölkombination ist reich an ungesättigten Fettsäuren und Vitaminen. Sie ist ein ideales Körperpflegemittel, insbesondere für die Massage trockener, spröder und schlecht durchbluteter Körperhaut.

ROSEN-ÖL

Zutaten: 100 g süßes Mandelöl
1 Kaffeelöffel synthetisches Rosenöl

Zubereitung: Beide Zutaten in ein dunkles Apothekerglas geben und gut durchschütteln. Wenn man statt Rosen einen anderen Duft bevorzugt, kann man jedes andere synthetische Öl nehmen. Es eignen sich grüner Apfel, Fleur de Nepal oder Jasmin. Verwendet man statt synthetischer Öle naturreine ätherische Öle, genügen als Zugabe schon ein paar Tropfen.

Anwendung und Wirkung: Dieses schnell herzustellende Massageöl kann man sehr gut zur täglichen Körperpflege gebrauchen. Nach dem Bad verreibt man ein wenig davon in den Händen und massiert damit den ganzen Körper. Vor dem Schlafengehen ist die Massage mit dem duftenden Rosenöl besonders zu empfehlen, das Öl kann so über Nacht gut einwirken. Am Morgen fühlt sich die Haut glatt und weich an.

Auf die Frage, welche Nachthemden sie trüge, antwortete die Schauspielerin Marylin Monroe mit dem berühmt gewordenen Satz: „Einen Tropfen Parfüm hinterm Ohr.“ Die Aromatherapeuten müssen ihre Freude an dieser hübschen Auskunft haben, denn man hat auch wissenschaftlich nachweisen können, daß uns der bezaubernde Duft von Parfüm zu angenehmem Schlaf und süßen Träumen verhilft.

DUFTENDES MASSAGEÖL

Zutaten: 50 g Erdnußöl
50 g Traubenkernöl
50 g Distelöl
10 g Lanolin anhydrid (1 gehäufter Kaffeelöffel)
2 Kaffeelöffel synthetisches Parfümöl

Zubereitung: Auf dem kochenden Wasserbad wird das Lanolin geschmolzen. Nun gibt man alle Öle dazu und erwärmt die Mischung leicht. Mit dem Kochlöffel umrühren und, sobald eine schöne klare Fettschmelze entstanden ist, vom Feuer nehmen. Abkühlen lassen und mit Parfümöl parfümieren. Auch hier gilt wieder die Regel, daß man von echten ätherischen Ölen nur ein paar Tropfen zur Parfümierung braucht, während man von synthetischen Ölen mit etwa zwei bis drei Kaffeelöffel rechnen kann. Am besten wird das Massageöl tropfenweise parfümiert, bis die Mischung ideal ist.

Anwendung und Wirkung: Die Öle dieser Mischung sind besonders leichtflüssig und gut verstreichbar. Das Massageöl eignet sich deshalb besonders zur Hautpflege, denn auch durch die Zugabe von reinem Lanolin wird vor allem die trockene Körperhaut gepflegt und geschmeidig. Falls Sie sich bei einem Masseur regelmäßig massieren lassen, nehmen Sie die Flasche duftenden Massageöls mit in die Behandlung. Es werden bei der Massage normalerweise recht einfache Mineralölmischungen verwendet, mit denen sich zwar die Haut gut massieren läßt, die aber für die eigentliche Hautpflege weniger gut geeignet sind.

Zutaten: 2 Tassen Talkum
$^1/_2$ Kaffeelöffel Lanolin
$^1/_2$ Kaffeelöffel Weizenkeimöl
1 Kaffeelöffel Alkohol 70%
$^1/_2$ Kaffeelöffel Parfümöl

Zubereitung: Lanolin, Weizenkeimöl und Alkohol im hohen Plastiktopf auf dem kochenden Wasserbad schmelzen lassen. Sobald eine klare Fettschmelze entstanden ist, auf die Seite stellen und abkühlen lassen. Parfüm oder Parfümöl zugeben und gründlich mit dem Kochlöffel verrühren. Nun geben Sie die zwei Tassen Talkumpuder in den Elektromixer. Verschließen und kurz auf kleinster, dann auf Mittelstufe laufen lassen. Während der Talkumpuder im Mixer kreist, nehmen Sie den kleinen Innenverschluß aus dem Deckel des Mixers und geben tropfenweise die abgekühlte Fettmischung hinein. Sobald alles dazugegeben ist, schließen Sie den kleinen Innenverschluß und lassen alles noch einmal auf höchster Stufe laufen. Durch ein Küchensieb schütteln und in eine schöne Dose abfüllen.

Anwendung und Wirkung: Dieser wundervoll duftende, fetthaltige Puder ist ganz ideal für die Körperpflege geeignet. Er läßt sich sehr schön auf der Haut verteilen und einmassieren und verbreitet, bedingt durch die Hautwärme, einen sehr belebenden Duft; auch nimmt er Schweiß von der Haut auf. Bei regelmäßiger Anwendung wird man merken, wie die Haut spürbar glatt und zart wird. Er ist ein wahrer „Luxuspuder“, und wenn man an seine Anwendung gewöhnt ist, wird man ihn immer wieder gerne zubereiten. Man kann für Body Smooth im Handel keinen Ersatz finden, und wenn man ihn passend zum eigenen Parfüm haben will, bereitet man ihn damit zu.

PFIRSICHBLÜTEN-KÖRPERPUDER

Zutaten: 30 g Talkum
10 g Bolus alba
5 g Zinkoxyd
8 Tropfen synthetisches Pfirsichblütenöl

Zubereitung: Die ersten drei Zutaten bekommen Sie in der Apotheke; vermischen Sie die drei Pulver in einem verschließbaren Gefäß und träufeln Sie das Parfümöl darüber. Die Mischung kräftig durchschütteln und dann den duftenden Puder durch ein Küchensieb schütteln. In eine schöne Puderdose abfüllen. Statt Pfirsichblüten können Sie auch eine andere Duftnote unter den synthetischen Parfümölen nehmen, beispielsweise Patschuli, Chypre, Rose, Jasmin oder grüner Apfel. Es hängt von der Intensität des Duftes ab, wieviel Parfüm Sie untermischen; fügen Sie deshalb das duftende Öl stets tropfenweise dazu, schütteln Sie den Puder und kontrollieren Sie so nach jeder Parfümzugabe die Duftmischung.

Anwendung und Wirkung: Die Zutaten dieses Körperpuders ergeben eine hochwertige Mischung, die sich zur täglichen Körperpflege bestens eignet. Füllen Sie den Körperpuder in eine hübsche, verschließbare Dose. Besorgen Sie sich in der Parfümerie eine duftige Puderquaste, mit welcher Sie den Puder gut verteilt auftragen können; oder verwenden Sie zum Auftragen einen großen Wattebausch. Stellen Sie Ihre Badeöle oder Badesalze möglichst in der gleichen Duftmischung zusammen wie den Körperpuder und das Massageöl, sonst bekommen Sie einen unerfreulichen „Duftsalat“!

DESODORIERENDER PUDER

Zutaten: 1/2 Tasse Talkumpuder
1/2 Tasse Weizenstärke
1 Teelöffel Alaun
1/2 Teelöffel Pfefferminzöl
1 Teelöffel Alkohol 70%

Zubereitung: Besonders schön wird dieser herrlich erfrischende Körperpuder, wenn man ihn im Elektromixer zubereitet. Aber es geht auch in einem großen Glas, das sich gut durchschütteln läßt. Man gibt die ersten drei pulvrigen Zutaten in den Elektromixer und läßt sie darin gut verschlossen auf kleinster Stufe laufen, so daß sich alle Pulver gut vermischen. Nun löst man das Pfefferminzöl im Alkohol, öffnet den kleinen Innendeckel des Mixers und gibt die Flüssigkeit tropfenweise hinein, während die Mischung auf kleinster Stufe läuft, bis sich alles gut vermischt hat. Durch ein Küchensieb schütteln und in eine hübsche Puderdose abfüllen. Wenn man den Pfefferminzduft weniger schätzt, kann man alternativ auch das eigene Parfüm nehmen oder auch synthetische Parfümöle. Der Vorteil von Pfefferminzöl besteht jedoch darin, daß es ausgezeichnet desodoriert und desinfiziert.

Anwendung und Wirkung: Für die Haut unter der Achselhöhle und für die Füße eignet sich der Pfefferminzpuder ganz besonders gut. Man drückt einen Wattebausch in den Puder und tupft damit die Haut ab; überschüssige Puderreste kann man mit einem Papiertüchlein entfernen. Regelmäßig am Morgen sollte man sich mit dem erfrischenden Puder einreiben, um der Schweißbildung und -zersetzung vorzubeugen. Wenn man starke Deodorants gewöhnt ist, wird man diesen Puder gerne als milden Ersatz akzeptieren.

EAU DE PARFÜM

Zutaten: 100 g Alkohol 96%
Parfüm oder synthetisches Parfümöl

Zubereitung: Es hängt ganz von der Intensität Ihres Parfüm oder des synthetischen Parfümöls ab, das Sie verwenden, wieviel Sie davon brauchen, um die richtige Mischung Ihres Eau de Parfüm zu erreichen. Hier ist ein praktischer Vorschlag, wie Sie die beste Duftnote zusammenstellen können. Kaufen Sie sich die 100 g Alkohol in einer 150 g Apothekerflasche. Und nun geben Sie tropfenweise Ihr Parfüm oder das gewählte Parfümöl dazu. Schütteln Sie die Mischung immer wieder durch und verstreichen Sie einen Hauch davon auf dem Handrücken. Sobald der Alkohol verflogen ist, können Sie genau feststellen, ob die Mischung richtig ist. Sobald der perfekte Duft zustande gekommen ist, in einen Flakon abfüllen. Leere Flakons mit Zerstäuber bekommt man in guten Parfümerien zu kaufen.

Anwendung und Wirkung: Das Eau de Parfüm zum Selbermachen hat den großen Vorteil, daß man je nach Wunsch die Duftnote aussuchen kann, ohne von einem bestimmten Liefersortiment abhängig zu sein. Hat man beispielsweise Pfirsichblüten-Körperpuder zubereitet, soll der Duft von Pfirsich auch bei den anderen Körperpflegemitteln enthalten sein. Junge Mädchen haben gerne den Duft synthetischer Parfümöle, wie etwa Erdbeere oder Maiglöckchen, jedoch können sie das fertige Parfümöl kaum als Parfüm benutzen, dazu ist sein Duft zu schwer und zu süß. Gelöst in reinem Alkohol, wird die gewünschte Duftnote viel besser anzuwenden sein.

8. Kapitel

DIE BESTEN HAARSHAMPOOS

Ein wenig Theorie zuvor

Bei der Herstellung natürlicher Kosmetika gilt für mich das Prinzip, einen besseren Ersatz für jene Fertigprodukte zu finden, die im Handel entweder qualitätsmäßig zu minderwertig sind oder zu teuer angeboten werden, oder auch solche Mittel zu ersetzen, die mystifiziert sind, was ihre Inhaltsstoffe und deren Wirkung betrifft. Auch sollte der Arbeitsaufwand für ein hausgemachtes Naturprodukt im richtigen Verhältnis zu den Vorteilen stehen, die man im Vergleich zum Fertigprodukt hat.

Als mein erstes Buch über Naturkosmetik erschien, erhielt ich zahlreiche Leserbriefe mit der Frage, weshalb ich denn kein Rezept für seifenfreies Haarshampoo aus Kräutern gebracht hätte. Die Erklärung möchte ich hier nachholen. Natürlich seifende Pflanzenteile, wie Seifenwurzel, Quillayarinde und Panamarinde, die für Haarshampoos in Frage kämen, sind zwar schäumend und recht gut reinigend, aber ihre Reinigungswirkung beruht auf den sogenannten Saponinen – lateinisch Seifenstoffe –, und diese Seifenstoffe haben äußerst unangenehme Nebenwirkungen. Saponine werden von der Haut resorbiert, und wer sich häufig das Haar mit stark saponinhaltigen Mitteln wäscht, muß auch mit ihren toxischen Wirkungen rechnen. Der anhaltende Gebrauch wirkt hämatolytisch, das heißt, er führt zu einer Zerstörung der roten Blutkörperchen. Es gibt heute im Handel diese sogenannten Naturshampoos, auf deren Verpakkung zu lesen ist, daß sie aus Seifenwurzel und Quillayarinde hergestellt sind. Von ihrem Gebrauch muß man abraten. Außerdem liegen wissenschaftliche Arbeiten darüber vor, daß Saponine die Bindehaut der Augen reizen können und bei starker Konzentration einer Abkochung aus den genannten Seifenkräutern nicht nur eine vorübergehende Irritation, sondern auch eine bleibende Ätzung und Trübung der Augenhornhaut auftreten kann. Es besteht also wahrhaftig kein Anlaß, mit diesen gefährlichen Drogen zu arbeiten, wenngleich ihre natürliche Herkunft vielleicht dazu verlocken mag.

Ein ideales Haarwaschmittel sollte in jedem Wasser eine gute Waschwirkung aufweisen und das Haar nicht zu stark entfetten. Auch sollte das Haar nach der Wäsche gut frisierbar sein und nach dem Trocknen schön glänzen. Schädigende Nebenwirkungen dürfen weder am Haar noch an der Bindehaut der Augen auftreten. Es stellt sich nun die Frage, ob die im Handel erhältlichen Fertigprodukte all diesen Verbraucherwünschen entsprechen.

Fertigprodukte, vom Babyshampoo bis zum Luxus Creamy Rinse, werden heute durchwegs auf Detergentien aufgebaut. Von diesen Detergentien oder auch Tenside genannten waschaktiven Substanzen gibt es mehrere chemische Gruppen, die man in anionische, kationaktive, ampholytische und nichtiogene Typen einteilen kann. Es dürfte den Laien wenig interessieren, in welchen Formen die Detergentien verarbeitet werden, sondern welche Wirkung sie bei der Haarwäsche haben. In ihrer cremigen und flüssigen Konsistenz sind die Detergentienshampoos gut aufzutragen, in ihrer Schaumkraft und Reinigungsfähigkeit lassen sie nichts zu wünschen übrig, und normalerweise sind sie lange genug getestet, um auch auf die Bindehaut der Augen keine Reizwirkung auszuüben. Das wären scheinbar alles Pluspunkte, jedenfalls nach Meinung des unaufgeklärten Verbrauchers.

Aber in der Praxis ist gerade der scheinbare Vorteil der starken Reinigungskraft von Detergentien das Hauptproblem ihrer kosmetischen Anwendung. Die Detergentien haben eine zu brutal entfettende Wirkung auf Haar und Kopfhaut. Man wäscht damit zwar allen Schmutz, aber auch viel zuviel natürliches Haar- oder Hautfett ab. Dieser radikale Waschvorgang ist beim Geschirrspülen durchaus wünschenswert, nicht aber an lebendem Gewebe. Hinzu kommt, daß Detergentien auch tiefergelegene Hautpartien und selbst die Haarfollikel entfetten können. Ein anderer Nachteil besteht darin, daß Detergentienshampoos auch nach langem Spülen mit Wasser nur schwer auszuwaschen sind. Ich möchte zur Veranschaulichung ein Beispiel aus meiner Arbeit mit einer Testperson geben. Sie hatte sich das Haar mit einem gängigen Detergentienshampoo gewaschen und nach der Haarwäsche lange und gründlich mit klarem Wasser gespült. Da sie an einem Ekzem auf der Kopfhaut litt, wollte sie sich im Anschluß an die Wäsche die Kopfhaut mit Alkohol abreiben. Durch den Alkohol gelöst, begann sich nun auf der Kopfhaut erneut Schaum zu bilden, und nach längerer Massage war der ganze Kopf mit luftigem Schaum bedeckt.

Die übermäßige Waschwirkung von Detergentienshampoos kann ich Ihnen praktisch so erklären: wäscht man das Haar mit dem im Handel erhältlichen Detergentienshampoo, fühlt es sich durch die übermäßige Entfettung flockenleicht und duftig an. Die Richtwerte der Entfettung liegen bei etwa 70 Prozent. Das relativ ungeschützte Haar zieht aber nach dem Trocknen mehr Staub, Schmutz und Fett an als weniger entfettetes Haar, und auch die gesunde Kopfhaut wird als Reaktion zu stärkerer Fettproduktion neigen. Das Haar muß also häufiger gewaschen werden, weil es schneller Schmutz anzieht, und je häufiger es mit stark entfettenden Detergentien gewaschen wird, desto schlechter wird Haar und Kopfhaut reagieren. Wäscht man dagegen das Haar mit detergentienfreiem Shampoo oder mit Produkten aus Eiweiß-Fettsäure-Kondensaten, wird sich das Haar nach dem Trocknen zwar nicht so flockig anfühlen, aber es wird viel mehr Stand haben und weniger rasch nachfetten.

Stellen Sie sich einmal vor, Sie würden das Fell Ihres Hundes oder Ihrer Katze einmal oder zweimal in der Woche mit Detergentienshampoo waschen. Schon nach kurzer Zeit würden sie feststellen, daß die radikale Entfettung eine immer schnellere Verschmutzung des Felles bewirken würde. Je öfter Sie das Fell waschen, desto schneller wird es verschmutzen, weil Sie systematisch den natürlich schmutzabweisenden Fettfilm des Haares abbeizen. Zudem wird das Fell immer weniger glänzen und es können leicht Hautekzeme auftreten. Für Tierfreunde sei hier am Rande bemerkt, daß ich meine Tiere einem solchen Test natürlich nicht ausgesetzt habe; aber auch Hunde- und Katzenshampoos sind auf Detergentien aufgebaut; wenn Sie Ihren Hund oder Ihre Katze unbedingt einmal waschen müssen, nehmen Sie am besten Kernseife dazu. Je weniger man die Tiere wäscht, desto besser sorgt die Natur für die Selbstreinigung.

Hund oder Ihre Katze unbedingt einmal waschen müssen, nehmen Sie am besten Kernseife dazu. Je weniger man die Tiere wäscht, desto besser sorgt die Natur für die Selbstreinigung.

Von einem idealen Haarshampoo erwarten wir, daß es das Haar sauber wäscht, ohne seine Struktur zu verändern oder seine natürlichen Schutzbarrieren anzugreifen. Diesen Zweck erfüllt noch immer ein mildes seifenhaltiges Shampoo am besten. Detergentienshampoos haben zwar günstigere pH-Werte als seifenhaltige Shampoos, aber die Nachteile der Radikalentfettung wiegen entschieden schwerer als der bessere pH-Wert, zumal es sich hier ja um eine Wäsche handelt und nicht um ein Pflegemittel, das auf Haar und Haut verbleiben soll.

Obwohl man in der Fachliteratur wiederholt auf die Feststellung stößt, daß Seife wegen ihrer alkalischen Reaktion nicht hautfreundlich sei, ist bis heute noch nicht nachgewiesen worden, daß die kurzfristige Verschiebung des natürlichen Haut-pH-Wertes vom sauren ins basische Milieu nachteilige Wirkungen hat. Nach einer Seifenwaschung regeneriert sich der Säuremantel der Haut bereits nach 20 bis 30 Minuten. Interessanterweise konnten die amerikanischen Dermatologen Edwards und Emery nachweisen, daß auch bei mehrstündigem Hautkontakt mit pH-Werten von 8,8 bis 10, also stark basischen Werten, keine Schädigung der Haut zu beobachten war.

Meine liebsten Shampoos, deren Rezepte Sie im Anschluß finden, basieren auf weißer Schmierseife, und ich habe mit diesen einfachen Shampoos lange und gute Erfahrungen gemacht. Die hausgemachten Shampoos entfetten nur mild, sie riechen gut, machen das Haar glänzend, gut frisierbar und besser haltbar und sind außerdem noch billig.

Die perfekte Haarwäsche

Von Natur aus ist jedes Haar schön und glänzend. Unser Organismus ist so beschaffen, daß er dem Haar natürlichen Schutz bietet, etwa durch das sogenannte Sebum, eine fettige Substanz, die das Haar gegen äußere Einflüsse schützt. Vor allem durch falsche Ernährung, durch Krankheit und falsche Haarpflege wird das Haar schuppig, glanzlos und fett. Obwohl die moderne Haarpflegeindustrie heute scheinbar alles bietet, um das Haar der Frauen noch schöner und glanzvoller zu machen, bewundert unsere zivilisierte Welt das prachtvolle Haar primitiver Eingeborener, die noch nie etwas von Systempflege gehört haben. Man kann wohl sagen, daß durch Dauerwellen, Färben, elektrisches Haartrocknen, Haarspray, Detergentienshampoos und balsamische Weichmacher das Haar systematisch zugrunde gepflegt wird. Und dann dauert es recht lange, bis es sich regeneriert. Wenn das Haar schlecht ist, sollte man Dauerwellen möglichst meiden und es womöglich nur mit pflanzlichen Farben färben, die nicht in den Haarschaft eindringen können.

Das verwendete Haarshampoo soll das Haar mild und schonend waschen. Wirkstoffe, wie Ei, Bier, Kräuter oder Lezithin, in ein Haarshampoo einzuarbeiten, dient der eigentlichen Haarpflege kaum, denn nur eine längere Einwirkungszeit dieser Mittel kann für das Haar wirkungsvoll sein. Da die Shampoos sofort wieder gründlich aus dem Haar gespült werden, muß man eine andere Methode finden, um mit diesen hervorragenden Naturprodukten das Haar wirklich zu pflegen. Haarshampoo zusammen mit Schmutz-, Schaum und angeblichen Wirkstoffen für längere Zeit auf dem Kopf einwirken zu lassen, war eine kosmetische Mode, die gottlob rasch wieder in Vergessenheit geraten ist. Daß Ei, Bier und Öl wirklich gut für das Haar sind, daran besteht kein Zweifel. Aber man sollte dann wirklich die natürlichen Mittel für die Haarpflege verwenden und nicht irgendeinen mysteriösen Extrakt aus dem Naturprodukt. Ich habe in den nachfolgenden Rezepten mit haarpflegenden Mitteln, wie Ei, Bier und Öl, versucht, eine Art schnelles Kurwaschsystem zu entwickeln. Die Anwendung auf dem sauber gewaschenen Haar geht rasch und problemlos vor sich, und Sie werden sehen, wie hervorragend eine echte Ei- oder Ölwäsche für das Haar ist.

Normalerweise genügt es, das Haar einmal in der Woche zu waschen und dabei die Kopfhaut sanft zu massieren, damit sie nicht unnötig strapaziert wird. Nach zwei Wäschen wird das Haar mindestens drei Minuten lang mit klarem Wasser gespült: festes Haar mit warmen Wasser, feines und fettiges Haar mit warmem bis heißem Wasser. Keine Haarwäsche ohne nachfolgende saure Spülung mit Essig oder Zitronensaft! Um Kalkschleier aus dem Haar zu entfernen und den natürlichen Säuremantel der Kopfhaut zu schützen, ist die saure Spülung unbedingt notwendig. Man setzt dem letzten Spülwasser einen Schuß naturreinen Obstessig oder Zitronensaft zu. Diese Spülungen sind ein idealer Haarbalsam, sie schützen und klären das Haar und bringen schönen Glanz und gute Frisierbarkeit. Bei Haarproblemen kann man auch Spülungen mit hausgemachtem Kräuteressig machen. Wie man diesen zubereitet, finden Sie im Kapitel 12 dieses Buches.

Wenn Sie das Haar nicht zu Hause, sondern beim Friseur waschen lassen, erkennen Sie den guten Friseur schon an der Haarwäsche. Oft wird die Kopfwäsche von Lehrlingen durchgeführt, die noch wenig geschult sind. In Frankreich und in der Schweiz gibt es den Beruf der Shampooneusen, das sind Spezialistinnen, die wissen, daß die Haltbarkeit der Frisur in erster Linie von der Haarwäsche abhängt. Je länger das Haar nach der Wäsche mit Wasser gespült wird, desto mehr können Sie Ihrer Shampooneuse vertrauen. Die bei Shampooneusen in Frankreich so beliebte kalte Dusche nach der Haarwäsche sollten Sie einmal ausprobieren; das erfrischt ungemein und durchblutet die Kopfhaut. Mein Vertrauen in seifenhaltige Shampoos verdanke ich übrigens einer französischen Shampooneuse. Ich war zunächst recht entsetzt, als sie mir das Haar mit einem großen Stück „Savon Marseille" wusch, einer schmierseifenähnlichen Seife, die sie lange und mit viel Geduld auf meinem Kopf kreisen ließ. Nachdem Sie mir das Haar lange mit sehr heißem Wasser gespült hatte, goß sie mir ohne Vorwarnung – nur mit einem undeutlich vernehmbaren „voilà" – einen Kübel eiskaltes Wasser über den Kopf und als Krönung des Ganzen einen kräftigen Schuß Essig aus der Flasche. Ich war entsetzt und fest entschlossen, das nächste Mal mein eigenes teures Cremeshampoo zum Friseur mitzunehmen und mir nicht noch einmal das Haar mit Seife und Essig waschen zu lassen. Aber meine Überraschung war wirklich groß, als mein Haar entgegen aller Befürchtungen glänzend und seidenweich aus der Trockenhaube kam. Ich brachte von dieser Frankreichreise nicht nur eine große Schachtel Savon Marseille mit nach Hause, sondern auch die Überzeugung, mir nie mehr im Leben das Haar mit Detergentien zu waschen. Ich begann systematisch nach guten Rezepten für seifenbasierte Haarshampoos zu suchen und probierte viele der alten Rezepturen aus. Das beste von allen kam wieder einmal aus Frankreich, das Shampooing française, dessen Zubereitung Sie im Anschluß finden. Die schöne Rezeptur bot mir auch die Grundlage für viele hübsche Variationen mit duftenden Zusätzen und Kräutern.

Lassen Sie Ihrem Haar Zeit, sein natürliches Gleichgewicht wieder zu finden, nachdem Sie es vielleicht über viele Jahre hinweg falsch behandelt haben. Vertrauen Sie auf die einfachen Mittel, die man schon seit jeher für die Schönheitspflege des Haares schätzt. Bleiben Sie diesen Mitteln wirklich treu, auch wenn sich in der ersten Zeit der natürlichen Haarpflege vielleicht bei allzu strapaziertem Haar keine Wunder einstellen. Das Wunder mit Ihrem Haar geschieht nur dann, wenn Sie wirklich etwas dafür tun.

SHAMPOOING FRANÇAISE

Zutaten: 50 g weiße Schmierseife (Silberseife)
$^3/_4$ l destilliertes Wasser
10 g Pottasche
50 g Vanilletinktur

Zubereitung: Alle Zutaten bekommt man in der Apotheke. In einem hochrandigen Topf bringt man das Wasser zum Kochen, gibt die Schmierseife dazu, und sobald sie sich gelöst hat, rührt man die Pottasche ein. Das Gemisch 30 Minuten lang kochen lassen, wodurch sich die Seifenlösung auf einen halben Liter reduziert. Vom Feuer nehmen, abkühlen lassen und die Vanilletinktur zufügen. Umrühren, in formschöne Flasche abfüllen und einmal kräftig schütteln.

Anwendung und Wirkung: Das Vanille-Shampoo ist nahezu unbegrenzt haltbar, man kann daher auch die doppelte Menge der Zutaten für größeren Bedarf machen. Dieses ergiebige Shampoo ist sehr sparsam in der Verwendung. Nach der Haarwäsche lange mit klarem Wasser spülen und mit verdünntem Obstessig oder verdünntem Zitronensaft oder Kräuteressig nachspülen. Die saure Spülung ist praktisch ein Bestandteil dieser Rezeptur, denn man verhindert damit, daß sich nach der Haarwäsche wasserunlösliche Kalk- und Seifenrückstände auf Haar und Kopfhaut bilden. Die letzte saure Spülung gibt dem Haar schönen Glanz und gute Frisierbarkeit.

DUFTENDES LAVENDELSHAMPOO

Zutaten: 1 Handvoll getrocknete Lavendelblüten
$^3/_4$ l destilliertes Wasser
50 g weiße Schmierseife (Silberseife)
10 g Pottasche
50 g Alkohol 70%
1 Kaffeelöffel Lavendelöl

Zubereitung: Das destillierte Wasser zum Kochen bringen. Die Lavendelblüten in eine Porzellanschüssel geben und mit einem Viertelliter des kochendheißen Wassers übergießen. Bedeckt drei Stunden ziehen lassen und anschließend durch ein feinmaschiges Küchensieb abseihen und die Blüten gut ausdrücken. In den restlichen halben Liter des kochenden Wassers gibt man zuerst die Schmierseife, und sobald sie sich gelöst hat, fügt man die Pottasche hinzu. 30 Minuten kochen lassen. Vom Feuer nehmen, abkühlen lassen, mit dem Lavendelauszug aufgießen. Das Lavendelöl im Alkohol lösen und dazugeben. In eine schöne Flasche abfüllen und kräftig durchschütteln.

Anwendung und Wirkung: Das duftende Lavendelshampoo wirkt besonders erfrischend und durchblutungssteigernd auf die Kopfhaut. Wie das Shampooing française ist auch das duftende Lavendelshampoo leicht aufzutragen und abzuwaschen. Es verleiht dem Haar herrlichen Glanz und duftende Frische. Nach dem gründlichen Spülen mit klarem Wasser muß eine saure Spülung mit verdünntem Obstessig oder verdünntem Zitronensaft folgen, um alle Kalk- und Seifenrückstände aus dem Haar zu entfernen. Trotzdem wird der angenehme Lavendelduft nicht aus dem Haar verfliegen.

ZITRONENSHAMPOO FÜR BLONDES HAAR

Zutaten: Schale von 2 ungespritzten Zitronen
$^3/_4$ l destilliertes Wasser
50 g weiße Schmierseife (Silberseife)
10 g Pottasche
50 g Alkohol 70%
2 Kaffeelöffel Zitronenöl

Zubereitung: Zuerst die beiden Zitronen unter heißem Wasser waschen und die Schalen hauchfein abschälen. Das Wasser zum Kochen bringen. Mit einem Viertelliter des kochenden Wassers die Zitronenschale übergießen und 20 Minuten bei bedecktem Topf ganz schwach sieden lassen. Danach die goldgelbe Flüssigkeit durch ein Küchensieb abseihen. In das restliche kochende Wasser gibt man die Schmierseife, und sobald sie sich gelöst hat, fügt man die Pottasche hinzu. Alles 30 Minuten kochen lassen, wodurch sich die Seifenlösung auf ein Viertelliter reduziert. Vom Feuer nehmen und mit der Zitronenabkochung vermischen. Abkühlen lassen. Das Zitronenöl in Alkohol auflösen und dem abgekühlten Shampoo beifügen. In eine hübsche Flasche abfüllen und einmal kräftig durchschütteln.

Anwendung und Wirkung: Das mandarinenfarbige Zitronenshampoo verbreitet einen herrlichen Duft, und das Kopfwaschen damit ist eine wahre Freude. Nachdem das Haar nach der zweiten Wäsche gründlich gespült ist, läßt man die saure Spülung mit verdünntem Zitronensaft oder Zitronenessig folgen, um alle Kalkschleier vom Haar zu lösen. So bekommt das Haar duftende Frische und wunderschönen Glanz.

ERFRISCHENDES PFEFFERMINZSHAMPOO

Zutaten: 1 Handvoll Pfefferminzblätter
$^{3}/_{4}$ l destilliertes Wasser
50 g weiße Schmierseife (Silberseife)
10 g Pottasche
50 g Alkohol 70%
$^{1}/_{2}$ Kaffeelöffel Pfefferminzöl

Zubereitung: Bringen Sie das destillierte Wasser zum Kochen und übergießen Sie mit einem Viertelliter davon die Pfefferminzblätter, die Sie in eine kleine Porzellanschüssel gelegt haben. Bedecken und drei Stunden durchziehen lassen. Im restlichen halben Liter kochenden Wassers lösen Sie zuerst die Schmierseife und fügen dann die Pottasche hinzu. 30 Minuten kochen lassen. Vom Feuer nehmen und etwas abkühlen lassen. Den Pfefferminzabsud seihen Sie durch ein feinmaschiges Küchensieb in die Seifenlösung und drücken die Blätter gut aus. Nun lösen Sie das Pfefferminzöl in Alkohol und geben die Parfümierung dazu. In eine hübsche Flasche abfüllen und einmal durchschütteln.

Anwendung und Wirkung: Das Pfefferminzshampoo könnte man auch als Sommershampoo bezeichnen, denn es wirkt beim Haarewaschen erfrischend und angenehm kühlend. Wegen seiner schonend desinfizierenden Wirkung trägt das Pfefferminzöl aktiv zur Haarwäsche bei. Nach dem Haarewaschen spürt man eine sehr angenehme Durchblutung der Kopfhaut. Auch nach der Pfefferminzwäsche wird das Haar mit verdünntem Obstessig, Pfefferminzessig oder verdünntem Zitronensaft gespült, der schöne frische Pfefferminzduft bleibt hierbei im Haar zurück.

Zutaten: 1 Handvoll getrocknete Rosenblütenblätter
$^3/_4$ l destilliertes Wasser
50 g weiße Schmierseife (Silberseife)
10 g Pottasche
50 g Alkohol 70%
2 Kaffeelöffel synthetisches Rosenöl

Zubereitung: Getrocknete Rosenblütenblätter bekommt man in Kräuterhandlungen zu kaufen. Frische Rosenblätter läßt man einige Tage ausgebreitet an einem schattigen Platz trocknen, bevor man sie weiterverwendet. Man bringt das destillierte Wasser zum Kochen und übergießt mit einem Viertelliter davon die Rosenblätter, die man in eine kleine Porzellanschüssel gelegt hat. Bedecken und drei Stunden lang ziehen lassen. Danach wird das Rosenwasser durch ein feinmaschiges Küchensieb abgeseiht und die Blätter gut ausgedrückt. Im restlichen halben Liter kochenden Wasser löst man zuerst die Schmierseife, gibt die Pottasche dazu und läßt alles 30 Minuten kochen. Vom Feuer nehmen, abkühlen lassen und das Rosenwasser zufügen. Das Rosenöl im Alkohol lösen und untermischen. In eine formschöne Flasche abfüllen und einmal durchschütteln.

Anwendung und Wirkung: Vom lieblichen Rosenduft im Haar schwärmten früher die jungen Mädchen, und ich glaube, daran hat sich bis heute nichts geändert, wenn der Duft so angenehm ist wie der dieses schönen Rosenshampoos. Mit Rosenduft läßt sich auch Körperpuder und Eau de Toilette verfeinern, wodurch man ein hübsches Duftset statt einer unangenehmen Duftmixtur aus verschiedensten Produkten erhält. Wenn man weniger für Rosenduft schwärmt, kann man bei der gleichen Zubereitungsart auch Veilchenöl, Apfelblütenöl oder Geraniumöl nehmen. Die synthetischen Öle bekommt man in sogenannten Indiengeschäften zu kaufen, synthetisches Rosenöl gib es in der Apotheke. Nach der Rosenwäsche wird das Haar gründlich mit klarem Wasser gespült und mit verdünntem Obstessig oder verdünntem Zitronensaft geklärt. So bekommt es einen schönen Glanz und gute Frisierbarkeit.

ROTES SANDELHOLZSHAMPOO FÜR ROTES HAAR

Zutaten: 2 Handvoll rotes Sandelholz
$^{3}/_{4}$ l destilliertes Wasser
50 g weiße Schmierseife (Silberseife)
10 g Pottasche
50 g Vanilletinktur

Zubereitung: Das rote Sandelholz bekommt man in kleinen Stückchen in Kräuterhandlungen oder Apotheken zu kaufen. Um eine farbige Abkochung daraus zu machen, nimmt man einen hochrandigen Stahltopf oder feuerfesten Porzellantopf, denn die Farbe wird von Emaille angenommen. In einem Viertelliter Wasser läßt man die Holzstückchen zehn Minuten lang bedeckt sieden. Die Abkochung auf die Seite stellen und eine weitere Stunde bedeckt durchziehen lassen. Dann durch ein feinmaschiges Küchensieb seihen. Den restlichen halben Liter Wasser zum Kochen bringen, die Schmierseife darin lösen und die Pottasche zugeben. 30 Minuten lang kochen lassen. Vom Feuer nehmen und das rote Sandelholzwasser dazugeben. Abkühlen lassen und die Vanilletinktur zufügen. In eine schöne Flasche abfüllen und einmal durchschütteln.

Anwendung und Wirkung: Das rote Sandelholz ersetzt zwar keine Haartönung, aber es unterstützt bei der Haarwäsche die natürliche Farbe bei rotem und braunrotem Haar. Der gute Duft von Vanille macht die Haarwäsche besonders angenehm. Auch nach dieser Wäsche muß das Haar abschließend mit klarem Wasser mit verdünntem Obstessig oder verdünntem Zitronensaft klargespült werden.

INDIVIDUELLES PARFÜMSHAMPOO

Zutaten: $^{3}/_{4}$ l destilliertes Wasser
50 g weiße Schmierseife (Silberseife)
10 g Pottasche
50 g Alkohol 70%
zirka 1 Kaffeelöffel Parfüm

Zubereitung: Das destillierte Wasser zum Kochen bringen, die Schmierseife darin lösen und dann die Pottasche zugeben. 30 Minuten lang kochen lassen, wobei sich die Seifenlösung auf einen halben Liter reduziert. Vom Feuer nehmen und abkühlen lassen.

Nun hängt es von der Intensität Ihres Lieblingsparfüms ab, wieviel davon Sie im Alkohol lösen müssen, um das Shampoo richtig damit zu parfümieren. Ich habe bei diesem Rezept 1 Kaffeelöffel Saint Laurent „Y" verwendet, das war genug, um den Seifengeruch zu überdecken, aber nicht so viel, daß das Parfüm beim Haarewaschen die Bindehaut der Augen reizen konnte. Wenn Sie nicht sicher sind, nehmen Sie zuerst nur einen kleinen Teil des Alkohols, lösen Sie etwas Parfüm darin und geben Sie die Mischung unter das Shampoo. Wenn der Duft zu schwach ist, dann lösen Sie erneut etwas Parfüm im Alkohol und fahren Sie fort, bis die perfekte Mischung zustande gekommen ist.

Statt Parfüm kann man ebensogut billigere synthetische Duftöle nehmen, die man in Indiengeschäfte kaufen kann. Es eignet sich Apfelblüte, Chypre, Patschuli, Irisches Moos, grüner Apfel, Bergamott oder Veilchen. 1 Kaffeelöffel ist erfahrungsgemäß dabei nicht ausreichend, um das Shampoo zu parfümieren, bei den meisten synthetischen Duftnoten braucht man 2 Kaffeelöffel, das entspricht etwa dem Inhalt der kleinen Fläschchen.

Anwendung und Wirkung: Shampoos mit dem Duft des eigenen Parfüms sind meistens sehr teuer, so daß man mit dem einen Kaffeelöffel Parfüm, den man für das hausgemachte Parfümshampoo braucht, gewiß billiger wegkommt. Es ist immer sehr reizvoll, wenn der Duft des Parfüms mit dem Duft des Haares, des Körperpuders und anderer Pflegemittel übereinstimmt. Auf diese Weise bleibt das Lieblingsparfüm besser an allen Dingen haften, und es entsteht kein unerfreuliches Duftchaos. Auch nach der sauren Spülung mit verdünntem Obstessig oder Zitronensaft bleibt der angenehme Parfümduft im Haar erhalten.

KAMILLENSHAMPOO FÜR BLONDES HAAR

Zutaten: 1 Handvoll Kamillenblüten
$^3/_4$ l destilliertes Wasser
50 g weiße Schmierseife (Silberseife)
10 g Pottasche
50 g Kamillentinktur

Zubereitung: Geben Sie die Kamillenblüten in eine Porzellanschüssel und übergießen Sie die Blüten mit einem Viertelliter des kochendheißen Wassers. Bedecken und drei Stunden lang durchziehen lassen. Durch ein feinmaschiges Küchensieb abseihen und die Blüten gut ausdrücken. Im restlichen halben Liter Wasser lösen Sie zuerst die Schmierseife und fügen dann die Pottasche zu. 30 Minuten lang kochen lassen. Vom Feuer nehmen, abkühlen lassen und mit dem Kamillenabsud vermischen. Die Kamillentinktur – die man fertig unter der Bezeichnung Kamillosan in Apotheken kaufen kann – hinzufügen. In eine Flasche abfüllen und kräftig durchschütteln.

Anwendung und Wirkung: Das Kamillenshampoo ist für blondes Haar gut geeignet. Es wäscht gründlich und schonend und wirkt dabei auch sanft desinfizierend. Kamille kann aber auch leicht reizend auf die Bindehaut der Augen wirken, und wenn man hier empfindlich ist, sollte man beim Waschen aufpassen, daß kein Shampoo in die Augen kommt.

Abschließend spült man am besten mit verdünntem Zitronensaft oder Kamillenessig nach. Das Haar ist nach der Wäsche seidig glänzend.

HENNASHAMPOO FÜR ROTES UND BRAUNROTES HAAR

Zutaten: 1 Eßlöffel rotfärbendes Hennapulver
$^3/_4$ l destilliertes Wasser
50 g weiße Schmierseife (Silberseife)
10 g Pottasche
50 g Vanilletinktur

Zubereitung: In einem Viertelliter des Wassers lassen Sie das Hennapulver zehn Minuten lang ganz schwach sieden. Anschließend seihen Sie die rote Flüssigkeit durch ein Küchensieb, das Sie mit einem dünnen Leinentüchlein ausgelegt haben. Im Rest des Wassers kochen Sie zuerst die Schmierseife auf, dann fügen Sie die Pottasche hinzu und lassen alles 30 Minuten kochen. Vom Feuer nehmen, abkühlen lassen und beide Flüssigkeiten miteinander vermischen. Die Vanilletinktur zufügen und kräftig durchschütteln.

Anwendung und Wirkung: Als Ersatz für eine Tönung ist die Wäsche mit Hennashampoo nicht anzusehen. Es hilft jedoch, die natürliche Farbgebung des Haares zu schützen und zu intensivieren. Wenn man das Shampoo zubereitet, kann man bei der Gewinnung der roten Hennaflüssigkeit ein wenig mehr Henna und Wasser nehmen, um einen Rest für eine Farbspülung nach der Haarwäsche übrig zu haben. Diese Spülung kann man mit etwas Obstessig vermischen, ins Haar massieren und ohne nachfolgende Wasserspülung einwirken lassen. Das gibt dem Haar glänzend rote Reflexe und gute Frisierbarkeit.

ROSMARINSHAMPOO FÜR BRAUNES UND SCHWARZES HAAR

Zutaten: 1 Handvoll getrockneter Rosmarin
$^3/_4$ l destilliertes Wasser
50 g weiße Schmierseife (Silberseife)
10 g Pottasche
50 g Alkohol 70%
1 Kaffeelöffel Rosmarinöl

Zubereitung: Das Wasser zum Kochen bringen. Die Rosmarinblätter in eine Porzellanschüssel legen und mit einem Viertelliter des kochenden Wassers übergießen. Bedecken und drei Stunden ziehen lassen, dann durch ein Küchensieb abseihen und die Blüten dabei gut ausdrücken. Im restlichen kochenden Wasser zuerst die Schmierseife lösen, dann die Pottasche hinzugeben und alles 30 Minuten kochen lassen. Vom Feuer nehmen, etwas abkühlen lassen und den Rosmarinabsud hinzufügen. Das Rosmarinöl im Alkohol lösen und unter die abgekühlte Seifenmischung geben. In eine Flasche abfüllen und einmal gut durchschütteln.

Anwendung und Wirkung: Das dunkle Rosmarinshampoo verbreitet einen sehr angenehmen Duft, und die Kopfwäsche damit ist ein Vergnügen. Das Rosmarinöl wirkt leicht antiseptisch und durchblutungssteigernd und nach der Haarwäsche fühlt man sich besonders gut erfrischt. Nach der letzten Wäsche mit klarem Wasser mit verdünntem Obstessig oder Rosmarinessig nachreinigen.

Kurwäsche für jedes Haar

EI-WÄSCHE

Zutaten: eines der genannten Haarshampoos
1 Eigelb
1 Schnapsgläschen Branntwein

Anwendung und Wirkung: Vermischen Sie zuerst in einer Tasse das frische Eigelb mit dem Branntwein. Das Haar zunächst einmal mit Haarshampoo waschen, spülen und leicht vortrocknen. Nun tragen Sie die Eimischung auf und lassen sie etwa 15 Minuten einwirken. Setzen Sie eine Plastikhaube auf, um die Mischung warmzuhalten. Das Haar zunächst nur mit warmem Wasser waschen und gut massieren. Noch einmal mit ein wenig Shampoo waschen, mit viel Wasser spülen und mit verdünntem Obstessig klären.

Die Ei-Wäsche gibt dem Haar herrlichen Glanz und gute Frisierbarkeit, sie macht das Haar weich und geschmeidig. Die Ei-Kur mit Branntwein gehört zu den ältesten Rezepten für die Haarpflege, in früheren Zeiten wurde das Haar sogar oft nur mit Eigelb und Branntwein gewaschen und mit Rosenwasser nachgespült.

ÖL-WÄSCHE

Zutaten: eines der genannten Haarshampoos
1 Eßlöffel Olivenöl

Anwendung und Wirkung: Nachdem das Haar einmal gewaschen und leicht vorgetrocknet ist, verteilt man das Olivenöl gleichmäßig auf Haar und Kopfhaut. Setzen Sie eine Plastikhaube auf, um das Öl warmzuhalten, das intensiviert seine gute Wirkung. Nach etwa 20 Minuten Einwirkungszeit wird das Haar gründlich gewaschen, so daß alle Ölreste verschwinden. Die Öl-Wäsche ist besonders bei trockenem Haar und spröden Spitzen zu empfehlen. Wenn das Haar durch falsche Behandlung sehr angegriffen ist, empfiehlt es sich, das Olivenöl mit einem Eigelb zu verrühren und diese Packung eine Stunde einziehen zu lassen.

BIER-WÄSCHE

Zutaten: eines der genannten Shampoos
$^1/_4$ l Bier

Anwendung und Wirkung: Das Haar wird zuerst einmal gewaschen und leicht vorgetrocknet. Nun massiert man etwa die Hälfte des Biers ins Haar und läßt es eine Viertelstunde einwirken. Das Haar erneut waschen und mit viel Wasser nachspülen. Nun verteilt man den Rest des Biers auf das Haar und kämmt es durch, damit sich das festigende Bier gut verteilen kann. Keine Sorge, daß Ihr Haar nach dem Trocknen nach Bier riecht! Der im Bier enthaltene Hopfen wirkt balsamisch auf das Haar und gibt ihm Glanz, Festigkeit und Fülle.

SCHNELLKUR BEI SPRÖDEN SPITZEN

Zutaten: 1 Eigelb
2 Eßlöffel Rizinusöl

Anwendung und Wirkung: Rühren Sie das leicht erwärmte Öl tropfenweise in das Eigelb, so daß eine glatte Mayonnaise entsteht. Das Haar nicht waschen, sondern die Mayonnaise in die trockenen Spitzen einmassieren und diese in einen Streifen Alufolie einwickeln. Nun setzt man eine Plastikhaube auf den Kopf, damit das Öl konstant warm bleibt. Einwirken lassen, so lange man Zeit dazu hat, und das Haar anschließend gründlich waschen, um alle öligen Rückstände zu entfernen. Sauer nachspülen. Die Kur eignet sich vor allem für dauerwellengeschädigtes Haar, aber auch bei spröden Spitzen, die man im Sommer leicht durch Sonne oder Salzwasser bekommt.

9. Kapitel

PFLANZLICHE HAARFARBEN, NATÜRLICHE FARBSPÜLUNGEN UND HAARFESTIGER

Pflanzliche Haarfarben

Reine Pflanzenfarben gehören zu den vollkommenen Schönheitsmitteln der Natur; die Farben passen sich ganz der persönlichen Haarfarbe an, und man erreicht mit ihnen individuelle Farbgebungen. Mit Pflanzenfarben getöntes oder gefärbtes Haar sieht niemals nach „gefärbtem Kopf“ aus. Pflanzenfarben tönen und färben das Haar und wirken gleichzeitig pflegend auf den Haarkörper ein. Diese pflegende Wirkung verdanken die Naturfarben der Tatsache, daß sie sich außen am einzelnen Haarschaft sammeln und nicht in das Innere des Haares eindringen. Im Gegensatz dazu stehen die handelsüblichen Oxydationsfarben, mit denen man zwar eine große Skala von Farbtönungen erreichen kann, als Preis dafür aber den Haarkörper schädigt. Der amerikanische Giftexperte Peter Morell schrieb in seinem Buch „Gift, Arznei und Profit“: „Chemische Haarfärbemittel führen höchstwahrscheinlich die Liste der gefährlichsten aller gebräuchlichen Kosmetika an. Anilinfarben können sehr schädlich sein für Menschen, die empfindlich darauf reagieren, und der gesundheitliche Schaden kann von so komplizierter Art sein, daß man später kaum noch auf die Haarfarbe als Ursache einer Krankheit kommt.“

Chemische Haarfarben haben den großen Nachteil, daß der Farbstoff in das Haar eindringt und somit die Haarstruktur verändert. Die Farben sind größtenteils giftig, und viele Frauen reagieren darauf mit Unverträglichkeitserscheinungen. Deshalb nehmen die natürlichen Pflanzenfarben für die Haarpflege eine Vorrangstellung ein, und in vielen weltberühmten Frisiersalons von New York bis Paris schwören die Friseure auf ihre Anwendung, unter anderem bei Carita in Paris und bei Kenneth in New York sowie bei Sassoon in London.

Die in den nachfolgenden Rezepten verwendeten Farben

können intensiv tönen oder färben. Wie die richtige Farbmischung und Einwirkungsdauer für das eigene Haar bemessen sein muß, das hängt von der natürlichen Haarfarbe und der Haarstruktur ab. Auch wird dauergewelltes und mit chemischen Farben behandeltes Haar anders reagieren als naturbelassenes Haar. Es ist deshalb empfehlenswert, den ersten Versuch mit Pflanzenfarben an einer einzelnen Haarsträhne zu machen. Schneiden Sie aus dem Deckhaar eine kleine Strähne aus und binden Sie sie zusammen. Waschen Sie die Strähne, um sie zu entfetten. Tragen Sie die Farbe auf und lassen Sie die Mischung lange genug einwirken. Die Strähne muß nach dem Abwaschen völlig trocken sein, erst am trockenen Haar sehen Sie das Ergebnis genau. Wenn Sie später die Farbe auf das Haar auftragen, achten Sie darauf, die Kopfhaut nicht mit einzufärben. Ziehen Sie dünne Gummihandschuhe an, um die Hände nicht anzufärben. Heben Sie die jeweilige Haarsträhne an und tragen Sie die Farbe mit einem breiten, weichen Pinsel auf. Das erfordert etwas Geschick und Übung. Legen Sie sich ein altes Handtuch um die Schultern, denn Pflanzenfarben färben nicht nur das Haar, sondern auch Stoffe.

Viele Frauen begehen den Fehler, das Haar aufzuhellen und die Augenbrauen dunkel zu lassen. Färben Sie unbedingt die Augenbrauen mit, wenn Sie sich das Haar tönen oder färben. Dazu nimmt man ein feines Pinselchen und trägt die Farbe gleichmäßig auf, ohne die Haut mit einzufärben.

Schönes Haar ist der Rahmen Ihres Gesichts, und die Gesamtwirkung Ihrer Erscheinung ist sehr stark abhängig vom Aussehen Ihres Haares. Einen perfekten Haarschnitt kann man bestimmt nicht zu Hause machen, dazu gehört ein ausgezeichneter Friseur. Auch Frisur und Make-up müssen harmonisch übereinstimmen. Bei natürlichen, sportlichen Frisuren muß auch das Make-up natürlich und sportlich sein. Extravagante, sehr stilisierte Frisuren und Farben dagegen brauchen ein raffiniertes Make-up, wenn das Haar der Rahmen des Gesichts sein soll und kein isoliertes Eigenleben führt. Dazu einige Tips: Ein voller, bis zu den Augenbrauen reichender Pony und streng nach hinten gekämmtes Haar verlangen nach einem intensiven Augen-Make-up, wobei ich unter intensiv nicht dick aufgetragen meine. Umrahmt Ihr Haar das Gesicht in großen Locken und Wellen, dürfen Sie am Augen-Make-up sparen, dafür kann der Mund leuchtender geschminkt sein. Besonders die Haarfarbe hat für die Auswahl der Make-up-Farben eine große Bedeutung, speziell bei der Teintgrundierung, bei Rouge und beim Lippenstift. Wenn Sie Ihr Haar färben, bleiben Sie möglichst in der Farbskala Ihres Naturtons, da er bestimmt zu Ihrer Haarfarbe am besten paßt. Je älter man ist und je weniger glatt die Haut, desto sparsamer muß man mit allen Farben umgehen, und das erfordert nicht nur beim Haarefärben, sondern auch beim Make-up guten Geschmack und Geschicklichkeit.

RHABARBER-BLONDTÖNUNG

Zutaten: 3 Handvoll Rhabarberwurzel
Saft von 1 Zitrone
1 Spritzer Pflanzenöl

Zubereitung: Die Rhabarberwurzel ist eine Heilpflanze, und man bekommt sie in Apotheken oder Kräuterhandlungen, entweder in kleinen Stücken oder auch pulverisiert. Falls Sie nur Wurzelstückchen bekommen, mahlen Sie die Wurzelteile in der elektrischen Kaffeemühle staubfein. Zitronensaft und ein wenig Pflanzenöl dazugeben. Umrühren, bis ein zäher Brei entsteht. Nun fügen Sie langsam etwas heißes Wasser hinzu und rühren immer weiter, bis Sie einen streichfähigen Brei haben. 15 Minuten ziehen lassen und erneut mit etwas heißem Wasser streichfähig machen.

Anwendung und Wirkung: Nach der ersten Haarwäsche den Brei mit einem breiten Pinsel gleichmäßig auf das Haar verteilen. Wenn Sie Strähnchen einfärben wollen, unterlegen Sie jedem Strähnchen einen schmalen Streifen Alufolie und tragen die Farbe mit dem Pinsel auf. Dann rollen Sie die Folie auf und drücken sie fest.
Um die Farbpackung warmzuhalten, setzen Sie am besten eine Plastikhaube auf und wickeln ein Frotteehandtuch um den Kopf. Die konstante Wärme ist für die bessere Einwirkung der

Farbe sehr wichtig. Wenn Sie eine Trockenhaube haben, können Sie sich auch bei lauer Wärme daruntersetzen.

Nun hängt es einerseits von Ihrer natürlichen Haarfarbe und andererseits von dem gewünschten Effekt ab, den Sie erzielen wollen, wie lange die Tönung einwirken soll. Testen Sie die Tönung unbedingt an einer Haarsträhne, vor allem dann, wenn Ihr Haar mit Oxydationsfarbe gefärbt ist, damit es keine unliebsamen Überraschungen gibt! Als Richtlinie kann man sagen, daß bei natürlich aschblondem Haar nach einer halben Stunde Einwirkungszeit eine sanft honigblonde Tönung erreicht ist. Prüfen Sie am besten ab und zu nach, wie Ihr Haar auf die Tönung reagiert. Wie intensiv die Rhabarberwurzel zu tönen vermag, zeigt schon die Tatsache, daß Farbflecke davon auf einem Frotteehandtuch selbst in der Kochwäsche nicht mehr zu entfernen waren. Sie haben es hier also mit einer richtigen Farbe zu tun, und vorsichtige Handhabung ist sehr wichtig.

Die vitamin- und stärkehaltige Rhabarberwurzel verleiht hellem Haar einen herrlichen goldenen Glanz und eine unnachahmlich natürliche Farbe. Gleichzeitig pflegt sie das Haar und führt bei regelmäßiger Anwendung zu einer schönen Aufhellung der natürlichen Haarfarbe. Ideal zum Einfärben von Strähnchen.

PFLEGENDE HENNA-ROTTÖNUNG

Zutaten: 1 Tasse rotfärbendes Hennapulver
1 Eßlöffel Pflanzenöl

Zubereitung: Je nach Haarlänge muß man die Menge des Hennapulvers berechnen, eine ganze Tasse ist ausreichend für halblanges Haar. Geben Sie das Pulver in eine Porzellanschüssel und unterrühren Sie das angewärmte Pflanzenöl, bis ein zäher Brei entsteht. Nun rühren Sie langsam so viel heißes Wasser darunter, bis die Mischung glatt und gut streichfähig ist.

Henna wirkt leicht austrocknend auf das Haar, und deshalb ist die Zubereitung ohne Öl bei schnellfettendem Haar sehr günstig. Wenn man ohnehin recht trockenes Haar hat, kann man noch etwas mehr Pflanzenöl in den Hennabrei rühren. Das setzt aber voraus, daß das Haar nach der Packung sehr lange und gründlich gewaschen werden muß, um ölige Rückstände zu entfernen.

Anwendung und Wirkung: Das Haar einmal waschen, gut frottieren und den warmen Hennabrei gleichmäßig mit einem Pinsel auf das Haar verteilen. Durchkämmen. Unter einer Plastikhaube oder Alufolie wird die Hennapackung warmgehalten, denn der Erfolg der Tönung hängt auch von der gleichmäßigen Wärme ab. Mit Henna kann man das Haar färben oder tönen, der Effekt wird von der natürlichen Haarfarbe und der Einwirkungsdauer bestimmt. Das gefürchtete Henna-Karottenrot entsteht, wenn man entweder die Färbung zu lange einwirken läßt oder wenn man blondgefärbtes Haar mit Henna behandelt. Bei richtiger Anwendung wird naturblondes Haar mit Henna tizianrot, kastanienbraunes Haar hell mahagonirot, dunkelbraunem und schwarzem Haar gibt Henna sanfte Rotreflexe. Wenn man für braunes Haar ein warmes Rotbraun wünscht, kann man das Hennapulver mit pulverisierten Walnußschalen zu gleichen Teilen vermischen. Bei Verwendung von Henna ist es ganz besonders wichtig, vor dem Auftragen der Farbe einen Test an einer Haarsträhne zu machen, damit es keine unliebsamen Überraschungen gibt.

HENNAROTE STRÄHNCHEN

Gerade weil Henna einen leicht austrocknenden Effekt auf das Haar hat, sind Hennasträhnchen günstig bei schnellfettendem Haar. Die gefärbten oder getönten Strähnchen verhindern das rasche Nachfetten des Haares, die Frisur bekommt besseren Halt.

Man bereitet die Farbe wie zuvor beschrieben zu. Im Abstand von etwa drei Zentimetern werden die Strähnchen jeweils mit einem Streifen Alufolie unterlegt und mit dem warmen Hennabrei bestrichen. Dann rollt man die Folie auf. Sobald alle Strähnchen eingepackt sind, setzt man eine wärmende Plastikhaube auf und wickelt ein Frotteetuch um den Kopf. Für intensive Wärme kann man sich auch unter die Trockenhaube setzen oder in die Sonne. Je nach gewünschter Farbintensität läßt man die Tönung einziehen, wobei es sich auch hier empfiehlt, die Reaktion des Haares vorher zu testen.

ARABISCHE HENNAFÄRBUNG

Zutaten: 1 Tasse marokkanisches Hennapulver
1 Eigelb
2 Eßlöffel Olivenöl
starker schwarzer Tee

Zubereitung: Ganz originalgetreu nach dem arabischen Rezept – das ich einer Leserin aus Bagdad verdanke – stellt man die Hennamischung einen Tag vor der Haarwäsche her und läßt sie bedeckt über Nacht ziehen. Zunächst vermischt man das Hennapulver mit dem Eigelb und dem Olivenöl und gibt nun langsam so viel starken schwarzen Tee dazu, bis der Brei gut streichfähig ist. Ist der Brei am nächsten Tag zu trocken, gießt man nochmals mit etwas schwarzem Tee auf.

Anwendung und Wirkung: Auf das frisch gewaschene und leicht vorgetrocknete Haar wird die Farbe mit einem breiten Pinsel gleichmäßig aufgetragen. Wie es in der Originalanweisung heißt, soll man nun die Packung etwa zwei Stunden in der Sonne trocknen lassen, aber diese Einwirkungsdauer ist gewiß für das schwarze Haar der arabischen Frauen gedacht, denn zwei Stunden Einwirkungszeit gibt schon eine intensive Farbe. Wärme wirkt sich bei der Hennafärbung stets sehr günstig aus, und wenn man das Haar nicht in der Sonne trocknen kann, sollte man es unter einer Plastikhaube warmhalten. Danach muß das Haar gründlich gewaschen werden, um alle öligen Rückstände zu entfernen. Die Arabische Hennafärbung gibt dem Haar herrlichen Glanz, denn durch die nährenden Beigaben wie Öl und Ei bewirkt sie gleichzeitig eine vorzügliche Haarpackung gegen trockenes und glanzloses Haar. Man kann die gleiche Rezeptur auch mit nichtfärbendem Henna machen.

WALNUSS-SCHALEN-BRAUNTÖNUNG

Zutaten: 3 Handvoll Walnußschalen
1 Spritzer Obstessig
1 Spritzer reines Pflanzenöl

Zubereitung: Die zerkleinerten Walnußschalen bekommt man in Kräuterhandlungen zu kaufen. In der elektrischen Kaffeemühle werden die Schalen staubfein gemahlen; Essig und Pflanzenöl zugeben und nun vorsichtig so viel kochendheißes Wasser zufügen, bis ein gut streichfähiger Brei entstanden ist. 15 Minuten durchziehen lassen. Das heiße Wasser wird sehr rasch aufgesaugt, und es ist vielleicht notwendig, daß man später nochmals ein wenig heißes Wasser zugibt, um den Brei streichfähig zu halten.

Anwendung und Wirkung: Das Haar einmal waschen und frottieren. Mit einem breiten Pinsel wird die Farbe auf das gescheitelte Haar gleichmäßig aufgetragen. Am Schluß eine Plastikhaube aufsetzen, um die Packung warmzuhalten. Die Walnußschalen bewirken eine recht intensive Tönung; als Richtwert für die Einwirkungszeit kann man davon ausgehen, daß nach 20 Minuten Einwirkungszeit die natürliche Haarfarbe um einen Ton dunkler getönt ist. Das Haar nochmals gründlich waschen.

SCHWARZES HENNA FÜR SCHWARZES HAAR

Zutaten: 1 Tasse schwarzfärbendes Hennapulver
1 Eßlöffel Pflanzenöl

Zubereitung: Die angegebene Menge schwarzfärbendes Hennapulver, das man in Indiengeschäften kaufen kann, ist ausreichend für halblanges Haar. Man gibt das Pulver in eine Glasschüssel und unterrührt das angewärmte Pflanzenöl und soviel heißes Wasser, daß ein zäher Brei entsteht. Etwas stehen lassen und nun nochmals so viel heißes Wasser dazugeben, bis die Mischung streichfähig ist.

Anwendung und Wirkung: Mit einem breiten weichen Pinsel trägt man den Hennabrei auf das gewaschene und leicht vorgetrocknete Haar auf. Durchkämmen. Unter einer Plastikhaube wird die Hennapackung nun warmgehalten, denn ein Teil ihrer guten Wirkung beruht auf konstanter Wärme. Schwarzes Henna ist an sich nur für schwarzes Haar geeignet, denn es färbt wirklich schwarz, und man kann ergrauendes Haar gut damit abdecken. Wenn man weniger intensiv färben will, kann man das Hennapulver zu gleichen Teilen mit rotfärbendem Henna vermischen oder auch mit pulverisierten Walnußschalen. Es empfiehlt sich, einen Test an einer Haarsträhne vorzunehmen, um die Einwirkungsdauer genauer festzulegen. Als weitere Variation kann man das schwarzfärbende Henna auch wie die Arabische Hennafärbung (S. 172) anrühren.

Natürliche Farbspülungen und Haarfestiger

Es gibt viele Mittel in der Natur, die man wunderbar für die Festigung und Tönung des Haares verwenden kann. In der praktischen Anwendung haben die natürlichen Spülungen aus färbenden Pflanzen den Vorteil der Variabilität, und das bedeutet, daß man selbst bestimmen kann, wie stark oder wie leicht Festiger oder Farbe sein sollen. Man braucht sich hier also nicht sklavisch genau an die vorgegebene Rezeptur zu halten. Wenn man etwa eine Farbspülung intensiver haben möchte, dann nimmt man ein wenig mehr farbgebende Kräuter als vorgeschrieben, und wenn man das Haar nicht festigen will, dann läßt man den festigenden Stoff weg und macht nur mit dem farbigen Aufguß eine hübsche Farbspülung. So natürlich wie die Mittel, die man für die farbauffrischenden Kräuterspülungen verwendet, soll auch die Frisur und die Haarfarbe sein. Die Farbspülung mit Pflanzen ist eine wunderschöne Kur für glanzloses und stumpfes Haar. Wenn die Kräuterspülungen auf das Haar und die Kopfhaut lange genug einwirken, so werden sie das Haar regenerieren und ihm einen guten Halt verleihen.

Neben den farbgebenden Kräutern findet man in der Natur noch viele andere gute Heilkräuter für die Haarpflege, die zwar nicht als Farbspender in Frage kommen, aber als heilwirksame Mittel gegen akute Haarprobleme verwendet werden können. Wenn man also nach weiteren heilwirksamen Kräuterkuren gegen bestimmte Haarprobleme sucht, bei denen nicht nur die Farbe, sondern auch der heilende Effekt im Vordergrund der

Schönheitsbehandlung steht, wird man im Kapitel 12 eine reiche Auswahl davon finden.

Bei den nichtfärbenden Haarfestigern haben sich vor allem der heilende Quittensamen und naturreiner Bienenhonig als Heil- und gleichzeitig Schönheitsmittel hervorragend bewährt. Seit alters gilt der Quittensamen als gutes Heilmittel für dünnes und schnellfettendes Haar. Der Quittenkernschleim, den man aus den Quittenkernen gewinnt, galt früher als bewährtes Hausmittel gegen aufgesprungene, rissige Haut, und die entzündungswidrigen Eigenschaften der Quittenkerne helfen auch gegen Schuppen und Seborrhö.

Ein anderes heilwirksames und festigendes Mittel ist der naturreine Bienenhonig; es gibt kaum ein besseres natürliches Mittel, das dem Haar gleichzeitig mehr Gesundheit, Festigkeit und Glanz verleihen könnte als er. Honig im Haar – das klingt ziemlich klebrig, aber diese Meinung wird man sehr schnell revidieren, wenn man das Haar einmal in Honigwasser gebadet hat. In der Volksheilkunde galt der Bienenhonig stets als bestes Mittel gegen Haarausfall, und bekannt ist auch seine desinfizierende und heilende Kraft. Als Mittel gegen Hautentzündungen, Schrunden und andere Hautleiden hat sich naturreiner Bienenhonig hervorragend bewährt. Unter den naturreinen Honigsorten unterscheiden wir Kräuter- und Wiesenhonig, der von den verschiedensten Wiesenblumen stammt; den Waldhonig, den die Nadelbäume spenden, und den Heidehonig, bei dem das Heidekraut die Bienen beliefert. Seltener sind der Akazienhonig und der Rosenhonig, die sich wegen ihres herrlichen Duftes besonders gut für die Schönheitspflege eignen. Im Geschmack und im Aroma weichen zwar die Honigarten voneinander ab, in ihrer Anwendung als Schönheitselixiere sind sie aber alle völlig gleichwertig.

Wenn Sie gerne mit hausgemachten Kosmetika experimentieren, dann werden Sie immer wieder Rezepten begegnen, in denen natürlich festigende Mittel wie Arabischer Gummi, Tragant oder Gelatine für die Haarfestigung empfohlen werden. Ich habe diese Mittel häufig durchprobiert, weil ich sie wegen ihrer natürlichen Herkunft schätze. Aber die Ergebnisse blieben oft unbefriedigend, denn alle diese Stoffe hinterließen auf dem Haar einen häßlichen grauen Belag, der sich nicht einmal durch heftiges Bürsten entfernen ließ. Obwohl man das Haar mit diesen Mitteln gut festigen kann, geht der Glanz verloren, und beim Kämmen regnet es förmlich kleine Staubpartikelchen. Auch Jaborandiblätter werden immer wieder zur Haarpflege empfohlen; die Jaborandiblätter aber enthalten das giftige Alkaloid Pilocarpin, und ich habe deshalb keine Versuche mit Auszügen von Jaborandi gemacht. Ich glaube, man sollte wirklich erwähnen, auf welche Mittel man bei hausgemachten Kosmetika verzichten kann, das spart experimentierfreudigen Kosmetik-Köchinnen Zeit, Geld und Ärger. Hinzu kommt, daß man in vielen älteren Rezepturen Stoffe verwendet hat, von deren schädigender Wirkung früher nichts bekannt war. Es ist gar nicht ungefährlich, wenn man im blinden Vertrauen auf die gute alte Zeit diese Stoffe ohne Wissen um die neuesten wissenschaftlichen Erkenntnisse anwenden wollte.

HONIG-GLANZFESTIGER FÜR JEDES HAAR

Zutaten: 1 Kaffeelöffel reiner Bienenhonig
$^1/_4$ l warmes Wasser
1 Spritzer Obstessig

Zubereitung: Die Zutaten sind für halblanges Haar berechnet, bei kurzem Haar nimmt man entsprechend weniger warmes Wasser und Honig. Der Honig wird im warmen Wasser aufgelöst, und sobald er vollkommen gelöst ist, gibt man den Spritzer Essig dazu.

Anwendung und Wirkung: Das festigende Honigbad wird sanft in die Kopfhaut und ins Haar einmassiert. Es verleiht dem Haar herrlichen Glanz, gute Griffigkeit und Fülle. Nach der Honigbadbehandlung läßt sich das Haar leicht einlegen, gut fönen und locker frisieren.

QUITTENGEL-FESTIGER FÜR DÜNNES, SCHNELLFETTENDES HAAR UND GEGEN SCHUPPEN

Zutaten: 1 Eßlöffel Quittensamen
$^1/_4$ l Wasser

Zubereitung: Das kalte Wasser mit den Quittenkernen auf kleiner Flamme langsam zum Sieden bringen und 15 Minuten bedeckt ganz schwach sieden lassen. Sobald die Mischung geleeartig dicke Blasen aufwirft, vom Feuer nehmen. Durch ein Küchensieb seihen. Es können dabei trotzdem kleinste Kräuterpartikelchen im Festiger zurückbleiben, und wenn man den Festiger ganz klar haben will, legt man das Küchensieb mit Gaze aus. Mich haben diese Partikelchen nie gestört, weil sie sofort nach dem Trocknen von selbst aus dem Haar fallen.

Anwendung und Wirkung: Das Quittengel gleichmäßig auf Haar und Kopfhaut verteilen. Die entzündungswidrigen Eigenschaften der Quittenkerne wirken in dieser sorgsamen Zubereitung besonders pflegend bei fetter, schuppiger Kopfhaut. Das Gel verleiht dem Haar Glanz und Fülle sowie der Frisur gute Haltbarkeit. Bei regelmäßiger Anwendung trägt dieser wertvolle biologische Pflanzenauszug zur Gesundung der Kopfhaut bei. Das Haar fettet weniger schnell und muß mit der Zeit weniger oft gewaschen werden. Eine Kopfhautmassage mit Quittengel kann man auch Männern empfehlen, die unter entzündungsbereiter Kopfhaut und unter Schuppen zu leiden haben. Das Quittengel kann man gut verschlossen im Kühlschrank für mehrere Kuren aufbewahren.

RHABARBERWURZEL-FESTIGER FÜR BLONDES HAAR

Zutaten: 1 Handvoll Rhabarberwurzeln
$^1/_4$ l Wasser
$^1/_2$ Kaffeelöffel reiner Bienenhonig

Zubereitung: Man läßt die kleinen Wurzelteilchen bedeckt in schwach siedendem Wasser etwa zehn Minuten lang ziehen und seiht dann die Flüssigkeit durch ein Küchensieb. Den Bienenhonig darin auflösen. Die gewonnene Flüssigkeit ist goldbraun und völlig gefahrlos für blondes Haar zu verwenden, denn auch auf sehr hellem Haar gibt es keine Brauntönung!

Rhabarberwurzeln sind stark färbend, legen Sie sich daher ein altes Handtuch um die Schultern, wenn Sie mit dem Festiger arbeiten.

Anwendung und Wirkung: Rhabarberwurzeln wirken aufhellend und sind wesentlich intensiver als etwa die klassische Kamillenspülung. Die Rhabarberwurzel ist eine alte Heilpflanze, und wegen ihres hohen Gehalts an Gerbstoffen, Stärke und Zucker findet sie in der Pflanzenheilkunde vielfache Verwendung. Bei fahlem und stumpfem Haar erreicht man mit der Farbspülung einen herrlich goldenen Glanz, der sich ganz der individuellen Haarfarbe anpaßt.

KAMILLENFESTIGER FÜR BLONDES HAAR

Zutaten: 2 Handvoll Kamillenblüten
$^{1}/_{2}$ l Wasser
1 Kaffeelöffel reiner Bienenhonig

Zubereitung: Übergießen Sie die Kamillenblüten mit dem kochendheißen Wasser und lassen Sie den Absud 20 Minuten lang bei bedecktem Topf schwach sieden. Den Kräuterabsud durch ein Küchensieb seihen und dabei die Kräuter gut ausdrücken. Mit dieser goldgelben Flüssigkeit können Sie eine schöne Glanzspülung machen. Wenn Sie das Haar festigen wollen, geben Sie den Bienenhonig dazu, wobei sich allerdings der Kamillenabsud etwas dunkler färben wird.

Die Kamillenblüten nehmen beim Sieden sehr viel Wasser auf. Es ist jedoch darauf zu achten, daß nach dem Sieden ein Viertelliter Flüssigkeit zur Weiterverarbeitung übrigbleibt. Wenn weniger Flüssigkeit gewonnen wird, nimmt man auch vom Bienenhonig etwas weniger als die angegebene Menge.

Anwendung und Wirkung: Die klassische Glanzspülung für blondes Haar gibt leuchtende Akzente, griffigen Halt und gute Frisierbarkeit. Regelmäßig angewendet, pflegt sie das Haar und die Kopfhaut, verbessert die Haarstruktur und hellt das Haar auf natürliche Weise leicht auf.

Kamillenblüten sind auch bei entzündungsbereiter Kopfhaut und gegen Schuppen zu empfehlen, doch sollte man die guten Wirkstoffe der Kamille nicht in zu heißem Wasser verwenden, was allerdings für eine gute Farbgebung notwendig wäre. Bereiten Sie deshalb ab und zu einen Kamillenaufguß, wie im letzten Kapitel dieses Buches beschrieben.

ZITRONENFESTIGER FÜR BLONDES HAAR

Zutaten: Schale von 2 ungespritzten Zitronen
$^1/_2$ l Wasser
1 Kaffeelöffel reiner Bienenhonig

Zubereitung: Die Zitronen waschen und die Schale hauchdünn abschälen. Die Schalen bei bedecktem Topf 30 Minuten lang auf kleiner Flamme sieden lassen. Rasch einmal aufkochen und die leuchtend gelbe Flüssigkeit abseihen. Wenn man keine Festigung für das Haar braucht, kann man mit der gewonnenen Flüssigkeit eine schöne Farbspülung machen. Zum Festigen den Bienenhonig im warmen Zitronenwasser auflösen, wodurch sich die Flüssigkeit allerdings etwas dunkler färbt.

Anwendung und Wirkung: Hier hat man eine praktische Möglichkeit, ausgedrückte Zitronen weiterzuverwenden. Der Zitronenfestiger ist eine ideale Spülung für glanzloses blondes oder mittelblondes Haar. Die Spülung regeneriert den Säuremantel von Kopfhaut und Haar, beseitigt bei kalkhaltigem Wasser Rückstände und macht das Haar weich, glänzend und gut frisierbar.

HENNA-GLANZFESTIGER FÜR ROTES, BRAUNES UND SCHWARZES HAAR

Zutaten: 1 gehäufter Eßlöffel rotfärbendes Hennapulver
$^1/_4$ l Wasser
1 Kaffeelöffel reiner Bienenhonig

Zubereitung: Bringen Sie das Wasser zum Sieden und fügen Sie das Hennapulver zu. Umrühren und auf kleinster Flamme zehn Minuten bei bedecktem Topf ganz schwach sieden lassen. Anschließend seihen Sie die Abkochung durch ein Küchensieb und lassen sie dann durch den Kaffeefilter laufen. Mit dem Bienenhonig vermischen.

Wenn Sie mit Hennarot nur eine Farbspülung machen wollen, bereiten Sie das Rezept auf gleiche Weise zu, lassen aber den festigenden Bienenhonig weg.

Anwendung und Wirkung: Der Henna-Glanzfestiger verleiht rotem, braunem und auch schwarzem Haar individuelle Farbakzente, denn er paßt sich der natürlichen Haarfarbe perfekt an. Man bekommt in den Indiengeschäften auch schwarzfärbendes Hennapulver zu kaufen, das man bei gleicher Zubereitung für schwarzes Haar nehmen kann; oder auch nichtfärbendes Hennapulver, das man für jede Haarfarbe als Glanzfestiger nimmt.

Mit dem rotfärbenden Hennapulver erreicht man bei langweilig braunem Haar hübsche Roteffekte, schwarzem Haar gibt Henna einen warmen Schimmer und einen schönen Glanz. Henna wirkt gleichzeitig pflegend und macht das Haar gut frisierbar, griffig und besser haltbar. Der leicht austrocknende Effekt, den man beispielsweise bei einer Hennapackung beobachten kann, entfällt bei diesem schönen Festiger, da das Haar nicht direkt mit dem Pulver in Kontakt kommt.

ROTES SANDELHOLZ FÜR ROTES UND BRAUNES HAAR

Zutaten: 2 Handvoll rotes Sandelholz
300 g Wasser
1 Spritzer Obstessig
1 Kaffeelöffel reiner Bienenhonig

Zubereitung: Bringen Sie in einem hochrandigen Stahltopf oder im feuerfesten Porzellantopf das Wasser zum Sieden. Geben Sie das Sandelholz und den Essig dazu und lassen Sie die Mischung 15 Minuten sieden. Sobald das Kochwasser rot gefärbt ist, vom Feuer nehmen und abseihen. Mit der Flüssigkeit kann man eine schöne Farbspülung machen. Wenn man das Haar festigen will, gibt man den Bienenhonig dazu, der das Rot allerdings noch dunkler färbt.

Anwendung und Wirkung: Sandelholz tönt recht intensiv, deshalb kann man es nicht für helles Haar verwenden. Es gibt rotem Haar schönen Glanz, bei dunkelbraunem und schwarzem Haar verleiht es dem Haar sanfte Rotreflexe. Die Sandelholzspülung macht das Haar wunderbar glänzend, weich und gut frisierbar.

WALNUSS-SCHALEN-FESTIGER FÜR BRAUNES HAAR

Zutaten: 1 Handvoll Walnußschalen
$^1/_2$ l Wasser
1 Kaffeelöffel reiner Bienenhonig

Zubereitung: Walnußschalen, die man zerkleinert in der Apotheke kaufen kann, wirken intensiv tönend. Es hängt nun von Ihrer Haarfarbe und von der gewünschten Intensität der Farbe ab, wie viele Schalen Sie verwenden wollen, und ich würde empfehlen, zunächst einmal eine Abkochung mit einer Handvoll Schalen zu machen, um das Ergebnis zu testen. Die Schalen läßt man eine halbe Stunde im Wasser sieden, seiht die Flüssigkeit ab und löst den Bienenhonig darin auf, wenn man die Farbspülung gleichzeitig als Festiger verwenden will.

Anwendung und Wirkung: Legen Sie sich ein altes Handtuch zurecht, denn der Extrakt aus Walnußschalen färbt nicht nur das Haar, sondern auch Stoff! Man erreicht mit der Farbspülung einen intensiven Braunton und bei regelmäßiger Anwendung eine durchgehende braune Tönung. Bei regelmäßiger Anwendung deckt die Farbspülung auch ergrauendes Haar gut ab.

KATECHU-FARBSPÜLUNG FÜR BRAUNROTES UND SCHWARZES HAAR

Zutaten: 1 Handvoll Katechu, granuliert oder pulverisiert
½ l Wasser

Zubereitung: Das Katechu ist der braune Auszug aus dem Holz indischer Akazien, und man bekommt es in kristallinen Körnchen oder als Pulver zu kaufen. Allerdings ist es nicht überall erhältlich, und wenn die Beschaffung Probleme macht, wenden Sie sich an die im Zutatenregister genannten Lieferadressen. Katechu bewirkt eine sehr intensive Farbgebung, sei es am Haar, an der Kopfhaut oder an Stoff, und deshalb muß man vorsichtig damit umgehen. Man gibt die Körnchen in kaltes Wasser und bringt das Wasser unter ständigem Rühren zum Kochen. Lebhaft kochen lassen und rühren, bis die Kristalle oder das Pulver aufgelöst sind und das braunrote Wasser dicke Blasen aufwirft. In einer Flasche abgefüllt aufbewahren, man kann die Farbe für mehrere Anwendungen gebrauchen.

Anwendung und Wirkung: Die Farbe wird mit einem Pinsel auf das Haar aufgetragen oder mit dem Kamm ins leicht vorgetrocknete Haar gekämmt. Die Flüssigkeit wirkt auch festigend auf das Haar, wodurch sich der Zusatz von Bienenhonig erübrigt. Ergrauendes Haar deckt Katechu sehr gut ab, schwarzem Haar gibt es einen schönen braunroten Schimmer, braunrotem Haar verleiht das Katechu leuchtende Akzente. Es ist eine der besten und intensivsten Pflanzenfarben, die es gibt.

QUEBRACHO-ROT FÜR HELLROTES HAAR

Zutaten: 1 Handvoll Quebracho-Rinde
½ l Wasser
½ Kaffeelöffel Bienenhonig

Zubereitung: Auf deutsch heißt das spanische Quebracho „Axtbrecher", und so nennt man das Holz dieses harten Baumes, der in Südamerika, vor allem in Argentinien, beheimatet ist. Die hellrot färbende Quebracho-Rinde bekommt man in Kräuterhandlungen zu kaufen; wenn die Beschaffung schwierig ist, wenden Sie sich an die im Zutatenregister angegebenen Lieferadressen.

Man bringt das Wasser zum Kochen, fügt die Rinde dazu und läßt sie 20 Minuten schwach kochen. Dann seiht man die rote Flüssigkeit ab und filtert sie durch den Kaffeefilter klar. Wenn man nur eine Farbspülung ohne festigenden Effekt machen will, trägt man die Flüssigkeit nun gleichmäßig aufs Haar auf. Zum Festigen wird das warme Quebrachowasser mit Bienenhonig vermischt.

Anwendung und Wirkung: Gerade bei natürlich hellrotem Haar ist es nicht leicht, eine hellrote Farbspülung zu finden, die die natürliche Haarfarbe unterstreicht, aber nicht verändert. Wenn das Haar sehr hell ist, etwa tizianrot oder rotblond, kann man auch eine Mischung von Rhabarberwurzeln und Quebracho nehmen. Die Farbspülungen geben dem Haar Glanz.

ARTISCHOCKEN-FESTIGER FÜR BRAUNES UND MITTELBLONDES HAAR

Zutaten: 2 Handvoll Artischockenkraut
1/2 l Wasser
1 Kaffeelöffel reiner Bienenhonig
1 Eßlöffel rotfärbendes Hennapulver (bei Bedarf)

Zubereitung: Mit dem halben Liter kochendem Wasser übergießt man das Artischockenkraut, das man in Kräuterhandlungen kaufen kann. Wenn man eine leichte Rotbrauntönung wünscht, gibt man das Hennapulver dazu und läßt die Mischung fünfzehn Minuten lang bei bedecktem Topf leicht sieden. Durch ein Küchensieb abseihen und durch den Kaffeefilter klarfiltern.

In dieser Form wäre die Flüssigkeit als Farbspülung geeignet, und wenn man eine Haarfestigung wünscht, löst man in der warmen Flüssigkeit den Bienenhonig auf.

Anwendung und Wirkung: Nach der Haarwäsche das Haar trockenfrottieren oder leicht vorfönen. Die Farbspülung gleichmäßig aufs Haar auftragen. Der Artischockenfestiger gibt dem Haar einen sehr hübschen hellbraunen Farbton, in Verbindung mit Henna bewirkt man einen zusätzlichen leichten Rotschimmer.

Das Artischockenrezept stammt aus Frankreich und wird dort wahrscheinlich schon lange angewendet. In Frankreich stehen Artischocken viel häufiger am Speiseplan als bei uns, und möglicherweise hat man die gute Wirkung des Kochwassers der Artischocken irgendwann einmal für die Spülung des Haares entdeckt. Besser geeignet als frische Artischocken ist allerdings das getrocknete Kraut, da es mehr Farbe gibt.

KORNBLUMENSPÜLUNG FÜR GRAUES HAAR

Zutaten: 2 Handvoll Kornblumen
$^1/_4$ l Wasser

Zubereitung: Die Kornblumen in eine Porzellanschüssel geben und mit dem kochendheißen Wasser übergießen. Bedecken und drei Stunden durchziehen lassen. Die Flüssigkeit durch ein Küchensieb seihen.

Anwendung und Wirkung: Die wunderschönen blauen Kornblumen verleihen stumpfem grauem Haar einen leicht blauen Schimmer und herrlichen Glanz. Lassen Sie das Haar vortrocknen und tragen Sie die Spülung gleichmäßig auf das Haar auf. Wenden Sie die Kornblumenspülung regelmäßig an, dann verschwindet auch der unvorteilhafte gelbe Ton aus grauem Haar. Durch die Kornblumenspülung wird das Haar schön glänzend und gut frisierbar.

Der Zusatz von festigendem Bienenhonig empfiehlt sich bei dieser Farbspülung wenig, da er dem schönen blauen Kornblumenaufguß die Farbe nimmt.

10. Kapitel

ES DARF DUFTEN

Im Luxusgarten der Natur verströmen Blumen, Kräuter und Früchte ihren bezaubernden Duft, ihr „Herz", wie man in Frankreich sagt. Blütenduft kann man nicht nur riechen, man fühlt ihn förmlich mit allen Sinnen. Denken Sie an Veilchen, und Sie spüren mit ihrem Wohlgeruch auch ihre zärtliche Melancholie, der Jasmin betört uns mit schwerer Süße, die Rosen mit dem Liebreiz des Frühlings, das Aroma von frischer Pfefferminze, Rosmarin, Apfel, Pfirsich und Erdbeere erinnert uns an glückliche Sommertage. Stimulierende Düfte waren von jeher die geheimnisvollen Verbündeten der Frauen. Im Altertum zelebrierte man einen Duftkult, der unserer heutigen Zeit völlig verlorengegangen ist. Um möglichst alle Sinne anzusprechen, wurden die einzelnen Körperteile mit ganz bestimmten Parfüms versehen; dazu parfümierte man sich noch die Schuhe, die Wäsche und die Kleider. Eros und Parfüm stehen in enger Verbindung miteinander, und was die Frauen instinktiv wissen, erklärt uns die Wissenschaft so: Bestimmte Noten in den Duftstoffen beeinflussen die innere Sekretion und das Nervensystem der Menschen, wodurch anregende Hormone in die Blutbahn transportiert werden.

Von den über 200 000 Pflanzenarten, die auf unserer Erde vorkommen, enthalten etwa 1700 Parfümöl, und ihr Bukett reicht in der Skala der Düfte von blumig, würzig, herb, süß bis balsamisch. Von altersher übt man sich in der Kunst, das Parfüm der Pflanzen zu extrahieren. Ihren Wohlgeruch verdanken die Pflanzen ätherischem Öl, das entweder in ihren Blüten, Blättern, Schalen, Samen oder in Wurzeln und Rinde zu finden ist. Dieses naturreine ätherische Öl wird für gewöhnlich durch Wasserdampfdestillation gewonnen. Um auch nur wenig reines Öl zu extrahieren, werden große Mengen von Pflanzenteilen gebraucht. Aus diesem Grund ist naturreines Parfümöl auch so teuer. Wesentlich preiswerter erhält man verdünnte naturreine Öle oder kunstvoll komponierte synthetische Parfümöle. In kleine Fläschchen abgefüllt, bekommt man diese Parfümölkompositionen, Duftessenzen und Balsame in Indiengeschäften, Drogerien und Boutiquen und auch in Apotheken. Aus den umfangreichen Lieferlisten des Apothekers kann man sich die verschiedensten Duftnoten aussuchen, und häufig ist die Anschaffung des echten Parfümöls preiswerter als die des synthetischen Nachbaues, da man von den echten Ölen wesentlich weniger zur Parfümierung benötigt.

Neben den Duftextrakten aus Pflanzen kennt man in der Parfümerieherstellung von alters her auch die Gewinnung von Parfüm aus tierischen Rohstoffen. Das Moschusrind produziert als Sekret der Geschlechtsdrüse den Moschusduft, die afrikanische und indische Zibetkatze liefert einen süßen Blumenduft, den man als Fixativ in der Parfümerie verwendet; als Bibergeil ist der Duftdrüseninhalt des Bibers ein wichtiges Rohprodukt bei der Parfümerzeugung. All diese Duftstoffe sind in ihrer reinen Form sehr teuer und werden hauptsächlich für die Produktion kostbarer Parfüms verwendet. Ihren synthetischen Nachbau kann man sehr gut für die hausgemachten Schönheitsmittel verwenden, und man kann auch froh darüber sein, daß kein Tier das Leben für die Gewinnung der Duftstoffe lassen mußte.

In Mythologie und Religion spielen kostbare Wohlgerüche eine große Rolle, das zeigt beispielsweise die Parfümeriekunst der Israeliten, wo nur den Priestern die Zubereitung von duftendem Räucherwerk zustand. Es ist sogar noch die Rezeptur überliefert, die Moses für die Zubereitung des Heiligen Öls angegeben hat; es bestand aus Myrrhen, Kalmus, Kassia, Zinamet und Olivenöl. Die drei Weisen aus dem Morgenland brachten dem Jesuskind Wohlgerüche als Gaben, kostbare Myrrhen und Weihrauch, und die Räucherungen, wie sie die katholische Kirche vornimmt, sind ein Ritual aus den ältesten Zeiten des Christentums.

Bei den prunkvollen Festgelagen der Griechen und Römer wurde Rauchwerk verbrannt, wie die zahllosen Räucherlampen und Räucherschalen beweisen, die uns erhalten geblieben sind. Zum festlichen Mahl begab man sich stark parfümiert und gesalbt, wie uns überliefert ist. Das Gesicht wurde mit Palmöl eingerieben, die Arme mit Balsam von Pfefferminze, das Haar mit einer Tinktur von Majoran, Kinn und Nacken mit Quendelöl. Nach dem Tod der Poppaea versuchte Nero seinen Schmerz zu lindern, indem er am Tage ihrer Bestattung mehr Räucherwerk verbrennen ließ, als ganz Arabien, die Heimat der Wohlgerüche des Altertums, in einem Jahr hervorzubringen vermochte.

Eine auffallende Ernüchterung des Geruchssinnes folgte in der Zeit der Karolinger und Hohenstaufen und in der Reformationszeit. Erst der französische Hof brachte der Parfümerie neue Anregungen und neues Leben, und wie häufig nach einem Stillstand folgte ein Aufschwung des Handels und der Parfümerieerzeugung mit größerem Raffinement als je zuvor. Wir wissen von Ludwig XV., daß er sich mit Vorliebe in duftschwerer Atmosphäre aufhielt, die so intensiv war, daß die Diplomaten davon ohnmächtig wurden. Richelieu hinterließ als Gast des Herzogs von Braunschweig in den von ihm bewohnten Räumen einen derart penetranten Moschusgeruch, daß es Wochen dauerte, bis die Räume wieder bewohnbar waren. Die Frauen des französischen Hofes liebten es, in Bädern von Jasmin, Moschus und Ambra zu baden, und in ihren Schlafgemächern hingen kleine, bunte, parfümgefüllte Stoffvögelchen. Diese bezaubernden Oiseltes de Chypre waren aus Seide genäht und kunstvoll mit Perlen bestickt. La cour parfumée – den parfümierten Hofstaat – nannte man ironisch den Hof Ludwigs XV., an dem jene zarten Frauen des Rokoko lebten, voran Madame de Pompadour, die alljährlich eine halbe Million Livre zu den Parfümeuren trug.

Von den kerndeutschen Hohenzollern ist bekannt, daß sie mit ihrer straffen Soldatennatur nicht allzuviel übrig hatten für die Gerüche Arabiens und Frankreichs, und der greise Kaiser Wilhelm verwendete ausschließlich Eau de Cologne. Kaiserin Augusta benutzte mit Vorliebe ein englisches Parfüm aus Sandelholz, während sie ihre Gemächer mit Eau de Lavende d'Ambrée durchduften ließ. Im deutschen Kaiserreich war die englische Sitte des Zimmerparfümierens in Mode, und man betrachtete das diskrete Parfümieren von Räumen als eine Kunst. Im Gegensatz zu heute, wo man geruchstötende indische Räucherkerzen und widerliche Raumsprays benutzt, liebte man im 18. und 19. Jahrhundert für die Raumparfümierung den Duft von Eau de Fleur d'Orange, Extrakt von Verbena, Heu, Rose und Reseda, Eau de Portugal und Chypre. Statt Mottenkugeln hingen patschuligetränkte Sachets in den Kleiderschränken.

Wenn man Lust hat, sich mit der Alchimie der Wohlgerüche zu befassen, widmet man sich einer Kunst, die vor Jahrhunderten alle Hausfrauen mehr oder weniger gut beherrschten; in manchen Buchantiquariaten kann man heute noch zahlreiche Rezepturen für dieses teure Hobby finden. Hier ist beispielsweise ein altes Originalrezept für konzentriertes Eau de Cologne: 15 g Zimtöl, 30 g Moschustinktur, 40 g Nelkenöl, 40 g Zitronenöl, 40 g Perubalsam, 60 g Lavendelöl, 100 g Bergamottöl, 600 g Alkohol (90%). Auch das Rezept für das früher so beliebte Eau de Cologne d'Ambrée ist überliefert: In 400 g Alkohol (90%) löst man 4 g Nelkenöl, 30 g Bergamottöl, 100 g Lavendelöl, 16 g Portugalöl, 50 g Veilchentinktur, 5 g Benzoetinktur, 4 g Storaxtinktur, 8 g Moschustinktur und 4 g Ambratinktur.

In der modernen Alchimistenküche geht es weniger kompliziert und aufwendig zu. Duftende Parfümkerzen und seidene Duftkissen für den Wäscheschrank, balsamische Riechsalze und duftende Öllämpchen, all diese hübschen kleinen Dinge kann man ohne großen Aufwand selbst herstellen. Im Handel bekommt man diese Dinge nur in den Geschmacksrichtungen indisch bis japanisch und bezahlt außerdem einen viel zu hohen Preis dafür. Deshalb lohnt sich die Herstellung zu Hause, und man hat damit einen angenehmen Wohlgeruch um sich. Auch als originelle Geschenke geeignet.

DUFTKERZE IM GLAS

Zutaten: 60 g Wachskerzenreste
1 Kaffeelöffel synthetisches Rosenöl
1 Kaffeelöffel synthetisches Bergamottöl

Zubereitung: Statt der genannten Duftnoten können Sie auch jedes andere Parfümöl nehmen, sehr gut riechen in der Duftkerze auch Chypre, Patschuli, Zitrone, Orange oder auch Ihr Lieblingsparfüm. Stellen Sie zuerst ein normales Trinkglas von etwa 100 ml Inhalt bereit, das Glas sollte etwas schmäler sein als eine Wäscheklammer und nicht höher als der längste Docht der Kerzenreste. (Man kann den Docht auch abgepackt oder nach Metern in Spezialgeschäften kaufen.) Nun geben Sie die Kerzenreste in einen hohen Plastiktopf und lassen sie auf dem kochenden Wasserbad schmelzen. Die schwimmenden Kerzendochte herausnehmen. Klemmen Sie den Docht in die innere Halterung der Wäscheklammer, und legen Sie die Klammer auf das Glas, so daß der Docht in der Mitte des Glases bis zum Boden des Glases hängt.

Damit sich der Duft des Parfümöls bei zu großer Hitze des Wachses nicht verflüchtigt, gibt man dem geschmolzenen Wachs das Parfümöl erst bei einer Temperatur von 50 bis 60 Grad zu. Wenn Sie kein Küchenthermometer bei der Hand haben: Die völlig geschmolzenen Wachsreste haben auf dem Wasserbad eine Temperatur von 70 Grad erreicht. Nehmen Sie den Plastiktopf vom Herd und warten Sie genau sechs Minuten, dann ist die Schmelze auf 60 Grad abgekühlt. Nun müssen Sie rasch arbeiten, bevor das Wachs weiter abkühlt. Parfümöl zugeben, die Mischung schwenken und in das bereitstehende Glas einfüllen. Bei Zimmertemperatur abkühlen und festwerden lassen. Den Docht zuschneiden. Bewahren Sie die Duftkerze im Glase stets bedeckt auf, damit sich das Parfüm möglichst lange halten kann.

Zündet man die Kerze an, verbreitet sie ihren angenehmen Duft ohne Penetranz im ganzen Haus. Französische Duftkerzen bekommt man auch in Deutschland zu kaufen, sie sind mit sehr guten Parfüms hergestellt und ziemlich teuer. In Frankreich ist das Aufstellen von Duftkerzen große Mode.

RIECHSALZFLÄSCHCHEN

Zutaten: 3 Kaffeelöffel Glaubersalz
1 Kaffeelöffel Vanillezucker
1 Messerspitze gemahlener Zimt
1 Messerspitze gemahlene Gewürznelke

1 Messerspitze gemahlener Ingwer
1 Messerspitze gemahlener Anis
1 Kaffeelöffel Parfümöl
½ Kaffeelöffel Alkohol 70%

Zubereitung: Besorgen Sie sich beim Apotheker ein dunkles Glasfläschchen von etwa 30 ml Inhalt; es soll eine breite Öffnung haben, damit Sie das Riechsalz gut einfüllen können. Das Salz und die Gewürze in eine Tasse geben und vermischen. Nun lösen Sie das Parfümöl im Alkohol und parfümieren unter ständigem Umrühren tropfenweise die Salzmischung. Am besten nehmen Sie dazu einen kleinen Holzkochlöffel, mit dem man die Mischung gut zerreiben kann; geben Sie einen Tropfen zu, zerreiben Sie und fahren Sie so fort, bis alles untermischt ist. Dann füllen Sie das Riechsalz in das dunkle Fläschchen um und bewahren es stets gut verschlossen auf.

Als Parfümduft für das würzig herbe Aroma der Grundstoffe eignen sich kontrastbildende Riechstoffe, wie etwa Apfelblüte, Hyazinthe, Geranie, Rose, Flieder, Veilchen, Stiefmütterchen oder Patschuli. Auch Mischungen von Parfümölen kann man nehmen. Nach einer klassischen Rezeptur parfümiert man beispielsweise mit einer Mischung von Rosenöl, Moschusöl, Veilchenwurzelöl und Bergamottöl. Moschusöl beizufügen hat den Vorteil, daß das Fläschchen lange seinen Duft bewahren wird, denn Moschus wird als duftfixierendes Mittel geschätzt. Alle diese erwähnten Duftnoten bekommt man in Indiengeschäften zu kaufen.

Als Variante kann man auch den ganzen Inhalt des Fläschchens mit Alkohol 70% übergießen und gut verschlossen an einem warmen Platz durchziehen lassen. Das sich im Alkohol entwickelnde Bouquet dieser Riechessenz verströmt einen schönen, balsamischen Duft.

Riechsalzfläschchen mußten zu Urgroßmutters Zeiten stets griffbereit sein, um durch ihren belebenden, würzigen Duft drohende Ohnmachten zu verhindern. Diese zahlreich auftretenden Ohnmachten unserer Ahninnen waren wohl auf ihre viel zu eng geschnürten Korsetts zurückzuführen, die tiefes Durchatmen verhinderten. Es war üblich, noch ein letztes Mal tief Luft zu holen, bevor man sich in das Korsett schnüren ließ, eingedenk des Umstands, daß man den ganzen Tag dazu keine Gelegenheit mehr haben würde.

Riechsalzfläschchen sind ein lustiges Geschenk, die man mit handgeschriebenen Etiketten versehen und dabei auf bestimmte Umstände Bezug nehmen kann, wie etwa „Spezielles Riechsalz gegen Lampenfieber“ oder „Nervenbesänftigendes Riechsalz gegen Prüfungsangst“; und wenn man sich im Büro allzuviel über den Chef ärgern muß, paßt das Riechsalzfläschchen auf den Schreibtisch, und man kann es etwa so beschriften: „Balsamisches Riechsalz zur Festigung der Nervenkraft“.

SACHETS

Zutaten: Kräuter, Blüten, Blätter nach Wahl
Parfümöl
Leinen oder Futterseide
Seidenband

Zubereitung: Sachets nannten unsere Großmütter die duftenden Riechkissen, die man in den Kleiderschrank legte oder zwischen die Wäsche und unter das Kopfkissen, was süßen Schlaf und angenehme Träume garantierte. Diese duftenden Kissen sind ganz einfach herzustellen: Man näht kleine Stoffbeutel, etwa 10 cm breit und 15 cm hoch, aus dünnem Leinen, aus farbiger Futterseide oder aus Gardinenstoff, auch Mull oder Gaze kann man verwenden. Die Füllung für das Duftkissen sucht man aus einer Vielzahl von getrockneten Kräutern aus. Die getrockneten Pflanzenteile oder die jeweiligen Mischungen aus Blättern und Blüten beträufelt man mit Parfümöl, mischt alles gut durch und füllt dann das Säckchen prall damit. Mit einem passenden Seidenband zubinden.

Andere Methoden für die Füllung des Sachets bestehen darin, daß man einen dicken Wattebausch mit Parfümöl tränkt, ihn in einen zweiten Wattebausch einwickelt, um ölige Flecken zu vermeiden, und das duftende Knäuel in ein Säckchen steckt. Außerdem kann man, wenn es an Füllstoffen mangelt, auch Sägemehl in das Säckchen füllen; das mit Parfümöl beträufelte Sägemehl hält den Duft recht gut, man kann auch Blüten, Blätter und Sägemehl mischen. Hier einige Vorschläge für Sachet-Füllungen.

Sachet-Füllstoff	*Parfümierung*
Melissenblätter und getrocknete Zitronenschale	Zitronenöl oder Melissenöl
Lavendelblüten und Rosenblütenblätter	Rosenöl und Lavendelöl
Lavendelblüten	Lavendelöl
Rosmarin, Thymian, Pfefferminze und Gewürznelken	Rosmarinöl oder Pfefferminzöl
Thymian und Quendel	Thymianöl
Pfefferminzblüten und -blätter und Melissenblätter	Pfefferminzöl
Rosenblüten, Akazien- und Irisblüten	Patschuliöl
Weißdornblüten und Weißdornblätter	Bergamottöl
Apfelblüten und Apfelblätter	Apfelblütenöl
Mimosenblüten und -blätter	Irisöl
Rosmarin	Rosmarinöl
Patschuliblätter und Iriswurzelpulver	Patschuliöl
Melisse, getrocknete Zitronenschale und Iriswurzelpulver	Zitronenöl und Bergamottöl
Hyazinthenblüten und Iriswurzelpulver	Hyazinthöl

DUFTENDES ÖL-LÄMPCHEN

Zutaten: kleines Petroleumlämpchen
100 g reines Olivenöl
10 g Parfümöl

Zubereitung: Kleine Petroleumlämpchen mit Docht bekommt man für wenig Geld im Kaufhaus. Statt es zur Beleuchtung mit Petroleum zu füllen, kann man ein sanft brennendes, duftendes Öl-Lämpchen daraus machen. Je nachdem, wie groß das Fassungsvermögen für den Brennstoff im unteren Behälter des Lämpchens ist, rechnet man 100 g Öl auf 10 g Parfümöl. Man muß reines, unverdünntes Olivenöl nehmen, damit das Lämpchen brennen kann. Unter den Duftnoten für die Parfümierung hat man eine große Auswahl, so eignen sich beispielsweise Blumen- und Blütendüfte, auch in Mischungen mit Zitronenöl oder Orangenöl; schwerere Duftnoten erzielen Sie mit Moschus oder Ambra. Man kann auch ein paar Tropfen des eigenen Lieblingsparfüms nehmen. Öl und Parfüm werden in den unteren Behälter des Lämpchens gefüllt und einmal durchgeschüttelt. Es dauert eine kleine Weile, bis der Docht sich mit Öl vollgesogen hat; man kann zum ersten Anzünden aber auch den herausragenden Teil des Dochts mit etwas Öl einreiben. Ersatzdochte bekommt man übrigens meterweise in Hobbygeschäften.

Durch die Wärme des verbrennenden Öls verbreitet sich der aromatische Duft des Lämpchens gleichmäßig im Raum, und wenn das Öl-Lämpchen ein paar Stunden gebrannt hat, wird die ganze Wohnung von seinem Parfüm erfüllt sein. Wenn man Lust hat, kann man das Öl-Lämpchen für ganz bestimmte Zwecke parfümieren, beispielsweise mit Fichtennadeln zu Weihnachten oder mit Rosenduft zu Ostern; früher setzte man den Öllämpchen auch Stoffe wie Kampfer oder Myrrhe zu, um Fliegen und Ungeziefer aus den Räumen zu vertreiben, eine gewiß unschädlichere Methode als die moderne Verwendung giftiger Insektensprays.

GLIMMENDES DUFTBAND

Zutaten: Baumwollband oder Haushaltskordel oder Papier
25 g Kalisalpeter
$^1/_4$ l warmes Wasser
30 g Alkohol 85%
3 Kaffeelöffel Parfümöl

Zubereitung: Rubans de Bruges nannte man früher die duftenden, brennbaren Bänder, die beim Anzünden sanft glimmen und dabei ihren aromatischen Duft verbreiten. Man kann für die Parfümierung der Bänder das eigene Parfüm nehmen, synthetisches Parfümöl oder auch verschiedene Mischungen von Parfümölen und Tinkturen. Nach einem klassischen Rezept parfümiert man das Band mit Orangenblütenöl, Rosenöl, Benzoetinktur und Vanilletinktur.

Zuerst präpariert man das Band oder Papier in einer Lösung, um es nicht verbrennbar, sondern verglimmbar zu machen. Besorgen Sie sich einen größeren Vorrat nicht appretiertes, schnürsenkelschmales Baumwollband aus 100 Prozent Baumwolle; man kann stattdessen auch Haushaltskordel nehmen, aber auch schmale Streifchen Schreibpapier. Kalisalpeter bekommt man in Pulverform in der Apotheke zu kaufen. Man löst ihn in der angegebenen Menge warmem Wasser auf. Nun legt man jeweils etwa zwei Meter lange Bänder, Kordeln oder Papierstreifen in die Lösung. Das Bandstück wird gut durchtränkt, dann nimmt man es heraus und läßt es trocknen. So kann man eine größere Menge Bänder präparieren und sie später unterschiedlich parfümieren.

Sobald das Band ganz getrocknet ist, löst man das Parfüm im Alkohol und legt das Band hinein. Wenn es von der Parfümlösung durchtränkt ist, trocknet man es anschließend an der Luft. Sobald es trocken ist, kann man es aufhängen und anzünden. Während es langsam verglimmt, verbreitet es seinen aromatischen Duft.

DUFTPOMANDER

Zutaten: 1 Orange
1 knappe Handvoll Gewürznelken
2 Kaffeelöffel gemahlener Zimt
1 Kaffeelöffel Orangenschalenöl

Zubereitung: Das Wort Pomander setzt sich aus dem französischen Wort „pomme“ (Apfel) und ambrosisch (köstlich) zusammen; der „köstliche Apfel“ galt früher als exotisches Zimmerparfüm, wobei man bedenken muß, daß Orangen und Zitronen, die man für die Herstellung des Pomanders verwendete, früher selten und teuer waren. Orangen und Zitronen mit duftenden Gewürzen zu bestecken, mag aus der alten Tradition stammen, wonach mit Lorbeer gespickte Äpfel als Schutz gegen anfliegende Bakterien in den Schlafräumen aufgehängt wurden.

Man gibt die Gewürznelken in eine Schale und mischt sie mit dem Zimt und dem Orangenschalenöl. Nun versieht man die Orange rundherum mit kleinen Löchern, wozu man am besten eine Gabel nimmt, mit der man die Orangenschale gut durchstechen kann. In jedes Loch steckt man eine parfümierte Gewürznelke, bis die ganze Frucht rundherum dicht besteckt ist. Zusammen mit dem Rest des parfümierten Zimts wickelt man die gespickte Orange in Alufolie und läßt sie ein paar Tage durchziehen. Danach wird die köstlich duftende Orange ausgepackt und an einem Band oder einer Kordel befestigt. Man kann den „köstlichen Apfel" in jedem Raum aufhängen, auch im Badezimmer oder in der Küche.

PEAU D'ESPAGNE

Zutaten: 2 Lederherzen aus Waschleder
$^1/_2$ Kaffeelöffel Tragant pulv.
1 Kaffeelöffel Glyzerin
1 Eßlöffel warmes Wasser
2 Eßlöffel Alkohol 70%
2 × 1 Kaffeelöffel Parfümöl

Zubereitung: Peau d'Espagne nennt man das mit Parfümduft imprägnierte Spanische Leder, welches man als Sachet für die Handtasche, für den Wäscheschrank, als Lesezeichen oder als Duftspender für den Schreibtisch benutzen kann. Wenn man einen größeren Vorrat duftender Leder machen will, kann man auch Fensterleder nehmen, verschiedene Figuren aufzeichnen und ausschneiden. In Schnittmusterheften findet man manchmal hübsche Figuren als Stickvorlage, die man für diesen Zweck sehr gut gebrauchen kann, wie etwa Vögel, Schmetterlinge oder ganz einfache Formen wie Kreise oder Karos. Waschlederherzen bekommt man im Kaufhaus zum Besetzen von Pulloverärmeln. Tragant und Glyzerin erhält man beim Apotheker.

Geben Sie den Alkohol und einen Kaffeelöffel Parfümöl nach Ihrer Wahl in einen Suppenteller und legen Sie die beiden Lederherzen hinein. Sie sollen völlig durchtränkt werden. Zum Trocknen legen Sie die Herzen auf ein kleines Gitter, damit sie auch von unten Luft bekommen. Die Herzen sollen bei Zimmertemperatur trocknen, und damit sie nicht hart werden und ihr Duft nicht verfliegt, darf man sie weder auf der Heizung noch in der Sonne trocknen lassen. Das Leder braucht einige Zeit, um auch von innen zu trocknen; am besten läßt man die Herzen über Nacht liegen.

Auch der Tragantschleim, mit dem man später die Herzen zusammenklebt, braucht einige Stunden zum Durchziehen. Man gibt das Pulver in eine Tasse und rührt es mit dem Glyzerin an. Nun gibt man den Eßlöffel warmes Wasser langsam dazu und rührt die Mischung glatt. Die Mischung bedeckt über Nacht stehen lassen.

Nun rührt man den zweiten Kaffeelöffel Parfümöl unter den Tragantschleim und bestreicht mit dieser zähen Mischung die Innenseiten der getrockneten Lederherzen. Die beiden Teile aufeinanderlegen und festdrücken, austretenden Schleim entfernen. Zwischen zwei Blätter Alufolie legen und mit einem Gewicht beschweren. Man kann dazu ein paar dicke Bücher nehmen, einen Eisentopf oder irgendein anderes Gewicht. Über Nacht pressen und eventuell die Form nochmals sauber nachschneiden oder umsäumen.

CASSOLETTE

Zutaten: 10 g Tragant pulv.
1 Eßlöffel Glyzerin
100 g warmes Wasser
30 g Iriswurzelpulver
10 g gemahlener Zimt
20 g Gewürznelken
10 g Benzoetinktur
4 Eßlöffel synthetisches Moschusöl

2 Eßlöffel synthetisches Bergamottöl
2 Eßlöffel synthetisches Rosenöl

Zubereitung: Als Cassolettes bezeichnet man duftende Riechbüchsen, die mit einem aromatischen Teig gefüllt werden. Diesen Duftteig nennt man in der Parfümerie Pâte d'Espagne, und traditionsgemäß wird die Spanische Pastete mit orientalischen Duftgemischen angereichert. Man kann den Duft aber auch variieren und statt der schweren Duftöle erfrischende Parfümöle wie etwa Pfefferminzöl und Zitronenöl zugeben. Es hängt ganz davon ab, für welchen Zweck man später die Riechbüchse gebraucht.

In einer Porzellanschüssel verrühren Sie das Tragantpulver mit dem Glyzerin und geben nun langsam und portionsweise das warme Wasser hinzu. Die Mischung glattrühren; falls sich kleine Klümpchen gebildet haben, spielt das für die weitere Fertigung keine Rolle. Die Schüssel bedecken. Über Nacht – oder spätestens innerhalb von 24 Stunden – bildet sich ein zäher Schleim. Sobald dieser Schleim zäh genug und kein Wasser mehr an der Oberfläche zu sehen ist, unterrühren Sie zuerst das Iriswurzelpulver, das man in der Apotheke kaufen kann. Nun geben Sie die übrigen Gewürze in der angeführten Reihenfolge hinzu, wobei Sie die Mischung immer wieder glattrühren. Die fertige Pâte d'Espagne wird nun in die Riechbüchse gefüllt. Es gab früher zu diesem Zweck eine Art offenen Schrein oder Urnen, die mit kleinen, ornamentartigen Öffnungen versehen waren. Ein solches Gefäß wird man schwer bekommen, deshalb kann man den Deckel einer Blechbüchse – etwa einer Gebäckdose – mit Hilfe von Hammer und Nagel durchlöchern. Damit die Dose ein hübscheres Aussehen bekommt, kann man sie mit Stoff oder farbigem Papier beziehen.

Die Riechbüchse verteilt sehr sanft ihren Duft im Raum, und man kann sie überall dort hinstellen, wo man Luftverbesserung wünscht, wie zum Beispiel in einen schlecht lüftbaren Schuhschrank, auf die Toilette oder in den Kleiderschrank.

11. Kapitel

PICK UPS

In diesem Kapitel möchte ich Ihnen einige Rezepturen aus meiner Raritätensammlung vorstellen. Es sind vor allem solche Mittel, die ich innerhalb des thematischen Rahmens der einzelnen Kapitel nicht einordnen konnte, weil sie entweder Randgebiete der Kosmetikherstellung behandeln oder weil man manche der Mittel nur im Ausnahmefall benötigen wird. Die Zubereitung dieser eher ausgefallenen Präparate ist etwas für Hobby-Kosmetikköchinnen.

In einem Schönheitsbuch aus dem Jahre 1903 findet sich unter dem Kapitel „Die schöne Nase der Frau“ eine seriöse Abhandlung über die Gefahren des bei kaltem Wind an der Nase festfrierenden Schleiers. Ist der Schleier erst einmal an der Nase festgefroren, so beschwört der Autor seine Leserinnen, dann wird er nur schwer wieder zu entfernen sein, und die erfrorene Nasenspitze kann kaum wieder gebleicht werden. Zum Schutz vor solcher Unbill führt der Autor das Rezept einer schützenden Nasensalbe für kaltes Wetter an, und zum Schutz vor der Sonne gibt er den dringenden Rat, den Schleier mit Curcuma (Gelbwurz) zu färben, um die Strahlen des Sonnenlichts abzuwehren. Sehr amüsant zu lesen ist auch der gewitzte Schönheitstip des Autors, das Gesicht niemals hinter schwergewebten Schleiern mit Mustern aus Blumen, Spinnen oder sonstigen Figuren zu verstecken, denn sonst könnte ein Mann von Welt auf den Gedanken kommen, die Frau habe etwas zu verbergen.

Rezepte dieser Art sind für uns heute allenfalls ergötzliche Lektüre; andere Rezepturen aus früherer Zeit enthalten teilweise sogar Zutaten, welche die Wissenschaft längst als bedenklich erkannt und aus dem Verkehr gezogen hat. Dazu gehören unter anderem bleichende Zusätze wie Wasserstoffsuperoxyd in Gesichtswässern, Seifenwurzel in Haarshampoos, Schwefel in

Gesichtscremes, Pech und Terpentin für Haarpomade. Man könnte noch viele solcher Stoffe aufzählen, wobei man sich allerdings nicht der Illusion hingeben sollte, in der modernen, sozusagen aufgeklärten industriellen Fertigung von Kosmetika würden keine suspekten Stoffe verwendet. Alljährlich kann der interessierte Verbraucher bei den Verbraucherschutzämtern die Liste jener Stoffe einsehen, die wegen erwiesener Bedenklichkeit zur industriellen Fertigung nicht mehr verwendet werden dürfen, nachdem schon jahrelang damit gearbeitet worden war.

Andere Rezepturen aus früheren Zeiten enthalten Zutaten, die man heute kaum noch zu kaufen bekommt oder die viel zu teuer sind, um sie in einfachen Schönheitsrezepten zu verwenden. Dazu gehören vor allem die reinen ätherischen Öle und Duftstoffe. So kostet heute 1 g echtes Rosenöl DM 9,40, für 1 g echtes Orangenblütenöl bezahlt man DM 5,60. Man kann aber ebensogut die Kopie dieser kostbaren Öle in ihrem synthetischen Nachbau verwenden, und wenn auch die Duftwirkung nicht so stark ist, ermöglichen sie immerhin auf preiswerte Weise eine angenehme Parfümierung der Schönheitsmittel. Wenn wir heute noch exakt nach den alten Rezepturen arbeiteten, würden unsere Schönheitsmittel ein kleines Vermögen kosten. Dazu möchte ich Ihnen ein Beispiel zeigen. Um die Jahrhundertwende war der „Tausendblumen-Toilette-Essig“ sehr beliebt. Sein Originalrezept lautet folgendermaßen: „15 g konzentrierte Essigsäure mischt man mit 400 g Wasser, fügt 100 g Weingeist dazu, parfümiert mit 10 g Essigäther, 6 Tropfen Rosenöl, 6 Tropfen Orangenblütenöl, 3 Tropfen Veilchenwurzelöl, 2 Tropfen Bergamottöl, 5 Tropfen Moschustinktur, 1 g Zimtöl und etwas Kumarin.“ Nach meiner Rechnung kommen die Zutaten für diesen Toilettenessig auf etwa DM 70,–, womit die Rezeptur wohl endgültig den Archiven der Vergangenheit angehört, ganz abgesehen davon, daß die sehr intensive, um nicht zu sagen schwülstige Parfümierung unserem heutigen Geschmack wohl kaum mehr entspricht. Daneben mag diese geballte Parfümierung mit unterschiedlichsten Düften eher für allergische Hautreaktionen prädestiniert sein als für Hautpflege, denn das Bergamottöl gehört zu den Duftölen, die leicht Allergien auslösen können.

Schließlich gibt es aus früheren Zeiten zahlreiche hübsche Rezepturen, deren Herstellung mit enormem Arbeitsaufwand verbunden ist, wobei das Resultat nicht einmal dem Angebot der Fertigprodukte standhalten könnte. Dazu gehören Mittel wie Seifen, Schminken, Gesichtspuder in verschiedenen Tönungen, Nagellack oder auch Parfüms. Die Rohstoffe für die Zubereitung dieser Mittel sind zum Teil schwierig zu beschaffen und außerdem teuer, und es wäre Unfug, solche Schönheitsmittel selbst zuzubereiten. Man hat im Angebot der Fertigprodukte bei diesen Schönheitsmitteln eine große Auswahl von Farben, Tönungen und Mischungen, die Preise sind im Vergleich zur Eigenproduktion gering, und daher ist der Aufwand in keiner Weise lohnend.

So bleiben Rezepte aus Großmutters Zeiten für unseren heutigen Bedarf auf solche Schönheitsmittel beschränkt, die einfach herzustellen sind, die keine prädestiniert hautreizenden Stoffe enthalten, deren Zutaten leicht zu besorgen sind und die man auch heute noch gebrauchen kann. Einige von ihnen finden Sie in diesem Kapitel. Aus manchen der folgenden Rezepturen mußte man suspekte oder nicht zu beschaffende Zutaten herausnehmen und sie durch andere Mittel ersetzen, andere wurden ein wenig modernisiert; so wurde zum Beispiel aus einer langweiligen Lippenpomade ein modernes Lipgloss, das man auch anfärben kann, aus einer überfetteten Brillantine eine brauchbare Haarpomade.

FARBLOSES LIPGLOSS

Zutaten: 1 erbsengroßes Stück Bienenwachs
1 Kaffeelöffel Lanolin anhydrid
1 Eßlöffel Rizinusöl
1 knapper Eßlöffel Silikonöl
1 Tropfen Parfümöl bei Bedarf

Zubereitung: Alle Zutaten bekommen Sie in der Apotheke; wenn es kein Silikonöl gibt, nehmen Sie Vaselinöl oder Babyöl. Alle Zutaten – mit Ausnahme des Parfümöls – werden im hohen Plastiktopf auf dem kochenden Wasserbad geschmolzen.

Sobald eine klare Fettschmelze entstanden ist, vom Feuer nehmen und einmal mit einem nichtmetallenen Löffel umrühren. Wenn Sie parfümieren wollen, fügen Sie einen Tropfen Parfümöl zu, bevor Sie die Mischung in eine Cremedose oder in einige kleine Döschen abfüllen. Als Parfümierung eignen sich Erdbeere, grüner Apfel, Himbeere, Zitrone oder Pfirsich.

Anwendung und Wirkung: Ein kleines Döschen glänzender Lippenpomade sollte man im Winter immer in der Handtasche haben, um die empfindliche Haut der Lippen vor Kälte zu schützen. Mehrmals täglich trägt man mit der Fingerspitze das leicht verstreichbare Lipgloss auf, es geht auch gut unter oder über den Lippenstift, wobei es dem Lippenrot schönen Glanz verleiht.

ROTES LIPGLOSS

Zutaten: dieselben Zutaten wie für farbloses Lipgloss
Lippenstiftreste

Zubereitung: Bereiten Sie das rote Lipgloss wie das farblose Lipgloss zu; sobald die Fette und Öle auf dem kochenden Wasserbad geschmolzen sind, fügen Sie einen oder mehrere Lippenstiftreste hinzu. Für die Farbgebung kann man folgende Grundregel aufstellen: Helle Lippenstiftfarben geben nur eine ganz zarte Tönung, dunkle Farben geben mehr Rot. Natürlich können Sie auch helle und dunkle Lippenstiftreste gemischt mitschmelzen lassen. Sie können mit der gleichen Grundmasse auch mehrere verschiedene Grundtöne ins Gloss zaubern, von hell bis tiefdunkel. Dazu gießen Sie einfach den Lippenstiftrest für den hellsten Ton zuerst zu, gießen ein Döschen davon ab, und nun geben Sie nach und nach immer dunklere Lippenstiftreste in die Masse. Von jedem dunkleren Ton wieder ein Döschen abfüllen und dann den nächstdunkleren Lippenstiftrest zugeben. So können Sie sich eine ganze Gloss-Palette, von Rosé bis Rubin, zubereiten.

Anwendung und Wirkung: Im Idealfall umfaßt Ihre Gloss-Palette so viele Farbtöne, daß Sie zu jeder Kleiderfarbe einen passenden Farbton darin finden. Feucht glänzende Lippen gelten von jeher als Attribut verführerischer Weiblichkeit. Mit einem klassischen Lippenstift ohne speziellen Glanz kann man den hübschen feuchten Schimmer nicht erreichen, deshalb kann man auch ein wenig farbiges Lipgloss über den klassischen Lippenstift pinseln. Auch farbiges Lipgloss wirkt pflegend und bewahrt die Lippenhaut vor Sprödigkeit. Einen kleinen Hauch von rotem Lipgloss kann man auch als Wangenrouge verwenden.

DUFTENDE HAARPOMADE

Zutaten: 20 g Kakaobutter
20 g süßes Mandelöl
5 g Bienenwachs
10 g Lanolin anhydrid (1 gehäufter Kaffeelöffel)
20 g Vaseline
1 Kaffeelöffel synthetisches Parfümöl

Zubereitung: Alle Zutaten mit Ausnahme des Parfümöls werden auf dem kochenden Wasserbad bis auf 70 Grad geschmolzen. Vom Feuer nehmen und mit dem elektrischen Handrührmixer rühren. Sobald die Mischung abgekühlt ist, das Parfümöl einrühren und kaltschlagen. In Cremedosen abfüllen.

Für die Parfümierung hat man eine große Auswahl unter den synthetischen Parfümölen. Wenn man seinem eigenen Parfüm treu bleiben will, gibt man nur ein paar Tropfen davon hinzu; bei den synthetischen Parfümölen eignen sich zur Parfümierung Duftnoten wie grüner Apfel, Pfirsich, Apfelblüte, Rose, Veilchen oder auch weniger süße Duftnoten wie Lavendel, Zitrone, Pfefferminze, Sandelholz und Irisches Moos. Wenn Sie echte ätherische Öle für die Parfümierung nehmen, benötigen Sie davon nur ein paar Tropfen, um ausreichend zu parfümieren.

Hier möchte ich Ihnen einmal ein Beispiel für das Parfümieren einer altmodischen Brillantine aus Großmutters Zeiten nennen: Orangenblütenöl, Rosenöl, Jasminöl, Bergamottöl,

Nelkenöl, Perutinktur, Tolutinktur, Vanilletinktur, Irisöl, Moschustinktur, Ambratinktur, Ylang-Ylang-Öl, Kumarin, Kassia und Zitronenöl. Das alles gehört in eine richtig duftende Haarbrillantine, die gewiß einen „unvergeßlichen" Duft hinterlassen haben mag.

Anwendung und Wirkung: Bei trockenem, fliegendem Haar ist die Haarpomade sehr nützlich. Man verreibt ein klein wenig davon in den Händen, wodurch die Pomade schmilzt. Diesen Hauch massiert man ins Haar. Für den Effekt der modernen, stark glänzenden Lockenfrisuren, bei denen das Haar wie naß oder gelackt aussehen soll, verreibt man etwas Haarpomade in den Händen, verteilt sie auf eine weiche Bürste und frisiert sie gleichmäßig ins Haar.

CRÈME DE VASELINE

Zutaten: 70 g Vaseline
5 g Kakaobutter
10 g Lanolin anhydrid (1 gehäufter Kaffeelöffel)
5 Tropfen Zitronenöl

Zubereitung: Diese klassische Handschutzcreme ist sehr einfach herzustellen. Zuerst schmilzt man die Vaseline auf dem kochenden Wasserbad, dann fügt man Kakaobutter und Lanolin anhydrid hinzu und schmilzt alles bis auf 70 Grad. Mit dem elektrischen Handrührmixer rühren; sobald die Mischung abgekühlt ist, parfümieren und kaltrühren. In Cremedose abfüllen. Statt Zitrone können Sie auch andere Duftnoten nehmen, etwa Lavendel, Melisse oder Pfefferminze.

Anwendung und Wirkung: Durch die Zugabe von Vaseline ist diese schützende Handsalbe stark wasserabstoßend und hautschützend. Die regelmäßigen Einreibungen der Hände schützen die Haut vor Rissen, Schrunden, Röte und Entfettung.

Man kann sich einen Topf mit Crème de Vaseline in die Küche stellen, damit man nicht vergißt, sich vor und nach der Küchenarbeit die Hände damit einzumassieren. Daneben ist die Crème de Vaseline auch eine gute Handschutzsalbe bei naßkaltem Wetter, für die Gartenarbeit und für alle Arbeiten, die man im Freien verrichtet.

ROSEN-HANDWASCHGEL

Zutaten: 6 g Blattgelatine (etwa 3 Blatt)
80 g Glyzerin
100 g Rosenwasser
1 knapper Eßlöffel Bienenhonig
5 Tropfen synthetisches Rosenöl

Zubereitung: Die Blattgelatine – man kann statt dessen auch Gelatinepulver nehmen – 5 Minuten in kaltem Wasser einweichen. Inzwischen setzen Sie das Rosenwasser aufs kochende Wasserbad. Die gut ausgedrückte Gelatine ins heiße Rosenwasser geben und ein wenig verrühren, bis sie sich ganz aufgelöst hat. Nun den Bienenhonig dazugeben und die Mischung auf 60 Grad erwärmen. Vom Feuer nehmen und das Glyzerin einrühren. Gründlich verrühren und in eine Flasche mit breiter Öffnung abfüllen; offen stehen lassen, bis die Mischung geleeartig fest ist.

Anwendung und Wirkung: Die duftende Rosengelatine ist eine Art Luxusseife aus Großmutters Zeiten. Es genügt schon eine sehr kleine Menge davon, um sich die Hände damit zu waschen. Gelatine, heute unter dem Begriff Kollagen modisch aufgewertet, wurde früher viel für Waschcremes, Handcremes und Rasiergels verwendet. Als Ersatz für Gelatine diente früher häufig Agar-Agar. Durch die Beifügung von Bienenhonig wirkt die Waschung mit dem duftenden Gel wirklich sehr angenehm pflegend und glättend auf die Haut. Als Regenerationskur für rissige, spröde und rote Hände kann man das Waschgel zeitweilig anstelle von Seife benutzen.

DRY SHAMPOO

Zutaten: 70 g Reisstärke oder Weizenstärke
10 g Talkum
10 g Bolus Alba

Zubereitung: Die drei pulvrigen Zutaten werden in einer Schüssel gut vermischt und anschließend zweimal durch ein dünnmaschiges Küchensieb geschüttelt. Durch einen Trichter oder mit dem Löffel in Streudose abfüllen. Falls Sie keine Streudose haben, können Sie sich leicht selbst eine herstellen; nehmen Sie ein formschönes Industrieglas und durchlöchern Sie den Blechdekkel mit Nagel und Hammer. Achten Sie darauf, daß die Löcher nicht zu groß werden, am besten macht man mit einem dünnen Nagel viele kleine Löcher.

Anwendung und Wirkung: Dieses einfach herzustellende Trokkenshampoo wird hauchfein ins Haar gepudert und nach kurzer Einwirkungszeit am offenen Fenster gründlich ausgebürstet. Die saugfähigen Zutaten nehmen Schmutz und Fett aus dem Haar, und so kann man das Haar zwischen zwei Haarwäschen provisorisch reinigen. Auch für die Haarpflege von Kranken kann man das Dry Shampoo gut gebrauchen. Die Parfümierung des Pulvers ist nicht ratsam, da es auf diese Weise schon Fettstoffe aufsaugen und dies den Effekt für die Haarpflege schmälern würde.

PFEFFERMINZ-ZAHNPULVER

Zutaten: 30 g Schlemmkreide
20 g Milchzucker
10 g Iriswurzelpulver
3 Tropfen Pfefferminzöl

Zubereitung: Alle Zutaten für das Pfefferminz-Zahnpulver bekommt man beim Apotheker. Man gibt die ersten drei Pulver in eine Porzellanschüssel und vermischt sie. Nun träufelt man das Pfefferminzöl hinein und rührt die Mischung mit einem Kochlöffel durch. Dreimal durch ein Küchensieb schütteln. Am besten nimmt man dazu eine Flasche, aus der sich das Pulver leicht auf die Zahnbürste stäuben läßt. Man kann das Pulver auch in eine verschließbare Dose geben und beim Zähneputzen die angefeuchtete Zahnbürste in das Pulver drücken.

Anwendung und Wirkung: Mit diesem angenehmen altmodischen Zahnpulver werden die Zähne weiß und glänzend. Schon ein wenig Pulver auf der Zahnbürste genügt, um die Zähne damit gründlich zu reinigen. Wenn man von stark antibakteriellen Schaumbergen im Mund wenig begeistert ist, wird man das Zahnputzpulver gerne als Ersatz akzeptieren. Aus der Sicht des Zahnarztes geht es bei der Zahnreinigung in erster Linie darum, die Speisereste und den Zahnbelag mechanisch zu entfernen. Hierbei sollte aber die natürliche Bakterienflora des Mundes nicht radikal angegriffen werden, wie das bei stark antiseptischen Zahncremes der Fall ist.

DAS TOILETTENWASSER DER HERZOGIN VON ALBA

Zutaten: 100 g Lavendeltinktur
50 g Melissentinktur
50 g Ringelblumentinktur
20 g Vanilletinktur
5 g Benzoetinktur
30 g Alkohol 90%
1 Kaffeelöffel synthetisches Rosenöl

Zubereitung: Alle Zutaten für das Toilettenwasser der Herzogin von Alba bekommt man in der Apotheke. Man löst das Rosenöl im Alkohol auf und vermischt alle Zutaten miteinander. In eine dunkle Apothekerflasche abfüllen und einige Tage durchziehen lassen; öfter schütteln. Zu diesem hübschen Rezept gibt es noch eine Variante, die für die Sommermonate gedacht ist. Hierzu legt man einige frische Erdbeeren in Alkohol ein und läßt die Mischung 14 Tage an der Sonne stehen. Danach wird der aromatische Erdbeerschnaps abgefiltert und mit den übrigen Zutaten vermischt. Wenn man dieses Rezept probieren will, kann man statt Rosenöl zur Parfümierung auch synthetischen Erdbeerduft nehmen.

Anwendung und Wirkung: Die spanische Herzogin von Alba galt zu ihrer Zeit als eine der schönsten Frauen Europas, und es gibt zahlreiche Geschichten über ihr skandalumwittertes Leben; Goya bevorzugte sie als Modell, und ihr Aktbildnis war Anlaß eines großen gesellschaftlichen Skandals. Nach den Aufzeichnungen der Herzogin wurde ihr Toilettenwasser aus Tinkturen von frischen Pflanzen bereitet. Wenn man die Tinkturen selbst ansetzen möchte, findet man die Anleitung dazu im letzten Kapitel dieses Buches.

Das stark aromatisch duftende Toilettenwasser dient zur Erfrischung und Belebung des Körpers nach dem Bad. Man reibt sich von Kopf bis Fuß damit ein, und sein angenehmer Duft hält den ganzen Tag an.

KRÄUTER-HAARWASSER

Zutaten: 50 g Klettenwurzeltinktur
20 g Huflattichtinktur
20 g Birkenblättertinktur
20 g Alkohol 90%
$^1/_2$ Kaffeelöffel Melissenöl

Zubereitung: Alle Tinkturen bekommt man in der Apotheke; wenn man sie selbst zubereiten will, findet man die Anleitung dazu im letzten Kapitel dieses Buches. Man löst das Melissenöl im Alkohol auf und vermischt alle Zutaten miteinander. In dunkle Apothekerflasche abfüllen.

Anwendung und Wirkung: Tropfenweise verteilt man das Kräuterhaarwasser auf der Kopfhaut und massiert es sanft ein. Das biologisch hochwertige Haarwasser hilft gegen Schuppen und stark fettende Kopfhaut, ist für den Haarboden gesund, wirkt durchblutungssteigernd und regt den Haarwuchs an. Man muß es allerdings regelmäßig anwenden, um einen dauerhaften Erfolg zu erzielen.

BIRKENBLÄTTER-HAARWASSER

Zutaten: $^1/_2$ Handvoll Birkenblätter
100 g Alkohol 80%
100 g destilliertes Wasser
2 Tropfen Pfefferminzöl

Zubereitung: Man gibt die getrockneten Birkenblätter in ein gut verschließbares Gefäß und übergießt sie mit 95 g vom Alkohol und dem destillierten Wasser. Acht bis zehn Tage läßt man die Mischung bei Zimmertemperatur ziehen, wobei man sie öfter durchschüttelt. Danach seiht man das Haarwasser ab und filtert es durch den Kaffeefilter klar. Im restlichen Alkohol das Pfefferminzöl lösen und dazugeben. In dunkle Apothekerflasche abfüllen.

Anwendung und Wirkung: Von alters her wird den Birkenblättern eine heilbringende Wirkung auf das Haar und den Haarboden zugeschrieben. Die Birkenblätter enthalten vor allem Gerbstoff, Saponin, Bitterstoffe, Harz, Vitamin C und ätherisches Öl. Einreibungen des Haarbodens mit dem alkoholischen Auszug der Birkenblätter kräftigen die Kopfhaut, lindern Reizungen der Kopfhaut wie etwa Kopfjucken, heilen kleine Entzündungen ab und wirken sehr gut bei Schuppen und Schuppenflechte, fetter Kopfhaut und Haarausfall. Zweimal täglich sollte man sich den Haarboden mit dem Birkenblätter-Haarwasser einreiben, wenn man unter akuten Beschwerden zu leiden hat; ansonsten ist die Einreibung nach jeder Haarwäsche zu empfehlen.

THE ROYAL JOCKEY CLUB SACHET

Zutaten: 100 g Veilchenwurzelpulver
100 g Rosenblütenblätter
200 g getrocknete Orangenschalen
1 Vanilleschote
10 g Benzoeharz
10 g Gewürznelken

10 Tropfen Bergamottöl
10 Tropfen Rosenöl
5 Tropfen Geraniumöl
2 Tropfen Kassiaöl
1 g ätherisches Bittermandelöl

Zubereitung: Dies ist das Originalrezept des Royal Jockey Club Sachets, das traditionsgemäß für das englische Königshaus zubereitet wurde; ob es heute noch die königlichen Wäscheschränke durchduftet, ist nicht bekannt. Alle Zutaten für dieses Rezept kann man in der Apotheke kaufen, und wenn man Lust dazu hat, kann man es in kleineren Mengen und mit synthetischen Duftnoten herstellen.

Man zerkleinert die Vanilleschote und mischt die ersten sechs Zutaten in einer Schüssel. Dann träufelt man Parfümöle darüber, mischt alles gut durch und läßt die Mischung gut verschlossen einige Tage durchziehen. Dann füllt man die Mischung portionsweise in kleine Leinensäckchen ab, bindet sie fest zu und hängt sie im Kleiderschrank auf.

12. Kapitel

KLEINE HAUSAPOTHEKE MIT NATÜRLICHEN MITTELN FÜR GESUNDHEIT UND SCHÖNHEIT

Über den Umgang mit Heilkräutern

Heilkräuter zählen zu den erstklassigen Pflegemitteln bei allerlei Haut- und Haarproblemen. Bei innerlicher wie auch äußerlicher Anwendung garantieren sie die Gesundheit und Schönheit von Haut und Haar. Allerdings muß man den Anwendungen damit einen längeren Zeitraum hinweg treu bleiben, um einen dauerhaften Erfolg zu erzielen. Es wäre jedoch falsch, nun beispielsweise sechs Wochen lang jeden Tag Pfefferminztee gegen unreine Haut zu trinken. Richtig kurt man mit den Heilkräutern, wenn man etwa im Abstand von vier bis sechs Wochen immer wieder eine „Kurwoche" damit einlegt, und wenn man dazu keine Gelegenheit hat, dann hilft schon ab und zu ein Wochenende, wo man sich wirklich Zeit für innere und äußere Anwendungen nimmt.

Es macht sehr viel Spaß, die Heilkräuter selbst zu sammeln oder anzupflanzen, und ich habe Ihnen deshalb in den nachfolgenden Rezepten ein paar praktische Tips dazu gegeben. Natürlich bekommt man auch alle genannten Pflanzen fertig in Apotheken und Kräuterhandlungen zu kaufen. Wenn man Kräuter gerne selbst sammelt und ein Experte darin werden will, so gibt es zahlreiche Pflanzenbestimmungsbücher, die einem dabei weiterhelfen werden. Beim Sammeln der Heilkräuter zupft man entweder die Blüten oder Blätter ab oder man schneidet die Pflanze mit einer Schere. Hierbei muß man auch an das Aussamen der Pflanzen denken und niemals ein Fleckchen total abgrasen. Bei jeder Pflanze läßt man deshalb einige Blüten stehen. Die frisch gezupften Pflanzenteile bewahrt man auf dem Heimweg in einem Korb oder Leinensäckchen auf, auf keinen Fall darf man für den Transport eine luftundurchlässige Plastiktüte nehmen. Zu Hause werden die Pflanzenteile auf Papier ausgebreitet und an einem luftigen, schattigen Platz getrocknet. Sobald sie ganz getrocknet sind, bewahrt man sie an einem luftigen Platz auf, am besten eignet sich dazu ein Körbchen, das man aufhängen kann. Niemals dürfen Pflanzen luftdicht abgeschlossen sein oder gar mit Metallbehältern in Berührung kommen. Bei richtiger Aufbewahrung kann man seinen Vorrat gut über den ganzen Winter bringen. Denken Sie daran, daß man verschiedene Pflanzen nicht zusammen in einem Korb aufbewahren soll; es braucht jede Pflanze, um ihren Duft und ihre Heilkraft zu bewahren, ihr eigenes Plätzchen.

Um die helfenden Wirkstoffe der Heilpflanzen nicht zu beeinträchtigen, muß man sie sorgfältig verarbeiten. Manche Wirkstoffe in bestimmten Pflanzenteilen gehen durch starkes Erhitzen verloren. Bei der Zubereitung färbender Haarfestiger zum Beispiel ist das Erhitzen bei manchen Pflanzen notwendig, um genug Farbstoff aus der Pflanze zu ziehen. Aber bei der heilenden und pflegenden Kräuteranwendung geht man ausschließlich von der Heilwirkung der Pflanzenteile aus und nicht von ihrer Qualität als Farbträger. Aus diesem Grund ist die sorgsame Zubereitung so wichtig für den Erfolg der Kräuteranwendung. Die nachfolgende Tabelle gibt Ihnen dazu die Richtlinien für den Aufguß, den Tee, die Abkochung, für die Herstellung einer Tinktur und für den Kräuteressig.

ZUBEREITUNG GETROCKNETER HEILPFLANZEN

	Pflanzenteil	*Menge des Pflanzenteiles*	*Flüssigkeit*	*Behälter*	*Zeitdauer*
Aufguß	Blätter Blüten Wurzel	2 Eßlöffel	$^1/_4$ l kochend heißes Wasser	Keramik Porzellan Glas	bedeckt 3 Stunden ziehen lassen
Tee	Blüten Blätter Wurzel Rinde, je nach Eignung	$^1/_2$ bis 3 Kaffeelöffel, je nach Anweisung	1 Tasse heißes Wasser	Keramik Porzellan oder Tonkanne	bedeckt 10 Minuten ziehen lassen

	Pflanzenteil	*Menge des Pflanzenteiles*	*Flüssigkeit*	*Behälter*	*Zeitdauer*
Abkochung	Rinde Wurzel Samen	2 Eßlöffel	$^1/_4$ l Wasser	feuerfestes-Porzellan	bedeckt 20 Minuten schwach sieden lassen
Tinktur	jeder Pflanzenteil, abhängig von seiner Eignung	10 g	100 g Alkohol 70%	fest verschließbares Glas	4 bis 6 Wochen in der Sonne mazerieren lassen
Kräuteressig	Blüten Blätter Wurzel Schalen, je nach Eignung	1 Handvoll	$^1/_2$ l naturreiner Obst- oder Weinessig	fest verschließbares Glas	14 Tage in der Sonne mazerieren lassen

AUFGUSS

Einen Aufguß bereitet man im Prinzip wie starken Tee zu. Hierbei werden Pflanzenteile wie etwa Blüten und Blätter niemals gekocht, sondern nur mit kochendem Wasser übergossen. Dazu legt man die Pflanzenteile in eine Porzellanschüssel, übergießt sie mit dem kochendheißen Wasser und bedeckt sie. Die besten Ergebnisse erzielt man, wenn die Pflanzenteile mindestens drei Stunden lang durchgezogen haben. Den fertigen Aufguß seiht man durch ein Küchensieb ab und drückt dabei die Pflanzen gut aus. So kann man den Aufguß als frisches Gesichtswasser für äußerliche Anwendung nehmen. Wenn man das Haar damit spülen will, massiert man die Flüssigkeit gut ins Haar und in die Kopfhaut. Am besten läßt man das Haar anschließend in der Luft trocknen, da sich die Hitze der Trockenhaube ungünstig auf die pflanzlichen Heilstoffe auswirkt.

TEE

Für die Zubereitung des Kräutertees rechnet man einen halben bis drei Kaffeelöffel getrocknete Pflanzenteile auf eine Tasse Wasser. Man gibt die Kräuter in eine kleine Kanne aus Porzellan oder Keramik, übergießt sie mit kochendheißem Wasser und läßt die Mischung zehn Minuten ziehen, bevor man sie abseiht. Mit Honig süßen und nicht mehr als zwei bis drei Tassen täglich trinken.

ABKOCHUNG

Abkochung ist zwar ein üblicher, aber etwas irreführender Begriff für diese Methode des Pflanzenauszugs, denn Abkochung heißt nicht etwa kochen lassen, sondern nur sehr schwach sieden lassen. Man gibt die Pflanzenteile ins siedende Wasser und stellt die Temperatur des Herdes vorsichtshalber gleich auf kleinste Stufe ein. So läßt man die Pflanzenteile rund 20 Minuten bedeckt sieden, oder besser, eher ziehen als sieden. Die fertige Abkochung wird durch ein Küchensieb geseiht, bevor man sie weiterverwendet.

Für die Abkochung kommen Pflanzenteile, wie Rinde, Samen oder Wurzeln, in Frage. Man bereitet die Abkochung in einem feuerfesten Porzellantopf zu, da manche Pflanzen Farbe an Emaille abgeben können und auch, weil ungünstige chemische Verbindungen etwa mit Aluminium entstehen können.

TINKTUR

Manche Pflanzenteile lösen ihre Wirkstoffe nicht nur in Wasser, sondern nur in Alkohol, oder auch in Alkohol und Wasser. Der alkoholische Auszug aus einer Pflanze heißt Tinktur.

Es ist in diesem Buch sehr häufig von Tinkturen die Rede, und wenn man gerne Kräuter und Pflanzen sammelt, wird man vielleicht die Tinkturen auch gerne selbst zubereiten wollen. Man setzt die Tinktur in 70prozentigem Alkohol an und rechnet mit getrockneten Pflanzen im Verhältnis 1 : 10, also beispielsweise 10 g Kräuter auf 100 g Alkohol (70%). Die Pflanzenteile gibt man in ein gut verschließbares Gefäß mit breiter Öffnung, damit man sie später wieder entfernen kann. Je wärmer der Platz ist, den man sich für die Mazeration aussucht, desto besser ist das Ergebnis. Vier bis sechs Wochen sollte die Mischung in der Sonne oder an einem warmen Platz im Haus stehen. Danach seiht man die Tinktur ab und füllt sie in dunkle Apothekerfläschchen um. Dunkel aufbewahren.

KRÄUTERESSIG

Der Kräuteressig bietet eine einfache Methode des Auszugs: eine Handvoll Kräuter genügt für einen halben Liter reinen Obst- oder Weinessig. Die Mischung wird in einem gut verschlossenen Gefäß 14 Tage in die Sonne oder an einen warmen Platz im Haus gestellt. Danach seiht man den Essig ab und drückt die Pflanzenteile dabei gut aus. Durch den Kaffeefilter klarfiltern. Man füllt den Essig in eine dunkle Flasche und bewahrt ihn so auf. Zur Haarspülung vermischt man den Essig etwa eins zu eins mit Wasser. Abreibungen der Kopfhaut nimmt man mit unverdünntem Kräuteressig vor.

Heilkräuter gegen fette, unreine, großporige Haut und Akne

ALANTWURZEL

Die getrocknete Alantwurzel erhält man in Kräuterhandlungen. Wenn man die Wurzel selbst sammeln will, ist der späte Herbst die beste Zeit dafür. Die frische Wurzel wird der Länge nach durchgeschnitten, auf einen Faden aufgefädelt und im Schatten zum Trocknen aufgehängt. Die Wurzel enthält Inulin, ätherisches Öl, Alantsäure, Kampfer und Azulen.

Die Abkochung der Wurzelteilchen wird mit großem Erfolg

zu Waschungen bei Hautunreinheiten und Akne verwendet. Daneben kann man Umschläge und warme Kompressen mit der Abkochung machen. Auch gilt der Alanttee als gutes Blutreinigungsmittel; man rechnet einen halben Teelöffel der frischen oder getrockneten Wurzel für eine Tasse Teeaufguß.

EIBISCH

Die heilkräftigen Pflanzenteile des Eibisch sind neben der Wurzel auch die Blätter und die Blüten. Da der Eibisch bei feuchtem Boden auch im Garten gut wächst und so hübsch wie eine Blume blüht, sollte man ihn anpflanzen, dann hat man stets einen guten Lieferanten für Hustentee und auch für ein biologisch hochwertiges Kosmetikum in greifbarer Nähe. Die Eibischwurzel wird im Herbst geerntet, die Blüten während der Blütezeit und die Blätter nach der Blütezeit.

Bei der Zubereitung von Aufgüssen aus Blüten und Blättern oder bei Auszügen aus der getrockneten Wurzel besteht die Besonderheit beim Eibisch darin, daß man ihn niemals mit heißem Wasser in Berührung bringen darf. Die Wurzel, Blüten und Blätter müssen stets mit kaltem Wasser angesetzt werden und über Nacht ziehen. Nur in kaltem Wasser entwickelt der Eibisch seinen hochwertigen pflanzlichen Schleim, mit dem man bei fetter, unreiner, großporiger und entzündeter Haut die besten Heilerfolge erzielen kann. Zum Ausreifen von Karbunkeln kann man aus den feingeschabten Eibischwurzeln und aus Honig einen Brei rühren, den man auf ein Leinentüchlein streicht und auflegt. Der Eibischtee, kalt bereitet und lauwarm getrunken, wird nicht nur als Hustentee, sondern auch als Mund- und Gurgelwasser bei Entzündungen des Zahnfleisches gelobt. Man rechnet drei Teelöffel der Mischung von Wurzel, Blüten und Blättern auf eine Tasse Wasser.

HUFLATTICH

Man sammelt die Blüten und Blätter des Huflattich zur Blütezeit im April. Der Standort der Pflanze muß sonnig sein, denn auf schattigen Plätzen hat die Pflanze einen viel geringeren Heilwert. Blüten und Blätter werden luftig im Schatten getrocknet. Wenn man das Kraut fertig kauft, sollte man die Blüten und Blätter nehmen und beides vermischen.

Blüten und Blätter des Huflattich enthalten wertvollen pflanzlichen Schleim, Gerbstoff, Kalzium und vor allem Schwefel. Während die Gerbstoffe kontrahierend und antiseptisch wirken, dienen die Schleimstoffe als Schutz gegen entzündungsbereite Haut, und auch der Schwefel wirkt antiseptisch und klärend. Von den ältesten Naturärzten des Altertums bis zu Pfarrer Kneipp wird der entzündungshemmenden Wirkung des Huflattich einhelliges Lob gezollt. Bei unreiner, entzündungsbereiter und fetter Haut kann man den Aufguß vom Huflattich sehr gut gebrauchen, auch verhilft die regelmäßige Anwendung von Gesichtsdampfbädern mit Blüten und Blättern vom Huflattich zu einer sichtbaren Verbesserung der übermäßigen Talgdrüsenaktivität der fetten Haut. Bei innerer Anwendung hilft der Huflattichtee als schleimlösender Hustentee, wobei man zwei Teelöffel für eine Tasse Wasser rechnet.

KAMILLENBLÜTEN

Von Juni bis August sammelt man die Blütenköpfe der Kamille, und mit etwas Glück findet man noch ein biologisch sauberes Getreidefeld, in welchem die Kamille am besten gedeiht. In diesem natürlichen Verbund entwickelt sie ihren höchsten Gehalt an wertvollem Kamillenöl, dem Hauptheilstoff der Kamille. Je reichlicher das Kamillenöl zusammen mit Azulen in der Pflanze vorhanden ist, desto besser ist die entzündungswidrige Kraft der Pflanze.

Mit der getrockneten Kamillenblüte kann man Tinkturen, Aufgüsse und Tee machen. Kamille klärt, reinigt, beruhigt und erfrischt und wirkt bei innerlicher und äußerlicher Anwendung vor allem gegen Entzündungen und Hautunreinheiten. Unterstützen kann man die heilende und beruhigende Wirkung, wenn man dem warmen Kamillenaufguß einen Löffel reinen Bienenhonig zusetzt.

LABKRAUT

Den ganzen Sommer hindurch kann man das blühende Kraut sammeln. Man findet die Pflanze auf Wiesen, entlang der Hekken oder an Holzzäunen, an denen sie sich gern hinaufrankt. Man kann sowohl das Klettenlabkraut als auch das sogenannte Wahre Labkraut sammeln. Neben Glykosid enthält die Pflanze Zitronensäure, Galitansäure und eine Reihe von Spurenelementen.

Seit Jahrhunderten wird das Labkraut in der Volksheilkunde zur Behandlung von Hautkrankheiten verwendet. Sowohl der frisch gepreßte Saft des Krautes wie auch der Aufguß gelten heute noch als gutes Heilmittel gegen Schuppenflechte, Ekzeme und Hautunreinheiten.

PFEFFERMINZE

Man muß die Pfefferminze genau kennen, wenn man sie sammelt, denn sie hat einen Doppelgänger, die sogenannte falsche Pfefferminze. Die echte Pfefferminze erkennt man an ihrem rötlichen Stengel und an ihren länglich spitzen und rötlich angelaufenen Blättern. Man sammelt die Blätter und blühenden Triebspitzen bei prallem Sonnenschein um die Mittagszeit, dann ist ihr Gehalt an hochwertigem Pfefferminzöl in Blättern und Blüten am höchsten. Die Heilwirkung der Pflanze beruht in erster Linie auf dem Pfefferminzöl, das wiederum 50 bis 90 Prozent Menthol enthält.

Aufgüsse der Pfefferminze sind ein ideales kosmetisches Mittel bei großporiger, schlaffer und unreiner Haut. Die Pfefferminze fördert die Durchblutung, klärt die Poren, wirkt erfrischend und angenehm adstringierend. Innerlich eingenommen, hilft der Pfefferminztee bei Gallenbeschwerden, bei Magen- und Darmbeschwerden. Man rechnet zwei Teelöffel der Blätter und blühenden Triebspitzen auf eine Tasse Wasser.

QUITTE

Für die heilende Pflege unreiner, fetter und großporiger Haut kann man den Saft der frischen Früchte gut gebrauchen. Die Frucht enthält reichlich wertvolle Schleimstoffe, Öl, Emulsin und Vitamin C. Daneben zählt der wertvolle Quittensamen, den man in Kräuterhandlungen kaufen kann, mit seinem Gehalt an heilwirksamem Quittenschleim zu den besten Mitteln gegen entzündliche, unreine und großporige Haut.

Aus den Quittensamen bereitet man eine Abkochung und seiht den hochwertigen Pflanzenschleim durch ein Küchensieb ab. Mehrmals täglich reibt man damit die Haut (auch die Kopfhaut) ein. Neben der reizmildernden und entzündungswidrigen Eigenschaft löst der heilwirksame Quittenschleim auch eine adstringierende Wirkung aus, die auf seinen Gehalt an Gerbstoffen zurückzuführen ist.

ROSMARIN

In jedem sonnigen Garten kann man den Rosmarin anpflanzen, der uns als köstliches Küchengewürz ebenso wie als gutes Heilmittel dient. Die Blüten und das Kraut werden im Schatten getrocknet, denn erst in der getrockneten Pflanze kommt das wertvolle ätherische Rosmarinöl voll zur Entfaltung. Wenn man unter unreiner Haut zu leiden hat, sollte man die Speisen mit viel frischem Rosmarin und Thymian würzen.

Tee und Aufguß vom getrockneten Rosmarin wirkt bei innerer und äußerer Anwendung durchblutungsfördernd, er steigert die Sekretion der Talgdrüsen und reinigt verstopfte Poren, deshalb sind auch warme Gesichtsdampfbäder mit Rosmarin sehr zu empfehlen. Die Tinktur vom Rosmarin gilt als vorzügliches Mittel zum Einreiben bei Nervenschmerzen.

Bei Überanstrengung und geistiger Erschöpfung empfahl Pfarrer Kneipp seinen Rosmarinwein. Dafür läßt man 70 g Rosmarinblätter in einem Liter gutem Weißwein vier Tage lang durchziehen, bevor man die Blätter abseiht. Dreimal am Tag soll man vor den Mahlzeiten ein Schnapsgläschen davon trinken.

SALBEI

Der Wiesensalbei, der fast auf allen Wiesen und Weiden gedeiht, ist allgemein bekannt. Im Juni und Juli sammelt man die Blätter und Blüten. Für den Gärtner lohnt sich der Anbau des echten Gartensalbei, sowohl als Gewürz wie als Heilmittel kann man ihn gut gebrauchen. Als Tee wirkt der Salbei vor allem blutreinigend und schweißregulierend, und man sollte ihn öfter trinken, wenn man zu übermäßiger Schweißabsonderung neigt. Für die Zubereitung des Tees rechnet man einen Teelöffel Salbei auf eine Tasse Wasser.

Der Salbei enthält verschiedene ätherische Öle, Kampfer, Gerbstoff, Bitterstoffe und Eiweiß. Gegen unreine Haut hilft der Salbei sowohl bei äußerer als auch bei innerer Anwendung. Salbei hat antiseptische, reinigende und entzündungswidrige Eigenschaften, deshalb kann man ihn auch sehr gut zur Behandlung von Akne empfehlen.

SPITZWEGERICH

Von Mai bis Mitte September kann man die Spitz- und Breitwegerichblätter überall auf Wiesen und Wegrändern sammeln. Man muß die Blätter vor der Weiterverarbeitung nicht trocknen lassen, sondern wäscht sie lediglich unter kaltem Wasser. Spitzwegerich wirkt vor allem zusammenziehend und wird mit gutem Erfolg als Wundkraut angewendet. Das wissen auch Bergwanderer zu schätzen, die frische Spitzwegerichblätter auf die wundgelaufenen Füße legen.

Bei großporiger, unreiner und fetter Haut kann man aus den Spitzwegerichblättern Aufgüsse machen. Man kann aber auch den Saft aus den gekneteten Blättern quetschen und auf die entzündeten Hautstellen auftragen. Innerlich wirkt der Spitzwegerichtee vor allem als Blutreinigungstee, wozu man zwei Teelöffel des getrockneten Krauts auf eine Tasse Wasser nimmt.

THYMIAN

Wenn man ihn sammelt, kann man ihn leicht mit dem sogenannten wilden Thymian, dem Quendel, verwechseln. Das wäre insofern kein Schaden, denn Quendel ist, ähnlich wie der Thymian, eine Heilpflanze von stark desinfizierender Kraft. Man sammelt beide Pflanzen zur Blütezeit im Juni, bindet die kleinen Pflänzchen zu einem Strauß zusammen und hängt sie zum Trocknen an einen luftigen, schattigen Platz.

Der hocharomatische Thymian, der in keinem guten Kräutergarten fehlen sollte, enthält vor allem wertvolles ätherisches Öl. Die Menge dieses Öls unterliegt je nach Standort der Pflanze sehr großen Schwankungen. Außerdem braucht Thymian sehr viel Sonne, um seinen vollen Gehalt an ätherischem Öl zu entwickeln.

Mit viel Thymian sollte man die Speisen würzen, wenn man unter unreiner und fetter Haut zu leiden hat. Tinkturen und Aufgüsse von Thymian wirken antiseptisch, sie öffnen und reinigen die Poren und wirken Hautunreinheiten und Entzündungen der Haut stark entgegen. Den Thymiantee schätzt man bei Erkrankungen der Atmungsorgane, als Husten- und Blutreinigungstee. Einen Teelöffel getrockneten Thymian braucht man für eine Tasse Wasser. Mit Honig süßen.

ZINNKRAUT

Das Zinnkraut ist auch unter der Bezeichnung Schachtelhalm bekannt, und man sammelt es auf nicht zu feuchten Plätzen im Hochsommer. An Feldrändern, auf Böschungen und Bahndämmen ist es sehr häufig zu finden. Der idealste Standort des Zinnkrauts ist reiner Lehmboden, wo das frische Zinnkraut bis zu 16 Prozent wertvoller Kieselsäure enthält.

Als Blutreinigungstee zur innerlichen Anwendung genießt das Zinnkraut einen vorzüglichen Ruf. Einen gehäuften Teelöffel des frischen oder getrockneten Krauts rechnet man für eine Tasse Tee. Man setzt den Tee kalt an, läßt ihn eine Minute aufkochen, eine Minute ziehen und seiht ihn dann ab. Mit Honig süßen.

Bei äußerer Anwendung, zum Beispiel in Form von Gesichtsdampfbädern, Umschlägen oder Abreibungen mit dem Zinnkrautaufguß, zählt die Heilpflanze zu den besten Mitteln bei unreiner und großporiger Haut. Vor allem ihr hoher Gehalt an wasserlöslicher Kieselsäure fördert die vermehrte Durchblutung des Gewebes. Auch bei Erkrankungen des Haarbodens, wie etwa schuppende, fette, entzündungsbereite Kopfhaut, wendet man den Aufguß vom Zinnkraut gerne an.

Heilkräuter gegen trockene, müde und schlaffe Haut

FENCHELWURZEL

Der Fenchel zählt zu den ältesten Heilpflanzen in der Geschichte der Heilkräuterkunde. Einige Jahrtausende vor unserer Zeitrechnung war er in der altchinesischen Heilkunde schon geschätzt, und man verwendete den Hui Hsiang vor allem als Heilpflanze bei Magenerkrankungen. Der Fenchel ist zwar in Südeuropa beheimatet, aber auch in unseren Gärten kann man ihn problemlos anbauen.

Die Fenchelwurzel enthält ätherisches und fettes Öl, Anethol und Fenchon sowie wertvolle pflanzliche Eiweißsubstanzen. Man trocknet die Wurzel im Schatten und bereitet davon Abkochungen oder Fencheltee zu. Bei trockener, müder Haut wirkt das frische Gesichtswasser der Abkochung wunderbar glättend, beruhigend und heilend.

HONIG

Die vielen guten Eigenschaften von naturreinem Bienenhonig könnte man über viele Seiten hinweg beschreiben; Honig stärkt die Gesundheit und steigert das allgemeine Wohlbefinden, und bei äußerlicher Anwendung hilft er vor allem bei nervöser, schuppiger und trockener Haut.

Wenn man Honig in etwas warmer Milch löst, so erhält man rasch ein heilwirksames Gesichtswasser. Auch als Zusatz zu Gesichtsdampfbädern kann man Honig verwenden, wobei man bei trockener Haut die Dämpfe nur warm und nicht heiß einwirken lassen soll. Ein wenig Honig im Badewasser glättet spröde Körperhaut. Frischer Bienenhonig, mit Fettcreme vermischt, ergibt eine glättende Gesichtspackung. Bienenhonig in warmem Wasser gelöst, gibt stumpfem Haar herrlichen Glanz und Festigkeit. Außerdem kann man naturreinen Bienenhonig Kräuterspülungen und Abkochungen zusetzen. Honig glättet und nährt die Haut, wirkt mild desinfizierend, beruhigt nervöse, empfindsame Haut und führt bei regelmäßiger innerer und äußerer Anwendung zu einer sichtbaren Verbesserung des Hautreliefs.

LINDE

Die Blüten der Linde werden zur Blütezeit und die Blätter von April bis Mitte Juni gesammelt. Man läßt die Pflanzenteile im Schatten trocknen und bewahrt sie an einem luftigen, schattigen Platz auf.

Die blutreinigende und schweißtreibende Kraft des Lindenblütentees ist allgemein bekannt. Der in den Lindenblüten und -blättern enthaltene pflanzliche Schleim, die Vitamine und die fetten Öle machen den Aufguß von Lindenblüten auch bei äußerer Anwendung, etwa in Form warmer Dampfbäder, Kompressen und Einreibungen, zum erstklassigen Hilfsmittel bei schlaffer, schlecht durchbluteter, trockener und spröder Haut.

MALVE

Unter der Bezeichnung Käsepappel ist die Malve in der Volksheilkunde bekannt. Die rosa bis violett blühende Malve wächst an Wegen, Zäunen, an Bahndämmen und Mauern. Die Blüten sammelt man während der Blütezeit und die Blätter und Wurzeln von der zweiten Junihälfte bis Mitte September.

Die Malve ist eine uralte Heilpflanze, und der Malventee ist als Erfrischungstee und auch als erweichender und lösender Hustentee sehr geschätzt. Wenn man die Blüten, die Blätter und auch die Wurzeln für innere und äußere Anwendung gebrauchen will, muß man bei der Zubereitung darauf achten, daß der pflanzliche Schleim der Pflanze nicht durch falsche Behandlung verloren geht. Wie beim Eibisch werden die Blüten, Blätter und Wurzelteilchen mit kaltem Wasser übergossen und über Nacht durchziehen gelassen. Am nächsten Tag seiht man die dickliche Flüssigkeit ab. Zur Beruhigung nervöser, trockener und schlecht durchbluteter Haut kann man mit Abreibungen und Kompressen des Malvenschleims sehr gute Heilerfolge erzielen. Nach einem alten Rezept aus der Volksheilkunde kocht man die zerquetschten Malvenblüten, Blätter und die Wurzel einmal in Olivenöl auf und verwendet das abgeseihte Öl zum Einreiben bei spröder und rissiger Haut.

MELISSE

Die Zitronenmelisse ist ein anspruchsloses Pflänzchen, und wenn man sie im Garten anbauen will, wird sie wenig Mühe machen. Sie wächst rasch, und man kann die üppig wuchernde Pflanze für viele Zwecke verwenden. Im Sommer kann man die Melisse als köstliches Salatgewürz nehmen, denn sie paßt ausgezeichnet in viele kalte Saucen und Marinaden. Zur Verwendung als Schönheitsmittel pflückt man die obersten Sprossen und die Blätter zwischen Juni und September und läßt sie im Schatten trocknen.

Neben Bitterstoffen, Mineralsalzen und Gerbstoff enthält die Melisse ein heilwirksames Öl, das einen feinen, zitronenähnlichen Geruch und Geschmack hat. Den Melissentee schätzt man vor allem als herzstärkendes Mittel. Man rechnet einen Teelöffel für eine Tasse Wasser. Bei Schlafstörungen kann man das Melissenkraut zu gleichen Teilen mit Baldriankraut vermischen.

Gesichtsdampfbäder, Kompressen und Einreibungen vom Aufguß des Melissenkrauts beleben schlecht durchblutete und schlaffe Haut, sie erfrischen und stärken und wirken auf milde Weise desinfizierend.

ROSE

Die frischen, ungespritzten Blütenblätter der Gartenrose sammelt man in der Vollblüte, jedoch nur bei ganz trockenem, heißem Wetter. Damit hat man die Garantie, daß die Rosenblätter ihren Höchstgehalt an ätherischem Öl erreicht haben. Neben dem heilwirksamen Rosenöl enthalten die Blütenblätter auch Gerbstoff, Fett, Apfel-, Weinstein- und Bernsteinsäure.

Als Blutreinigungstee haben sich die getrockneten Rosenblätter gut bewährt. Man nimmt dazu einen gehäuften Teelöffel auf eine Tasse Wasser und süßt den Tee mit Honig. Mit frischgepflückten Rosenblättern rieb man sich früher das Gesicht ab, wenn die Haut müde und schlecht durchblutet war. In Weißwein abgekochte Rosenblätter galten als stärkendes Getränk gegen Abgespanntheit, und noch unsere Großmütter tranken Rosensirup als herzstärkendes Mittel.

Der Zusatz getrockneter Rosenblätter in warmen Gesichtsdampfbädern und Kompressen wird auch von der trockenen, empfindlichen Haut gut vertragen. Für die Kompresse bereitet man einen Aufguß, erwärmt ihn leicht und löst einen Kaffeelöffel Bienenhonig darin auf. Ein Mulltüchlein in die Flüssigkeit legen und die leicht ausgedrückte Kompresse auf das gutgereinigte Gesicht auflegen. Mehrmals wiederholen.

WEISSDORN

An günstigen Standorten kann der Weißdornstrauch bis zu fünf Meter Höhe erreichen. Man sammelt die duftenden Weißdornblüten von Mai bis Mitte Juni, die Blätter bis Mitte Juli und läßt die Pflanzenteile im Schatten trocknen.

Als herz- und nervenstärkendes Mittel ist der Weißdorn berühmt, und in der Homöopathie gibt es eine vorzügliche Tinktur aus frischen Weißdornfrüchten, die der Arzt zur Regulierung der Herztätigkeit verschreibt. Aber auch der Weißdorntee aus getrockneten Blüten und Blättern, den man ohne ärztliche Anweisung trinken darf, wirkt allgemein kräftigend, beruhigend und stärkend. Für eine Tasse Wasser braucht man einen Teelöffel des getrockneten Krautes.

Auch bei äußerer Anwendung helfen die kleinen Weißdornblüten und -blätter, die Haut zu beruhigen, und sie sind ganz ideal für nervöse und trockene Haut, sei es in Form warmer Dampfbäder oder als Einreibung, wobei dem Aufguß Bienenhonig beigefügt wird.

WEIZEN

Es ist vielleicht nicht allgemein bekannt, daß man auch den Weizen zu den Heilpflanzen zählt: die Weizenkeime, die Weizenkleie und das ungebleichte Weizenmehl.

Die Weizenkeime enthalten Öl, hochwertiges Eiweiß, Spurenelemente, Hormone, Vitamin A und zahlreiche B-Vitamine, Vitamin C und vor allem das wichtige Fruchtbarkeitsvitamin E. Wenn man unter trockener und spröder Haut zu leiden hat, sollte man täglich Weizenkeime essen; mit ein wenig warmer Milch und Honig angerührt, gehören sie zu den wichtigsten und besten Schönheitsmitteln für die innere Anwendung.

Für die äußere Anwendung ist Weizenkleie bestens geeignet. Zusammen mit warmem Wasser rührt man daraus einen weichen Brei, mit dem man sich das Gesicht waschen kann. Dabei massiert man den Brei leicht ein und wäscht ihn anschließend mit viel warmem Wasser ab. Das klärt, durchblutet, erfrischt und beruhigt die trockene, nervöse und schlaffe Haut.

Mit unpräpariertem Weizenmehl aus dem Reformhaus kann man eine sehr heilsame Packung gegen trockene, spröde und nervöse Haut machen. Dazu verrührt man etwas Mehl mit warmer Milch, Honig und einem Stückchen Butter und trägt den warmen Brei auf Gesicht und Hals auf. Mit einer feuchtwarmen Kompresse wird die Packung bedeckt, und nach einer halben Stunde wird sie mit viel warmem Wasser abgewaschen.

Heilkräuter für angegriffenes, sprödes Haar und trockene Kopfhaut

Allgemeines: Überprüfen Sie Ihre Ernährung, denn trockene Haut und trockenes Haar können auch durch einseitige Kost entstehen. Ein wunderbares fett- und feuchtigkeitsspendendes Mittel, das Haut und Haar von innen heraus nährt, sind alle rein pflanzlichen Öle. Die vitaminreichen Pflanzenöle mit ihren ungesättigten Fettsäuren gehören in jede kalt zubereitete Salatsauce, in Marinaden, mit denen Sie frisch geraspeltes Gemüse essen.

Wenn das Haar durch unsachgemäße Behandlung, durch Dauerwellen und schädigende Haarfarben trocken, spröde und glanzlos geworden ist, hilft am besten eine Kur mit Klettenwurzelöl. Die Rezeptur finden Sie im Anschluß.

Versäumen Sie nie, das Haar nach jeder Haarwäsche mit einem heilenden Kräuteraufguß, einer Abkochung oder mit Kräuteressig zu pflegen. Manche Kräuter geben Farbe ab, suchen Sie sich deshalb in der anschließenden Tabelle das richtige Kräutlein für Ihre Haarfarbe aus und wenden Sie es wie angegeben an.

KLETTENWURZELÖL

Zutaten: 2 Handvoll getrocknete Klettenwurzeln
$^{1}/_{2}$ l Olivenöl

Zubereitung: Nehmen Sie eine gut verschließbare Flasche mit breiter Öffnung. Geben Sie die getrockneten Klettenwurzeln hinein und übergießen Sie die Wurzelteile mit dem Olivenöl. Gut verschlossen für drei Wochen in die Sonne oder an einen warmen Platz im Haus stellen. Öfter durchschütteln. Das Öl abseihen und in einer dunklen Flasche an einem kühlen Ort aufbewahren.

Anwendung und Wirkung: Eine Kräutermayonnaise ist besonders wohltuend für trockenes und sprödes Haar. Das Haar wird einmal gewaschen und vorgetrocknet. Nun rührt man ein wenig Klettenwurzelöl in ein Eigelb ein, so daß eine glatte Mayonnaise entsteht. Aufs Haar auftragen und mindestens eine halbe Stunde unter einer wärmenden Plastikhaube einziehen lassen. Danach wird das Haar gründlich gewaschen und mit Kräuteressig geklärt.

Vor jeder Haarwäsche kann man mit dem Klettenwurzelöl auch die trockene Kopfhaut und spröde Spitzen einreiben. Auch diese kleine Schnellkur sollte unter einer wärmenden Plastikhaube einwirken.

HEILKRÄUTER FÜR BRÜNETTES, ROTES UND DUNKLES HAAR

	Abkochung	*Aufguß*	*Kräuteressig*
Alantwurzel	×		
Brennesselblätter		×	
Brennesselwurzel			×
Eichenrinde	×		
Fenchelwurzel	×		
Melisse		×	×
Quittensamen	×		
Rosenblütenblätter		×	×
Pfefferminze		×	×
Klettenwurzel	×		
Lindenblüte	×		×
Malvenwurzel	×		

HEILKRÄUTER FÜR BLONDES HAAR

	Abkochung	*Aufguß*	*Kräuteressig*
Kamillenblüte		×	×
Rharbarberwurzel	×		
Quittensamen	×		
Leinsamen	×		
Löwenzahnblüte		×	
Weißdornblüte		×	×
Zitronenschale			×
Klettenwurzel	×		

Heilkräuter für schnellfettendes Haar, Schuppen und entzündungsbereite Kopfhaut

Allgemeines: Überprüfen Sie Ihren Speiseplan, denn entzündungsbereite, fettige und schuppige Kopfhaut kann durch einseitige Ernährung entstehen. Man hat festgestellt, daß der Mangel an Vitamin H zu entzündungsbereiter Haut führen kann; Vitamin H findet man in Weizenkeimen, brauner Zuckermelasse, Leber und Hirn.

Waschen Sie das Haar niemals mit stark entfettenden Detergentienshampoos, es fettet sonst um so rascher wieder nach. Bei stark schuppender Kopfhaut sollte man nach jeder Haarwäsche die Kopfhaut gründlich mit Brennesselessig einreiben. Auch der heilwirksame Kräuteraufguß oder eine Abkochung aus Wurzel, Holz oder Samen ist zu empfehlen. Da manche Kräuter Farbe abgeben, muß man sich mit der Auswahl der Heilkräuter auch nach der Haarfarbe richten. Suchen Sie sich in der anschließenden Tabelle das richtige Kräutlein aus und bereiten Sie es wie angegeben zu. Wie man Kräuteressig, eine Abkochung oder einen Aufguß herstellt, habe ich am Anfang des Kapitels beschrieben.

HEILKRÄUTER FÜR BRÜNETTES, ROTES UND DUNKLES HAAR

	Abkochung	*Aufguß*	*Kräuteressig*
Rosmarin		×	×
Salbei		×	
Huflattich		×	
Birkenblätter		×	×
Schellkraut		×	
Weidenblätter		×	
Heublume		×	
Pfefferminze		×	×
Labkraut		×	
Zinnkraut		×	
Brennesselblätter		×	

	Abkochung	Aufguß	Kräuteressig
Brennesselwurzel	×		×
Queckenwurzel	×		
Quittensamen	×		
Eibischwurzel	in kaltem Wasser über Nacht ziehen lassen		
Lavendelblüten		×	×

HEILKRÄUTER FÜR BLONDES HAAR

	Abkochung	Aufguß	Kräuteressig
Kamillenblüte		×	×
Arnikablüte		×	×
Lindenblüte		×	
Weißdornblüte		×	×
Ginsterblüte		×	
Zitronenschale			×
Quittensamen	×		
Löwenzahnblüte		×	
Honig		×	
Eibischwurzel	in kaltem Wasser über Nacht ziehen lassen		

Hausmittel für vielerlei Zwecke

WUNDHEILMITTEL: ARNIKATINKTUR

Zutaten: 2 Handvoll Arnikablüten
$^1/_2$ l Alkohol 70%

Zubereitung: In vielen Gegenden steht die Arnikablume unter Naturschutz. Wo man sie noch pflücken darf, sollte man sie vereinzelt schneiden und nicht abreißen. Niemals darf man ein Arnikafleckchen abgrasen, sondern immer ausreichend blühende Blumen zum Aussamen stehen lassen. Die Arnikablüten werden ausgebreitet im Schatten getrocknet. Dann gibt man sie in eine Flasche mit breiter Öffnung, gießt den Alkohol darüber und läßt sie gut verschlossen sechs Wochen lang in der Sonne oder an einem warmen Platz im Haus durchziehen. Danach füllt man die duftende, goldgelbe Flüssigkeit in ein dunkles Glas und bewahrt sie an einem dunklen Ort auf.

Anwendung: Die fertige Arnikatinktur bekommt man auch in Apotheken zu kaufen, und sie zählt zu den altbewährten Naturheilmitteln, die in keiner guten Hausapotheke fehlen sollten. Die Arnikablume ist in erster Linie ein Wundkraut, und bei Pfarrer Kneipp kann man über die Arnikatinktur nachlesen: „Die Tinktur von Arnika halte ich für das erste Heilmittel bei Verwundungen und kann es dehalb nicht genug empfehlen." Die Arnikatinktur wirkt schmerzstillend und fördert die Heilung von Verletzungen, die durch Stich, Schlag oder Stoß entstanden sind. Auch bei Gelenkschmerzen, Zerrungen und Stauchungen wirkt die Einreibung mit Arnikatinktur ganz vorzüglich. Umschläge mit der verdünnten Tinktur wirken sehr günstig bei Abzessen, Furunkeln und Fingernageleiterungen.

BEI EISENMANGEL: BRENNESSELPULVER

Eisenmangel macht sich vor allem bei Frauen durch Müdigkeit, Konzentrationsschwäche und Nervosität bemerkbar. Die Brennessel ist reich an mineralischen Spurenelementen, wie Eisen, Magnesium, Natrium, Kalium, Kieselsäure, Kalzium; ferner enthält sie Vitamin A, Gerbsäure und Gallussäure. In seiner biologischen Vollkommenheit dürfte deshalb das Brennesselkraut als Heilmittel jeder künstlichen Nachgestaltung vorzuziehen sein.

Von Ende Mai bis Ende Juni kann man die Brennessel sammeln. Heilkräftig sind die großen und kleinen Brennesseln, blühend oder nichtblühend. Man schneidet die ganze Pflanze und läßt sie ausgebreitet im Schatten trocknen. Sobald die Brennesseln vollkommen getrocknet sind, streift man die Blätter vom Stengel und zerreibt sie in den Händen. Man kann auch die trockenen Blätter im Mixer pulverisieren. Das gewonnene Pulver füllt man in ein lichtundurchlässiges Glas. Wegen seiner absoluten Geschmacksneutralität kann man nun das Brennesselpulver in zahlreiche Speisen geben. Es paßt in viele Saucen, in Gemüse und Suppen, in Füllungen und in alle Mischungen, für die man grüne Gartenkräuter verwendet.

VIELZWECKMITTEL: BRENNESSELSCHNAPS

Zutaten: 2 Handvoll frische Brennesselblätter
$^1/_2$ l Kornschnaps

Zubereitung: Die frischen Brennesselblätter zupft man von Ende Mai bis Ende Juni. Man füllt sie in ein Glas mit breiter Öffnung, gießt den Kornschnaps darüber, verschließt das Gefäß gut und stellt es sechs Wochen lang an die Sonne oder an einen warmen Platz im Haus. Ab und zu schütteln. Nach sechs Wochen seiht man den hellgrünen Brennesselschnaps ab und bewahrt ihn in einer dunklen Flasche auf.

Anwendung: Dieses uralte Rezept aus der Kräuterheilkunde hat bis heute nichts von seiner Aktualität verloren. Dem Brennesselschnaps sollte man unbedingt einen Platz in der Hausapotheke einräumen. Bei Magenverstimmungen und Sodbrennen kann man zweimal täglich nach dem Essen ein Schnapsgläschen davon trinken. Der alkoholische Auszug der Brennessel eignet sich auch gut als Einreibemittel bei fetter, schuppiger Kopfhaut.

UNIVERSALHAUSMITTEL: JOHANNISKRAUTÖL

Zutaten: frische Blüten und Blätter des Johanniskrauts
Olivenöl

Zubereitung: Von Mitte Juni bis Ende August kann man das blühende Johanniskraut sammeln. Es wächst an sonnigen Waldrändern, auf Heiden und an Feldrainen. Das gelbblühende, hochstielige Kraut ist mit keiner anderen Pflanze zu verwechseln, wenn man folgende Probe auf seine Echtheit macht:

Man zerreibt eine Blüte zwischen den Fingern, und wenn der ausfließende, blaurote Saft die Finger blauviolett färbt, dann hat man das echte Johanniskraut gefunden. Man schneidet das blühende Kraut mitsamt dem Stiel ab. Die vorsichtig abgezupften frischen Blüten und Blätter des Strauchs gibt man in eine Flasche mit breiter Öffnung und gießt die dreifache Menge Olivenöl darüber. Die Flasche wird gut verschlossen fünf bis sieben Wochen an die Sonne oder an einen warmen Platz im Haus gestellt. Alle zwei bis drei Tage wird die Flasche leicht durchgeschüttelt. Man wird beobachten, daß sich schon nach kurzer Zeit das Öl dunkelrot färbt. Sobald die Mazeration vorüber ist, gießt man den Flascheninhalt durch ein dünnes Leinentüchlein und preßt dabei die Pflanzen gut aus. Man füllt das Johanniskrautöl in dunkle Glasflaschen und bewahrt es an einem dunklen Platz auf. Seine Heilkraft hält bis zu zwei Jahre an.

Anwendung: Unter den Fertigprodukten findet man zahlreiche minderwertige Ersatzerzeugnisse; es empfiehlt sich deshalb ganz besonders, das echte, naturreine Öl selbst herzustellen. Bewährt hat sich das Johanniskrautöl vor allem bei der Behandlung von kleinen Wunden, als Einreibung bei Muskelverletzungen und Blutergüssen, bei Blasen und Frostbeulen. Als Massageöl bei Rücken- und Gliederschmerzen ist es ebenso zu empfehlen wie als Hautpflegemittel bei rauher und entzündungsbereiter Haut.

SCHÖNHEITS- UND HEILMITTEL: KAMPFERSPIRITUS

Zutaten: 90 g Alkohol 96%
10 g Kampferkristalle
10 g Wasser

Zubereitung: Die Zutaten bekommt man in der Apotheke. Die Kampferkristalle im Alkohol lösen. Die Mischung in eine dunkle Glasflasche geben und mit dem Wasser aufgießen. Gut schütteln. Beschriften und an einem dunklen Platz aufbewahren.

Anwendung: Der Kampferspiritus ist ein desinfizierendes, durchblutungssteigerndes, adstringierendes Mittel von intensivem Eigengeruch. Einreibungen mit Kampferspiritus wirken herrlich kühlend und erfrischend bei müden Füßen, bei Schwellungen und Gelenkschmerzen. Juckende Mückenstiche werden mit Kampferspiritus rasch zum Abklingen gebracht; unangenehme Schwellungen durch Mückenstiche können erst gar nicht entstehen, wenn man sofort nach dem Stich die betreffenden Stellen mit Kampferspiritus einreibt. In kosmetischen Produkten gegen fette und unreine Haut findet der stark verdünnte Kampferspiritus gute Anwendung.

Während der englischen Kolonisation entdeckten die Engländerinnen den Kampferspiritus als vielseitiges Schönheitsmittel. Einige Tropfen Kampferspiritus ins kalte Waschwasser gegeben, festigt die Haut und erfrischt sie. Gegen einzeln auftretende Mitesser und Pickel kann man den Kampferspiritus gut gebrauchen, denn er läßt Hautunreinheiten rasch abklingen. Auf Reisen sollte man unbedingt immer ein Fläschchen Kampferspiritus dabeihaben. Es ist das beste Universalhilfsmittel gegen Mückenstiche, müde Füße und schließlich auch gegen die lästigen kleinen Hautunreinheiten, die auf Reisen – bedingt durch die ungewohnte Ernährung – so gerne auftreten. Auch hilft eine Kompresse mit verdünntem Kampferspiritus gegen starke Kopfschmerzen und Migräne. Wenn sich auf langen Autoreisen die Rückenmuskulatur verkrampft oder der Hals steif wird, schafft die Einreibung mit Kampferspiritus rasch Linderung.

FÜR DEN WINTER: KAMPFERÖL

Zutaten: 90 g reines Olivenöl oder Rizinusöl
10 g Kampferkristalle

Zubereitung: Auf dem kochenden Wasserbad wird das Öl gut erwärmt. Die Kampferkristalle darin lösen, in dunkle Flaschen abfüllen und kräftig durchschütteln.

Anwendung: Das Kampferöl ist in kalten Wintermonaten vielseitig brauchbar. Bei Husten kann man die Brust damit einreiben, das verschafft freien Atem und Linderung bei starkem Husten. Bei kalten Füßen und auch bei Gelenkschmerzen helfen die Einreibungen mit Kampferöl, und bei beginnenden Erkältungskrankheiten ist ein wenig Kampferöl ein wunderbarer Zusatz für das heiße Bad.

EIN GUTER HUSTENSAFT: SPITZWEGERICHSIRUP

Dieses Rezept für einen hochwertigen, naturreinen Hustensaft möchte ich vor allem Familien mit Kindern empfehlen, denn die Zubereitung macht den Kindern sehr viel Spaß, so daß sie später bei Erkältungen und Husten „ihren" Hustensaft mit Vergnügen einnehmen werden.

Man pflückt die Spitzwegerich- und Breitwegerichblätter von Mai bis August. Die frisch gewaschenen Blätter schichtet man lagenweise abwechselnd mit Kristallzucker in ein gut verschließbares Gurkenglas von zirka drei Liter Inhalt. Man läßt die Lagen innerhalb mehrerer Stunden immer wieder zusammensinken und gibt jeweils so viele Lagen Blätter und Zucker nach, bis das Glas gefüllt ist. Wenn man mit der Hand die Lagen zusammengedrückt hat und kein Platz mehr für weitere Zucker- und Blätterlagen vorhanden ist, bedeckt man die oberste Lage mit einem alkoholbestrichenen Pergamentpapier und verschließt das Glas gut. Nun muß das Glas an einem dunklen Platz bei gleichmäßiger Wärme drei Monate lang gelagert werden. Ein geeigneter Platz wäre ein gleichmäßig warmer Keller. Wenn man das alte Hausrezept ganz originalgetreu machen will, dann vergräbt man das Glas – falls man über einen Garten verfügt – etwa 40 bis 50 cm tief unter die Erde. Man beschwert das Glas mit einem Ziegelstein und deckt die Erde darüber, so daß eine gleichmäßige Erdwärme gesichert ist. Es ist ratsam, die Stelle zu kennzeichnen!

Innerhalb von drei Monaten vergärt in der gleichmäßigen Wärme der durch den Zucker aus den Blättern ausgelaugte Saft zu Sirup. Nach Ablauf dieser Zeit wird das Glas vorsichtig aus der Erde herausgenommen. Nach dem klassischen Rezept preßt man nun den Inhalt des Glases mit einer Fruchtpresse gründlich aus und kocht den gewonnenen Spitzwegerichsirup einmal auf. Ich habe in der Praxis allerdings die Erfahrung gemacht, daß sich zwischen den Blättern noch kristalline Zuckerstücke befinden können, die beim Auspressen nicht zu lösen sind. Deshalb bevorzuge ich meine Methode, nach welcher der gesamte Inhalt in einem großen Topf mit ein wenig heißem Wasser zum Kochen gebracht wird. Hierbei muß man ständig rühren, damit der Sirup nicht anbrennt. Sobald der Sirup dicke Blasen aufwirft, seiht man ihn ab und füllt die heiße Flüssigkeit in heiß gewaschene dunkle Gläser. Fest verschließen und beschriften.

Der Spitzwegerichhustensaft wird zusammen mit ein wenig Bienenhonig eingenommen. Er löst den Husten besonders rasch, und es genügt, wenn man drei Eßlöffel davon täglich einnimmt.

ZUTATENREGISTER

Bezugsquellennachweis: Alle in diesem Buch genannten Zutaten kann man in Apotheken, Reformhäusern und Kräuterhandlungen kaufen. Sollte die Beschaffung Schwierigkeiten machen, schreiben Sie an: NATUR MACHT SCHÖN, Postfach, D-8191 Eurasburg. Sie erfahren dort die Lieferadresse für die Abnahme von kleinen Mengen. Apotheken und Reformhäuser erhalten Auskunft über die einschlägigen Großhandelsfirmen.

AGAR-AGAR

Agar-Agar bekommt man in Reformhäusern und Drogerien in Pulverform zu kaufen; man nennt das Agar-Agar-Pulver auch Japanische Gelatine, da es in Verbindung mit Wasser ebenso quillt und sich verfestigt. Agar-Agar wird aus Meeresalgen gewonnen.

ALAUN

In der Apotheke kauft man Alaun als farbloses, aus transparenten Kristallen bestehendes Pulver, das in warmem Wasser, nicht jedoch in Alkohol zu lösen ist. Alaun findet sich als sogenanntes Federalaun auf Lava und trachytischem Gestein. Alaun wirkt mild desinfizierend und kräftig adstringierend. In stark verdünnter Lösung findet es gute Verwendung in Gesichts- und Rasierwässern. In konzentrierter Form wird es als blutstillendes Mittel in Rasiersteinen verwendet.

ALGENEXTRAKT

Die Meeresalge ist reich an Vitamin C, an B-Vitaminen und Aminosäuren; getrocknete Meeresalgen sind ein geschätztes Schönheitsmittel für Körperfriktionen. Flüssiges Algenextrakt ist ein Auszug aus Meeresalgen, das man offen beim Apotheker kaufen kann. Körperpflegemitteln und Bädern wird es gerne zugesetzt.

ALKOHOL

Alkohol, auch Feinsprit, Weingeist oder Äthylalkohol genannt, wird durch Vergärung verschiedener Zuckerarten gewonnen. Reiner Alkohol mit 96 Volumprozent wird durch mehrfache Destillation von unangenehm riechenden Fuselölen befreit: Er ist eine wasserhelle, rasch verdunstende Flüssigkeit von erfrischendem Geruch. Mit destilliertem Wasser läßt sich der reine Alkohol auf jeden gewünschten Prozentgehalt verdünnen, etwa auf 70, 60 oder 40 Volumprozent. Reiner Alkohol wird kosmetischen Produkten gerne zugesetzt, da er eine tonisierende, das heißt die Haut im allgemeinen kräftigende Eigenschaft besitzt, entfettend und antiseptisch wirkt. Reinen Alkohol bekommt man in der Apotheke, doch da er als „Genußmittel" gilt, ist er mit einer Sondersteuer belegt und daher recht teuer. Für die äußere Anwendung (zum Beispiel medizinische Umschläge, Reinigung von Flecken) wird deshalb der vergällte Alkohol verwendet, der durch Zugabe verschiedener Vergällungsmittel für den menschlichen Genuß unbrauchbar gemacht ist. Dieser billige, vergällte Alkohol hat einen widerwärtigen Geruch und kommt für hausgemachte Naturkosmetik nicht in Frage. Genauso abzulehnen ist auch die Verarbeitung von Isopropylalkohol in kosmetischen Produkten. Er wird aus Aceton gewonnen und hat einen sehr unangenehm stechenden Geruch.

ARTISCHOCKENKRAUT

Getrocknetes Artischockenkraut bekommt man in Kräuterhandlungen und Apotheken zerkleinert unter der lateinischen Bezeichnung Herba Cynarae scolymi. Getrocknetes Artischockenkraut ergibt in Verbindung mit Wasser eine schöne braune Farbe, die man gut für sanftbraune Haarspülungen anwenden kann.

ÄTHERISCHE ÖLE

Ätherisches Öl oder Parfümöl ist ein flüchtiges, stark riechendes Öl, das hauptsächlich aus Pflanzenteilen, wie Blüten, Samen, Blättern und Rinde, gewonnen wird. Hierbei bedient man sich verschiedener Methoden: durch Pressen, durch Destillation mit Wasser, durch das Ausziehen der Blüten mit flüchtigen Lösungsmitteln oder durch Mazeration. Pflanzliche und tierische ätherische Öle und Essenzen kann man grammweise in der Apotheke kaufen. Diese naturreinen Öle sind allerdings nicht ganz billig, und als preiswerten Ersatz bieten sich synthetische Parfümöle oder Duftkompositionen an.

Bei synthetischen Parfümölen muß man unterscheiden zwischen solchen synthetischen Ölen, die ebenso intensiv parfümieren wie naturreine Öle, und speziellen Duftschöpfungen, die meist nur vergleichsweise schwach parfümieren und die man vor allem in Boutiquen kaufen kann. Ein Beispiel soll das veranschaulichen: Unter der Handelsbezeichnung „Neroli" bekommt man in der Apotheke synthetisches Orangenblütenöl, das sehr hochwertig ist und ebenso stark parfümiert wie echtes Orangenblütenöl. Unter der Bezeichnung „Orangeflower Oil" kauft man in Boutiquen eine Duftmischung, die recht schwach parfümiert. Sie besteht aus einigen Tropfen Neroli, das mit Mineralöl verdünnt ist, oder aber auch aus Orangenschalenöl.

Bei der Parfümierung von Schönheitsmitteln mit allen Arten von naturreinen, synthetischen oder gemischten Parfümölen sollte man zuerst die Intensität des Duftes testen, bevor man die Öle einarbeitet. Hierzu gibt man einen Hauch des Parfümöls auf die Hand und läßt die Kopfnote verfliegen.

AVOCADOÖL

Das goldgelbe Avocadoöl wird aus der Avocadofrucht gewonnen. Es ist reich an Vitaminen, vor allem A, B, D, E, H, K, an Lezithin, Histidin und Chlorophyll. Wie alle rein pflanzlichen Öle ähnelt auch das Avocadoöl in seiner Beschaffenheit dem natürlichen Hautfett und hat die Fähigkeit, sich mit diesem rasch zu verbinden. Seine biologische Vollkommenheit macht es zu einem der wertvollsten Öle für die Hautpflege und -ernährung. Da es recht teuer ist, kommt es in kosmetischen Fertigprodukten nur spurenweise vor. Das Avocadoöl bekommt man in Apotheken.

BENZOETINKTUR

Die Benzoetinktur ist der alkoholische Auszug des Benzoeharzes, kurz Benzoe genannt. Man bekommt Benzoeharz und Benzoetinktur in der Apotheke. Die Benzoetinktur erhält man als bräunliche Flüssigkeit, die einen feinen, vanilleartigen Geruch verströmt. Benzoetinktur gebraucht man nicht nur zur natürlichen Konservierung kosmetischer Produkte, auch in der Parfümerie wird sie häufig verwendet.

BIENENHONIG

Nicht nur für die Ernährung, auch für die äußere Schönheitspflege ist der reine Bienenhonig von Bedeutung. Unverfälschter, naturreiner Bienenhonig muß, wenn er nicht erwärmt ist, bandartig vom Löffel fließen, sich immer schmäler legen und schließlich lange dünne Fäden ziehen. Kandiert bildet er eine mehr oder minder feste Masse. Auch der Gewinnung nach unterscheidet man die Honigsorten, und die zwei wichtigsten Arten der Gewinnung sind die auf kaltem oder auf warmem Wege. Der beste und heilkräftigste und damit natürlichste Bienenhonig ist der auf kaltem Wege gewonnene Schleuderhonig. Es gibt zahlreiche reine Honigarten mit verschiedenstem Aroma und Geschmack, in ihrer Heilwirkung sind sie aber alle gleich, ob flüssig oder kristallisiert.

BIENENWACHS

Naturreines Bienenwachs wird durch Einschmelzen der entleerten Bienenwaben gewonnen. Nach der Reinigung ist naturreines Bienenwachs bräunlichgelb; durch Luft und Sonne gebleichtes Bienenwachs wird weiß, es hat jedoch die gleichen wertvollen kosmetischen Eigenschaften wie das gelbe Wachs. Das angenehm nach Honig duftende gelbe und weiße Wachs bekommt man in der Apotheke in Form von flachen Scheiben. Bienenwachs wird nicht ranzig. Das naturreine Bienenwachs ist ein wertvoller Bestandteil hochwertiger Cremes; da es sich leicht emulgieren läßt, verleiht es den Cremes schönen seidigen Glanz und gute Verstreichbarkeit.

BIERHEFEFLOCKEN

Die Bierhefe ist ein natürliches Konzentrat aus lebenswichtigen B-Vitaminen; man bekommt sie in Form von Flocken, als Pulver oder in Tablettenform in Reformhäusern und Apotheken.

BIRKENBLÄTTERTINKTUR

Die Birkenblättertinktur ist der alkoholische Auszug der Birkenblätter. Unter der lateinischen Bezeichnung Tinctura Betulae bekommt man sie in der Apotheke. Wenn man die Tinktur selbst zubereiten will, rechnet man auf 100 g Alkohol (70%) 10 g getrocknete Birkenblätter. In einem fest verschließbaren dunklen Glas vier Wochen an einem warmen Platz mazerieren lassen und abseihen.

BOHNENMEHL

Das Bohnenmehl ist reich an Pflanzeneiweiß und dient in der Kosmetik als Zusatz für Gesichtsmasken und Reinigungsmittel. Anstelle von Bohnenmehl wird vielfach auch Sojabohnenmehl verwendet, das man ebenfalls in Reformhäusern kaufen kann.

BOLUS ALBA

Als Bolus alba bezeichnet man den sehr feingeschlemmten weißen Ton beziehungsweise die Tonerde. Wegen seiner aufsaugenden, entgiftenden und in Verbindung mit Wasser auch straffenden Eigenschaft kommt er in kosmetischen Mitteln vielfach zum Einsatz. Bolus alba bekommt man in Form eines feinen weißen Pulvers beim Apotheker.

CALENDULA Siehe Ringelblume.

DISTELÖL

Distelöl bekommt man auch unter der Bezeichnung „Safflower Oil" oder „Safflor-Öl" oder auch „Färberdistelöl" in der Apotheke. Das Distelöl wird aus den reifen Samen des Saflor, einem aus Ägypten stammenden Korbblütler, gewonnen. Als Speiseöl schätzt man das Distelöl, weil es den Cholesterinspiegel senkt. Bei äußerer Anwendung ist das vitaminreiche, fein verstreichbare Pflanzenöl hervorragend für die Zubereitung feiner Cremes zu verwenden. Für die Kosmetik hat die Färberdistel noch einen anderen Zweck: Der aus den getrockneten Blütenblättern der Pflanze gewonnene rote Farbstoff, das Carthamin, gilt als natürlicher Farbzusatz von Schminken, Lippenstiften und Pudern.

EIBISCHWURZEL

Der Eibisch ist in Südeuropa heimisch und wird bei uns gerne in Bauerngärten angepflanzt, da er sehr hübsch blüht. Zu den heilkräftigen Pflanzenteilen gehört vor allem die Wurzel, die wertvollen pflanzlichen Schleim liefert. Die Eibischwurzel bekommt man in Kräuterhandlungen und Apotheken in Form kleiner Wurzelteile oder auch pulverisiert. Zu beachten ist bei der Eibischwurzel – lateinisch Radix Althaeae –, daß man sie bei der Zubereitung und Gewinnung des Pflanzenschleims niemals mit heißem Wasser, sondern nur mit kaltem ansetzen darf.

ERDNUSSÖL

Unter der lateinischen Bezeichnung Oleum Arachidis bekommt man das Erdnußöl in der Apotheke. Reines Erdnußöl wird durch das Auspressen der Samen gewonnen. Es ist ein geruchloses, dünnflüssiges Öl, reich an Vitamin E und ungesättigten Fettsäuren. Da es nur schwer ranzig wird und nicht stark fettet, ist es für kosmetische Zwecke vielfach zu gebrauchen.

ESSIG

Die Kenntnis der Essigbereitung ist so alt wie die Erfahrung, daß sich alkoholische Getränke beim Stehenlassen in Essig verwandeln. Ägypter, Römer und Germanen stellten so ihren Essig her, der außer zur Bereitung saurer Speisen auch zum Haltbarmachen von Fleisch und als Arzneimittel diente. Rohstoffe für die Essigherstellung sind Wein, Obst, Malz und Branntwein. Synthetischer Essig wird aus Azetylen hergestellt. Naturreiner Weinessig entsteht durch die Umwandlung der Weinsäure in Essigsäure; Obstessig wird durch Vergären von Obst und Beifügung von Essigbakterien hergestellt. Für Ernährung und Schönheitspflege soll man nur naturreinen Essig kaufen, dessen Echtheit einerseits am Preis und andererseits an der Garantieaufschrift des Etiketts zu erkennen ist. 100 Prozent reinen Essig bekommt man vor allem im Reformhaus. Aromatischen Kräuteressig für Ernährung und Schönheitspflege stellt man her, indem man die speziellen Kräuter bei Wärme im Essig mazerieren läßt.

EUKALYPTUSÖL

Eukalyptusöl wird durch Wasserdampfdestillation aus den Blättern des Eukalyptusbaumes gewonnen; wir bekommen es hauptsächlich aus den Mittelmeerländern und aus Australien. Das farblose, stark aromatische Öl wird in der Pharmazie sowie für die Zahncremeherstellung verwendet.

GELATINE

Gelatine ist reiner tierischer Leim und wird aus Tierknochen und tierischer Haut gewonnen. Sie wird unter der Bezeichnung „Kollagen" in kosmetische Fertigprodukte eingearbeitet.

Gelatine wird in kaltem Wasser vorgeweicht, bevor man sie in warmem Wasser auflöst. In Handcremes und Hautgelees wurde Gelatine früher sehr viel verwendet.

GERANIUMÖL

Das Geraniumöl gewinnt man durch Wasserdampfdestillation aus den Blättern von Pelargonienarten. Es ist ein farbloses bis bräunliches Öl, von angenehm rosenartigem Geruch. Man bekommt das reine Geraniumöl in der Apotheke und setzt es für die Parfümierung von Kosmetikprodukten gerne als Ersatz von Rosenöl ein.

GLAUBERSALZ

Das Glaubersalz bekommt man in der Apotheke, es wird meist als Abführmittel verkauft. In der Parfümerie nimmt man Glaubersalz vor allem zur Herstellung von aromatischen Badesalzen; als Träger für Riechsalze ist es gut geeignet, da es Parfümzusätze nicht schädigt und lang anhaltenden Duft garantiert.

GLYZERIN

Glyzerin ist ein dreiwertiger Alkohol, der bei Fettspaltung (Verseifung) gewonnen wird. Reines Glyzerin ist eine süße, farblose Flüssigkeit von hoher Viskosität. Früher wurde es sehr häufig in kosmetische Produkte eingearbeitet; es wirkt aber auf die Haut stark wasserentziehend und trocknet sie daher schnell aus. So kommt seine Anwendung nur noch begrenzt in Frage, beispielsweise in Seifen.

GUMMI ARABICUM

Der arabische Gummi ist der eingetrocknete Saft verschiedener Akazienarten. In Verbindung mit Wasser liefert er einen stark klebrigen Schleim; in kosmetischen Produkten kommen deshalb nur geringe Mengen Gummi arabicum zum Einsatz. In feinster Menge dosiert, wirkt Gummi arabicum angenehm adstringierend auf die Haut. Man bekommt Gummi arabicum in der Apotheke in Form kleiner, kristalliner Kügelchen von brauner bis goldbrauner Farbe.

HAMAMELISWASSER

Die Blätter des Hamamelisbaumes zählen zu den kosmetischen Wundermitteln, denn die in ihm enthaltenen Gerb- und Schleimstoffe werden wegen ihrer heilenden und tonisierenden Wirkung von alters her geschätzt. Das Hamameliswasser ist der wäßrige oder alkoholische Auszug aus den Blättern, Blüten und der Rinde des Hamamelisbaumes. Es hat einen herben, würzigen Geruch und ist farblos. Hamameliswasser wirkt heilend, entzündungshindernd, adstringierend und tonisierend auf die Haut, und so kann man es in reiner Form als Gesichtswasser oder in kosmetischen Produkten verarbeitet sehr gut verwenden.

HEILERDE

Die Heilerde besteht aus gereinigtem Ton oder Lehm; fertig verpackt bekommt man sie in Pulverform zu kaufen. Die kosmetische Anwendung von Erde, Schlamm und Ton ist von alters her bekannt. Warm aufgetragen, wirkt die Heilerde entzündungshemmend, adstringierend und klärend auf die Haut.

HEILKRÄUTER

Die vielen guten Wirkungen der Heilkräuter sind der Menschheit seit langem bekannt, und auch in der modernen Kosmetik nehmen die hautwirksamen und heilenden Eigenschaften der Kräuter eine besondere Stellung ein. Sie sind bei der Herstellung von Schönheitsmitteln gar nicht wegzudenken. Eine kleine Übersicht der wichtigsten Wirkstoffe mag dies verdeutlichen: Da sind zunächst die gerbstoffhaltigen Heilkräuter, die antiseptische und kontrahierende Eigenschaften haben. Die in den Pflanzen enthaltenen Schleimstoffe überziehen die Haut mit einer Schutzschicht und wirken dadurch heilend, beruhigend und glättend. Kieselsäurehaltige Pflanzen festigen das Bindegewebe und sorgen für bessere Durchblutung der Haut. Ein wichtiger Faktor sind auch die in fast allen Pflanzen enthaltenen ätherischen Öle. Sie bewirken durch ihren Wohlgeruch eine Belebung und Anregung des gesamten Organismus. Andere Wirkstoffe, wie Saponine, Schwefel und Glykoside, wirken sekretionsfördernd, reinigend und antiseptisch. All diesen einzelnen Bestandteilen ist jedoch die Pflanze in ihrer biologischen Einheit noch überlegen, denn sie enthält auch Begleitstoffe, welche die Heilwirkung verstärken. Die Kräuterwirkstoffe kann man auf verschiedene Weise nutzbar machen, sei es in Form von Aufgüssen, Tee, Abkochungen oder Tinkturen. Eine genaue Anleitung dazu finden Sie im letzten Kapitel dieses Buches.

HENNA

Das Hennapulver, die feinpulverisierten Blätter des Hennastrauches, kommt vor allem aus Asien, Australien und Afrika und wird seit undenklichen Zeiten zum Färben des Haares verwendet. Die Hennafärbung hat gegenüber chemischen Haarfärbemitteln den großen Vorteil, das Haar in seiner Struktur nicht anzugreifen und ihm einen schönen Glanz zu verleihen, außerdem ist Henna völlig unschädlich. Auch wenn man das Haar nicht rot tönen oder färben will, muß man auf die guten Eigenschaften des Henna nicht verzichten; man bekommt im Handel das sogenannte Henna neutral, dem die rotfärbenden Stoffe entzogen sind. Als Glanzpackung kann man es für jede Haarfarbe verwenden. Daneben bekommt man im Handel auch schwarzes Hennapulver, das ausschließlich zur Schwarzfärbung des Haares verwendet wird.

HUFLATTICHTINKTUR

Die Huflattichtinktur ist der alkoholische Auszug aus den Huflattichblättern, die man wegen ihrer entzündungshindernden und tonisierenden Eigenschaften in der Volksheilkunde seit langem schätzt. Man bekommt die Tinktur beim Apotheker zu kaufen. Wenn man sie selbst zubereitet, rechnet man 10 g getrocknete Huflattichblätter auf 100 g Alkohol (70%); in einem gut verschlossenen Glas bei Wärme vier Wochen mazerieren lassen und dann abseihen.

IRISWURZEL

Die getrockneten Wurzelstöcke der Iris florentina zeichnen sich durch einen angenehmen, veilchenartigen Geruch aus und werden in der Parfümerie sehr häufig verwendet. Die frischen Wurzelstöcke der Iris sind geruchlos, erst beim Trocknen im Schatten bildet sich ihr feiner Duft. Die Iriswurzel wird pulverisiert und dient in Pulverform als Zutat in Körperpudern und Zahnpulvern oder als duftfixierende Puderbasis in der Parfümerie, beispielsweise bei der Zusammenstellung von Sachets. Unter der lateinischen Bezeichnung Rhizoma Iridis bekommt man die Iriswurzel in der Apotheke je nach Bedarf in Pulverform oder in kleinen Wurzelteilchen.

JOHANNISKRAUTÖL

Das dunkelrote Johanniskrautöl ist ein einfacher, öliger Auszug aus Blüten und Blättern des Johanniskrauts, den man leicht selbst herstellen kann. Die Anleitung dazu finden Sie im letzten Kapitel dieses Buches. Johanniskrautöl bekommt man fertig in der Apotheke, es besteht jedoch eine auffallende Diskrepanz zwischen dem Fertigprodukt und dem hausgemachten Johanniskrautöl. Die heilenden Kräfte des Johanniskrautöls sind seit langem bekannt und sehr vielseitig.

KAKAOBUTTER

Die Kakaobutter wird als Nebenerzeugnis bei der Herstellung des Kakaos gewonnen. Sie ist gelb, bröselig, fühlt sich talgartig an und duftet sehr angenehm. Da sie Spuren von Ameisensäure enthält, wird sie nur schwer ranzig. Kakaobutter ist eine wichtige Grundsubstanz für die Zubereitung feinster Kosmetika. In Kontakt mit der Hautwärme schmilzt sie und bewirkt damit auch eine gute Verstreichbarkeit von Cremes.

KALISALPETER

In der Apotheke bekommt man Kalisalpeter unter der lateinischen Bezeichnung Kalium nitricum purum in Form eines feinen weißen Pulvers zu kaufen. Kalisalpeter ist organischen Ursprungs, wird heute durch Neutralisation von Salpetersäure mit Kalilauge oder Kaliumkarbonat hergestellt und findet unter anderem in der Pökelsalzherstellung und Feuerwerkerei Verwendung.

KAMILLENTINKTUR

Wegen ihrer heilenden, entzündungshemmenden Wirkung kommt die Kamillentinktur in Pharmazie und Kosmetik sehr viel zum Einsatz. Die Kamillentinktur ist der alkoholische Auszug der Kamillenblüten. Man bekommt die Tinktur als bräunliche Flüssigkeit in der Apotheke. Selbst zubereitet rechnet man 10 g Blüten auf 100 g Alkohol (70%); in einem fest verschlossenen Glas wird die Tinktur vier Wochen an einen warmen Platz, wenn möglich in die Sonne, gestellt, bevor man sie abseiht.

KAMPFER

Aus dem Holz des Kampferbaums, der in China, Formosa und Japan wächst, wird der Kampfer gewonnen. Man kauft die grobkristallinen Kampferkörner in der Apotheke. Kampfer löst sich in Wasser kaum auf, jedoch sehr gut in fettem Öl und Alkohol. Seine kosmetische Wirkung beruht vor allem auf seinen durchblutungssteigernden, juckreizstillenden und keimtötenden Eigenschaften. In geringen Mengen zugefügt, hat sich Kampfer daher in Cremes, Lotionen und Heilsalben gut bewährt.

KATECHU

Das Katechu wird aus dem Holz indischer Akazien gewonnen und kommt in Form kleiner kristalliner Körner oder als Pulver in den Handel. In Apotheken erhält man das braune Katechu unter der Bezeichnung „Catechu granulat". Katechu enthält bis zu 70 Prozent Katechugerbsäure, etwa 6 Prozent Gummi und einen roten Farbstoff. In warmem Wasser gelöst, gibt Katechu eine intensive braunrote Farbe ab, die als unschädliches pflanzliches Haarfärbemittel sehr gut geeignet ist. Auch in Mundwässern und Mundpillen wird Katechu verarbeitet.

KLETTENWURZELTINKTUR

Die Klettenwurzeltinktur ist der alkoholische Auszug aus der Klettenwurzel; man bekommt die Tinktur fertig in der Apotheke. Stellt man sie selbst her, rechnet man 10 g Klettenwurzeln auf 100 g Alkohol (70%); in einem gut verschlossenen Glas wird die Tinktur vier Wochen an einen warmen Platz gestellt, bevor man sie abseiht.

KORNBLUME

Die blaue Kornblume ist nicht nur ein Heilkraut; bei vorsichtiger Zubereitung in Form eines Aufgusses gibt sie eine sanftblaue Farbe ab und kann so für die Tönung grauen Haares gut verwendet werden. In Apotheken und Kräuterhäusern bekommt man die Kornblume unter der lateinischen Bezeichnung Flores Cyani zu kaufen.

LANOLIN UND LANOLIN ANHYDRID

Lanolin wird aus dem gründlich gereinigten Fett der Schafwolle gewonnen. Wegen seiner hervorragenden hautpflegenden Eigenschaften, seiner dem natürlichen Hautfett ähnlichen Beschaffenheit und seiner großen Ergiebigkeit zählt es zu den bedeutendsten kosmetischen Grundstoffen. Das salbenartige Lanolin bekommt man beim Apotheker. Daneben kann man in der Apotheke auch das wasserfreie, zähe, durchscheinend hellgelbe Lanolin bekommen, das sogenannte Lanolin anhydricum, kurz Lanolin anhydrid genannt. Wegen seiner guten Wasseraufnahmefähigkeit ist es vielfach einzusetzen.

LATSCHENKIEFERÖL

Das Latschenkieferöl, auch Krummholzöl genannt, wird durch Wasserdampfdestillation von Nadeln und Zweigspitzen der Latschenkiefer gewonnen, vor allem in Tirol. Es hat einen sehr angenehmen, balsamischen Geruch und wird häufig in Badepräparaten verwendet. In Verbindung mit warmem Wasser entwickelt es seine aromatischen Düfte, die heilend auf die Atemwege wirken.

LAVENDELÖL

Unter der lateinischen Bezeichnung Oleum Lavendulae bekommt man das naturreine Lavendelöl in der Apotheke. Es ist eines der am häufigsten benutzten Öle in der Parfümerie. Durch Destillation der Lavendelblüten wird es hauptsächlich in Südfrankreich gewonnen.

LAVENDELTINKTUR

Die Lavendeltinktur ist der alkoholische Auszug aus den Lavendelblüten. Unter der lateinischen Bezeichnung Tinctura Lavendulae bekommt man die braune Flüssigkeit beim Apotheker. Wenn man die Tinktur selbst zubereitet, setzt man 10 g Blüten auf 100 g Alkohol (70%) an und läßt sie an einem warmen Platz gut verschlossen vier Wochen lang ziehen, bevor man die Tinktur abseiht.

LILIENWURZEL

Seit Jahrhunderten schätzt man die Lilienwurzel als Schönheitsmittel zur Verfeinerung des Teints. Früher gab es zahlreiche Produkte auf der Basis von Lilienwurzel, beispielsweise Lilienwurzelmilch und Lilienwurzelsalbe. Die Lilienwurzel bekommt man in der Apotheke oder in Kräuterhandlungen als kleingeschnittene Wurzelteile oder nach Bedarf auch als Pulver.

MANDELKLEIE

Mandelkleie, lateinisch Farina Amygdalarum, ist ein Preßrückstand, der bei der Gewinnung des Mandelöls anfällt. In der Kosmetik wird Mandelkleie für Packungen und Reinigungsmittel verwendet. Offene Mandelkleie bekommt man in Kräuterhäusern und in Apotheken; ersatzweise kann man statt Mandelkleie auch Weizenkleie nehmen.

MANDELÖL, SÜSSES

Das naturreine Mandelöl wird aus den reifen Samen der süßen Mandeln durch kalte Pressung gewonnen. Das geruchlose, fast klare Öl wird nur in besten kosmetischen Präparaten verwendet, da es relativ teuer ist. Neben Avocadoöl und Weizenkeimöl, Erdnußöl und Distelöl gehört es zu den hautpflegenden Pflanzenölen. Auch für die Babypflege kann man es nehmen, es wirkt glättend und wird von jeder Haut gut vertragen.

MELISSENÖL

Aus den Blättern der Melisse wird das naturreine Melissenöl gewonnen. Wegen seiner heilenden, erfrischenden und belebenden Wirkung ist es vielseitig verwendbar. Man bekommt es in der Apotheke zu kaufen.

MELISSENTINKTUR

Unter der lateinischen Bezeichnung Tinctura Melissae bekommt man die braune Melissentinktur fertig in der Apotheke zu kaufen. Sie ist der alkoholische Auszug aus den Melissenblättern. Setzt man die Tinktur selber an, rechnet man auf 100 g Alkohol (70%) 10 g Melissenblätter. Vier Wochen läßt man die Tinktur gut verschlossen an einem warmen Platz mazerieren, bevor man sie abseiht.

MILCHSÄURE

Die Milchsäure ist eine sirupartige, farblose Flüssigkeit, die bei der Milchsäuregärung entsteht. Milchsäure besitzt eine mild hornhautlösende Fähigkeit und greift die Haut nicht an. Sie wird für desodorierende Waschungen, Fußbäder und für Nagelhautlöser eingesetzt.

MILCHZUCKER

Milchzucker wird durch Verdampfung der von Fett und Eiweiß befreiten Kuhmilch gewonnen. Er wird für Säuglingsnahrung und für die Herstellung hochwertiger Limonaden, aber auch – in der Heilkunde – für Pulvermischungen verwendet.

OBSTESSIG Siehe Essig.

OLIVENÖL

Olivenöl wird aus reifen Oliven gewonnen. Die Art der Gewinnung spielt für die spätere Qualität des Öls eine wichtige Rolle. Das beste Öl, das sogenannte Jungfernöl, liefert die erste kalte Pressung. Man bekommt es in Apotheken oder im Reformhaus. Oleum virgine de Olivia bekommt man auch noch bei den Ölbauern in der Toskana, in Südfrankreich und Spanien. Es ist schwer und dickflüssig, und wenn man verfälschte Olivensorten gewöhnt ist, wird man sich über die enorme Ergiebigkeit echten Olivenöls wundern.

ORANGENBLÜTENWASSER

Orangenblütenwasser wird bei der Destillation des Orangenblütenöls gewonnen und wird wegen seines feinen, anregenden Duftes und seiner hautfreundlichen Eigenschaften anstelle destillierten Wassers vielseitig in Kosmetika verwendet. Man kauft es in der Apotheke.

ORANGENSCHALENÖL

Das Orangenschalenöl wird durch Pressung der Früchte gewonnen. Hauptherstellungsländer sind Italien und Kalifornien. Das hellgelbe, intensiv duftende ätherische Öl findet Verwendung in der Parfümerie und bei der Limonadenherstellung. Das Orangenschalenöl ist nicht mit dem Orangenblütenöl und seinem synthetischen Nachbau Neroli zu verwechseln. Orangenschalenöl gibt es billig auch unter der Bezeichnung Pomeranzenschalenöl in der Apotheke.

PARFÜMÖLE Siehe Ätherische Öle.

PATSCHULIÖL

Das Patschuliöl wird aus den Blättern und Stengeln von Pogostemon Patchouli gewonnen. Die Pflanze stammt aus Indien und wird in getrocknetem Zustand von dort importiert und in Europa destilliert, da man festgestellt hat, daß dieses in Europa destillierte Öl einen viel besseren Geruch hat als das importierte Patschuliöl. Reines Patschuliöl bekommt man in der Apotheke zu kaufen; es ist verhältnismäßig teuer, und man kann es auch durch Patschuliduft aus Indiengeschäften ersetzen. Bei der Parfümierung ist natürlich darauf zu achten, daß man mit echtem Patschuliöl wesentlich sparsamer umgehen muß.

PFEFFERMINZÖL

Das Pfefferminzöl wird durch Destillation aus den Blüten und Blättern der Pfefferminze gewonnen. Das intensiv duftende Öl ist reich an Menthol. Mit dem naturreinen Pfefferminzöl darf man nur sparsam parfümieren, da es einen sehr ausgiebigen Duft hat. Pfefferminzöl wird gerne Mundwässern und desodorierenden Mitteln zugesetzt, da es sehr erfrischend und antiseptisch wirkt. Unter der Bezeichnung Oleum Menthae piperitae führt es der Apotheker.

POTTASCHE

Pottasche findet sich in der Asche der meisten Pflanzen, vor allem in Buchenasche, sie wird durch Auslaugen gewonnen. „Pott“ kommt aus dem Niederdeutschen und heißt „Topf“, da man früher die Pottasche in Töpfen aufbewahrte und verschickte. Mit Schmierseife verkocht, wie bei der Herstellung von Haarshampoos, bewirkt die Pottasche die Neutralisierung. Unter der lateinischen Bezeichnung Kaliumcarbonat bekommt man die Pottasche beim Apotheker in Form eines weißen, körnigen Pulvers zu kaufen. Man bewahrt die Pottasche an einem trockenen Ort auf, da sie sehr leicht Feuchtigkeit aufnimmt und dann klumpt. Pottasche wird auch in der Küche für die Bäckerei verwendet.

QUEBRACHO-RINDE

Das Holz des südamerikanischen Quebrachobaumes liefert in Verbindung mit Wasser eine schöne hellrote Farbe, ein feines Tizianrot. In Kräuterhandlungen und Apotheken bekommt man die Rinde in kleinen Stückchen zu kaufen, auch unter der lateinischen Bezeichnung Cortex Quebracho.

QUITTENSAMEN

Der Heilwert von Quittensamen liegt in seinem pflanzlichen Schleim, dessen entzündungshemmende und heilende Wirkung von alters her bekannt ist. Man bekommt Quittensamen in Kräuterhandlungen und in Apotheken.

RHABARBERWURZEL

Als Heilpflanze ist die Rhabarberwurzel oder Rhizoma Rhei sinensis von alters her geschätzt. Da sie in Verbindung mit Wasser eine sehr schöne goldgelbe Farbe entwickelt, zählt sie außerdem zu den beliebtesten naturreinen Pflanzenfarben für blondes und ergrauendes blondes Haar. Man kann die Rhabarberwurzel in kleinen Wurzelstücken oder in Pulverform beim Apotheker oder in Kräuterhandlungen kaufen.

RINGELBLUME

In der Schönheitspflege spielt die Ringelblume – Flores Calendulae – eine große Rolle. Der in den Blütenblättern enthaltene pflanzliche Schleim, die ätherischen Öle, Eiweißstoffe und verschiedenen Säuren wirken bei äußerer Anwendung verfeinernd, pflegend und klärend auf die Haut.

RINGELBLUMENTINKTUR

Unter der lateinischen Bezeichnung Tinctura Calendulae bekommt man die goldbraune Ringelblumentinktur in der Apotheke zu kaufen. Stellt man sie selbst her, rechnet man 10 g Ringelblumen auf 100 g Alkohol (70%). Gut verschlossen in einem Glas läßt man die Tinktur an einem warmen Platz durchziehen, bevor man sie abseiht.

RIZINUSÖL

Das fette Rizinusöl wird aus den Samen des Ricinus communis mit einer Ausbeute von etwa 60 Prozent gewonnen. Das zähflüssige Rizinusöl ist leicht löslich und wird kaum ranzig. Wegen seiner Zähflüssigkeit kommt es aber in kosmetischen Produkten nur begrenzt zum Einsatz.

ROSENWASSER

Rosenwasser ist ein Nebenprodukt bei der Destillation des Rosenöls; man setzt es anstelle von destilliertem Wasser feinsten Cremes und Gesichtswässern zu. Wegen seines belebenden Rosenduftes und seiner hautverschönernden Wirkung ist es jedoch viel mehr als nur ein Wasserersatz. Das Rosenwasser bekommt man in Apotheken zu kaufen. Es wird auch für die Bäckerei – beispielsweise bei der Marzipanherstellung – verwendet.

ROSMARINÖL

Rosmarin wird im Destillationsverfahren aus den Blüten und Blättern des Rosmarin gewonnen. Das angenehm würzige Oleum Rosmarini bekommt man in der Apotheke zu kaufen.

ROTES SANDELHOLZ

Gewonnen wird das rotfärbende Sandelholz vom ostindischen oder westaustralischen Sandelholzbaum. Hauptsächlich wird das Holz in der Parfümerie, Färberei und Seifenindustrie verarbeitet. Unter der lateinischen Bezeichnung Lignum Santali rubri bekommt man die kleinen Sandelholzstückchen in Apotheken und Kräuterhandlungen zu kaufen.

SCHLEMMKREIDE

Unter der lateinischen Bezeichnung Calcium Carbonicum führt der Apotheker die Schlemmkreide. Die feingeschlemmte Naturkreide wird vor allem für Zahncremes und Zahnpulver verwendet.

SCHMIERSEIFE Siehe Weiße Schmierseife.

SENFSAMEN

Die Schärfe des Senfs entsteht durch ein ätherisches Öl, das im Samen oder im trocken gemahlenen Pulver nicht enthalten ist, sondern sich erst entwickelt, wenn der zerstoßene Samen mit Wasser in Verbindung kommt. Ein im Senf enthaltenes Enzym läßt dann das ebenfalls vorhandene Glykosid mit Wasser reagieren. Das traditionelle englische Senfpulver besteht aus feingemahlenem schwarzen Nigra-Senf, dem etwas gelber Alba-Senf und ein wenig Weizenmehl zugesetzt ist. Senfsamenpulver bekommt man in Drogerien, in Kräuterhandlungen und Feinkostgeschäften.

SESAMÖL

Das Sesamöl wird durch Kaltpressung der Samen des in Ostindien heimischen Sesamstrauchs gewonnen. Das blaßgelbe Öl enthält einen natürlichen Lichtschutz, deshalb kann man es auch als Sonnenöl verwenden. Leider wird das Öl rasch ranzig und muß daher kühl gelagert werden.

SILIKONÖL

Das Silikonöl ist ein klares, wasserhelles Öl, das von der Haut gut vertragen wird. Man verwendet es vor allem in Gewerbeschutzcremes, in Hand- und Babycremes, da es sich auf der Haut gut verteilen läßt und wasserabstoßend ist. Wegen seines Oberflächenglanzes und seiner Widerstandsfähigkeit gegen Temperaturschwankungen findet es in der Theater-, Film- und Fernsehkosmetik vielfach Verwendung.

STEARINSÄURE

Man erhält die Stearinsäure in der Apotheke in Form eines weißen, fettigen, kristallinen Pulvers. Die Grundlagen für die Herstellung von Stearinsäure sind Talg, Knochenfett und Palmöl. Die mit Stearinsäure verbundenen Produkte sollen nicht in Metallgefäßen aufbewahrt werden, da das zum Verderb des Produkts führen kann.

SYNTHETISCHE PARFÜMÖLE Siehe Ätherische Öle.

TALKUM

Talkum, auch Federweiß genannt, ist ein mineralisches Produkt. Das blütenweiße, sehr feine Pulver wird vor allem für die Herstellung von Wund- und Körperpuder verwendet. Es wirkt entzündungshemmend und austrocknend, es ist sehr weich im Griff und überzieht beim Auftragen die Haut mit einer anhaftenden Schicht. Da es nicht nur Wasser, sondern auch Öle und Fett aufnimmt, eignet sich sein Einsatz bei Körperpflegemitteln, Fettpudern und fetten Schminken.

THYMIANÖL

Das Thymianöl wird aus dem blühenden Kraut des Thymus vulgaris gewonnen. Es ist von braunroter Farbe und von würzigem, sehr angenehmem Geruch. Das feinste Thymianöl kommt aus Frankreich. Unter der lateinischen Bezeichnung Oleum Thymi ist es in der Apotheke erhältlich.

TITANOXYD

Titanoxyd bekommt man beim Apotheker in Form eines feinen weißen Pulvers. Es dient meist als Zusatz von Schminken, Pudern und Emulsionen, da es besonders starke Deckkraft besitzt. Wegen seiner entzündungshemmenden Wirkung setzt man es gerne hochwertigen Körperpudern zu.

TRAGANT

Die Bezeichnung Tragant ist griechisch und bedeutet Bocksdorn, eine Pflanze, die eine schleim- und gummiartige Flüssigkeit absondert. In der Apotheke erhält man Tragant in Form eines weißlichen Pulvers, das durch Beifügung von warmem Wasser quillt und sich zu einem zähen Brei verdickt. Um gute Tragantschleime herzustellen, muß man einige wichtige Voraussetzungen beachten. Das trockene Pulver wird stets mit

Glyzerin angerieben, bevor es mit lauwarmem Wasser in Berührung kommt. Das warme Wasser wird portionsweise hinzugefügt. Der so vorbereitete Schleim braucht einige Zeit, um richtig aufzuquellen. Tragantschleim verwendete man früher häufig als Gleitmittel bei der Herstellung von Zahncremes; heute wird er auch als Stabilisierungsmittel in der Kosmetikherstellung eingesetzt.

TRAUBENKERNÖL

Das goldgelbe Traubenkernöl wird durch kalte Pressung aus Traubenkernen gewonnen. Es schmeckt süß und ist reich an ungesättigten Fettsäuren. Als Speiseöl wird es viel verwendet; da es besonders dünnflüssig ist, kann man es für verschiedene kosmetische Mittel gut zum Einsatz bringen. Man bekommt es beim Apotheker.

TWEEN 80

Tween 80 – wird gesprochen wie geschrieben – ist die Handelsbezeichnung für einen hautfreundlichen Emulgator. Die gelbe, klare Flüssigkeit wird bei der Zubereitung medizinischer Salben in Apotheken verwendet. Die Zugabe von Tween 80 zu Fetten und Ölen macht die von Natur aus wasserabstoßenden Stoffe hydrophil, das heißt wasseraufnahmefähig. Als Zusatz in hydrophilen Reinigungsmitteln oder auch Badeölen und Milchen ist Tween 80 gut zu gebrauchen.

VANILLETINKTUR

Vanilletinktur ist der alkoholische Auszug aus Vanilleschoten. Die Vanille gehört zur Familie der Orchideen, und die unreifen Schoten der Pflanzen liefern das köstliche Aroma. Vanilleöl, das in der Parfümerie häufig gebraucht wird, gewinnt man durch Extraktion der Vanilleschoten mit Äther und Wasserdampfdestillation der Extrakte. Die braune Vanilletinktur bekommt man beim Apotheker.

VASELINE

Vaseline ist eine halbfeste, durchscheinende, zähe Masse, die vollkommen geruchlos ist. Vaseline wird bei der Erdölgewinnung durch Destillation erzeugt. Es wird von der Haut nicht aufgenommen, da es ein mineralisches Fett ist. In medizinischen Salben wird es als indifferente Salbengrundlage vielfach verwendet, in die man mit Hilfe geeigneter Emulgatoren Medikamente einarbeitet. Da Vaseline nicht in die Haut eindringt, kann es für hausgemachte Kosmetika nur ganz gezielt verwendet werden, beispielsweise für Schminken oder Handschutzsalben.

VEILCHENWURZEL

Die echte Veilchenwurzel erhält man beim Apotheker unter der lateinischen Bezeichnung Radix Violae odoratae; man bekommt sie in kleinen Wurzelstückchen oder pulverisiert. Pulverisierte Veilchenwurzel wird vielfach Pudern beigemischt, auch als Zusatz in Zahnpulvern ist sie geeignet. Die Veilchenwurzel ist als Heilpflanze von alters her bekannt, und das aus ihr gewonnene ätherische Öl wird in der Parfümerie vielfach verwendet.

WALNUSS-SCHALEN

Die für die Haarfärbung zur Anwendung kommenden Walnußschalen kauft man in Apotheken und Kräuterhandlungen unter der lateinischen Bezeichnung Cortex Juglandis Nuctum. Braunfärbende Walnußschalen werden zum Anfärben kosmetischer Mittel, als Haar- und Stoffarbe verwendet.

WEINESSIG Siehe Essig.

WEISSE SCHMIERSEIFE

Die weiße Schmierseife erhält man in der Apotheke unter der lateinischen Bezeichnung Sapo kalinus albus oder auch unter der Bezeichnung Silberseife. Schmierseife wird – im Gegensatz zur normalen Seifenherstellung – ohne das sogenannte Aussalzen gewonnen. Man bekommt die gereinigte, silbrig schimmernde Schmierseife in Form einer zähen Paste. Die weiße Schmierseife kommt zum Beispiel in Rasierseifen und Haarshampoos zum Einsatz.

WEISSES WACHS

Siehe Bienenwachs.

WEIZENKEIME

Der naturbelassene Weizenkeimling besteht aus zahlreichen biologisch wertvollen Stoffen, wie Öle, Eiweiß, Zucker, Stärke, Spurenelemente, Hormone, Vitamine und Fermente. Wegen ihres Vitamin-E- und Stärkegehalts wirken die Weizenkeime günstig auf die Haut; bei innerer Anwendung sind sie nicht allein wertvolle Nahrungsergänzung, sondern auch ein erstklassiges Mittel für die Schönheitspflege.

WEIZENKEIMÖL

Aus den Weizenkeimen wird das wertvolle Weizenkeimöl gewonnen. Das naturreine, hochwertige Weizenkeimöl bekommt man in Apotheken offen zu kaufen; es enthält reichlich Vitamin E und die Vorstufe des Vitamin A, das Karotin, ungesättigte Fettsäure und hochwertiges Pflanzenlezithin. Weizenkeimöl wird in hochwertigen Naturkosmetikprodukten verarbeitet; es wirkt vor allem glättend auf die Haut, es verfeinert das Hautbild und macht die Haut zart und geschmeidig. Auch bei Hautkrankheiten kommt Weizenkeimöl zum Einsatz.

WEIZENKLEIE

Die Weizenkleie ist ein Abfallprodukt bei der Weizenmehlgewinnung und, ernährungsphysiologisch gesehen, wertvoller als das weiße, gebleichte Industriemehl. Die Weizenkleie besitzt eine Reihe heilender und lindernder Eigenschaften; sie wirkt verdauungsfördernd und regulierend. Bei äußerer Anwendung hilft sie bei trockener, unreiner und spröder Haut.

WEIZENSTÄRKE

Die pulverfeine Weizenstärke – Amylum Tritici – wird aus dem Weizenkorn gewonnen, in dem es bis zu 40 Prozent ausmacht. Reine Weizenstärke kauft man am besten im Reformhaus oder beim Apotheker, denn häufig wird die Weizenstärke mit Kartoffel- oder Reisstärke versetzt. In Schleimform wird Weizenstärke auch für Umschläge und Auflagen gegen entzündliche Ausschläge verwendet, außerdem kann man sie in der Küche gut zum Eindicken von Saucen gebrauchen.

JOGHURT

Echtes, naturreines Joghurt wird aus Pilzgärung gewonnen. Pilzkulturen in Pulverform bekommt man im Reformhaus zu kaufen, mit ihnen kann man naturreines Joghurt leicht selbst herstellen.

ZINKOXYD

Das weiße Pulver ist der wirksame Bestandteil der Zinksalbe. Es wirkt in kosmetischen Produkten vor allem entzündungshemmend und stark adstringierend.

ZINKPASTE

Zinksalbe und Zinkpasten werden vor allem als Heilsalben gegen Hautleiden verwendet. Bei der Herstellung der Zinksalbe wird einer indifferenten Salbengrundlage das weiße, pulvrige Zinkoxyd zugesetzt, das entzündungshemmend und adstringierend wirkt. In der Apotheke gibt es neben der normalen Zinksalbe auch eine etwas weichere, besser verstreichbare Mischung, die weiche Zinksalbe, die man unter der lateinischen Bezeichnung Pasta Zinci mollis kaufen kann.

ZITRONENÖL

Unter der lateinischen Bezeichnung Oleum Citri bekommt man das Zitronenöl in der Apotheke. Das Zitronenöl wird aus der Schale der Zitronen gewonnen, es ist ein gelbes Öl von sehr erfrischendem Geruch. Es ist empfindlich gegen Licht und Luft, deshalb bewahrt man es gut verschlossen an einem dunklen Platz auf. Wegen seines belebenden aromatischen Duftes wird das Zitronenöl in der Parfümerie sehr häufig verwendet.